King of Prussia Frederick II, Heinrich Ludwig Merkens, Heinrich Ludwig
Merkens

Ausgewählte kriegswissenschaftliche Schriften Friedrich's des Großen

King of Prussia Frederick II, Heinrich Ludwig Merkens, Heinrich Ludwig Merkens

Ausgewählte kriegswissenschaftliche Schriften Friedrich's des Großen

ISBN/EAN: 9783743445888

Hergestellt in Europa, USA, Kanada, Australien, Japan

Cover: Foto ©ninafisch / pixelio.de

Manufactured and distributed by brebook publishing software (www.brebook.com)

King of Prussia Frederick II, Heinrich Ludwig Merkens, Heinrich Ludwig
Merkens

Ausgewählte kriegswissenschaftliche Schriften Friedrich's des Großen

AUSGEWAEHLTE

KRIEGSWISSENSCHAFTLICHE SCHRIFTEN

FRIEDRICH'S DES GROSSEN.

———

AUSGEWAEHLTE
KRIEGSWISSENSCHAFTLICHE SCHRIFTEN
FRIEDRICH'S DES GROSSEN.

DEUTSCH

MIT

EINLEITUNG, ANMERKUNGEN UND EINEM ANHANG

VON

HEINRICH MERKENS.

JENA,

HERMANN COSTENOBLE.
1876.

Vorrede.

Dem deutschen Volk und Heere übergebe ich hiermit eine Auswahl kriegswissenschaftlicher Schriften des grossen Königs. Als ich mich zu der Herausgabe derselben entschloss, glaubte ich, dass ein solches Werk nicht nur dem militärischen Fachmanne willkommen sein würde, sondern auch allen Denjenigen im deutschen Vaterlande, welche sich für die Geschichte und Entwickelung unseres mit unserm politischen Leben so eng verbundenen vaterländischen Heerwesens interessiren.

Die militärischen Schriften Friedrich's des Grossen sind von Allem, was der königliche Schriftsteller verfasst hat, das Bedeutendste; sie sind Quellenwerke ersten Rangs, die, uns gleichsam durch die geheime Werkstätte seines militärischen Geistes führend, den innern Zusammenhang desselben mit dem nationalen Aufschwunge der gegenwärtigen deutschen Geschichtsperiode, einem Ergebniss, das ja meist durch Krieg und Kampf herbei-

geführt worden, unzweifelhaft erkennen lassen. Schon
der treffliche Justus Möser sagt: „In seiner Instruction für seine Generale ist mir der König wenigstens mehr als Cäsar, durch den Geist und die
Ordnung, womit er viele verwickelte Fälle auf
wenige einfache Regeln zurückbringt." Und er hat
Recht, denn sein Geist und straffer Ordnungssinn,
der überall musterte, prüfte, besserte, waren es,
welche Friedrich zum Sieger von vierzehn Feld-
schlachten machten und ein Heer schufen, von
welchem er mit gerechtem Stolze sagen durfte:
„Die Welt ruht nicht sicherer auf den
Schultern des Atlas, als Preussen auf
einer solchen Armee;" und sie waren es auch,
welche, selbst Jena überlebend, dem preussischen
Volke jene treue Mannszucht, jenen schweigenden
Gehorsam einflössten, die es später befähigten, so
Ausserordentliches zu leisten zu Preussens Grösse
und zum Ruhme des Hauses Hohenzollern, dem es
beschieden war, das Meiste zur Einigung der so
lange getrennten deutschen Volksstämme beizutragen.

Da es unsere Absicht war, nur die bedeutendsten kriegswissenschaftlichen Schriften Friedrich's
des Grossen herauszugeben, so haben wir nur We-
niges zur Rechtfertigung der Wahl des in dieser
Sammlung Aufgenommenen zu sagen.

Die militärischen Schriften des Königs sind
doppelter Art.. Die einen, die Reglements, be-

handeln das Exercitium und den kleinen Waffen-
dienst; sie sind der Katechismus seiner Officiere,
wie der König sich ausdrückt, aber ohne eigentlichen wissenschaftlichen oder literarischen Werth,
und deshalb auch gar nicht hier berücksichtigt.
Die andere Art militärischer Schriften, die Instructionen, sind alle wirkliche kriegswissenschaftliche
Abhandlungen über Taktik und Strategie und alle
möglichen Vorkommnisse des Krieges, denen meist
ganz bestimmte Operationsbasen zu Grunde liegen,
wobei natürlich gewöhnlich Schlesien, Böhmen oder
Sachsen als Kriegsschauplatz angenommen werden.
Nach den neuen Erfahrungen des Königs sind diese
Instructionen, von denen er selbst sagt, dass sie dazu
dienten, die Principien der Kriegskunst fortwährend
zu studiren und sie den Officieren seiner Armee
zu lehren, immer wieder neu umgearbeitet worden.
Die meisten davon waren nur für einen oder wenige
Generale bestimmt, denen die strengste Geheimhaltung zur Pflicht gemacht wurde; andere sind im
geheimen Staatsarchive niedergelegt worden, mit dem
ausdrücklichen Befehl, dass sie erst bei Ausbruch
des Krieges herausgenommen werden dürften.

Von diesen Instructionen nun, wovon acht-
unddreissig in deutscher und sechzehn in französischer Sprache existiren, haben wir nur diejenigen
aufgenommen, die am meisten zur Fortbildung der
preussischen Kriegskunst beigetragen und durch

welche sich uns das Feldherrntalent des Königs
am schönsten und grossartigsten zu erkennen giebt.
Es sind dies die fünf Abhandlungen unserer
ersten Abtheilung: Militärische Schriften.
Die übrigen gewiss auch sehr werthvollen Instructionen sind meist nur Ergänzungen dieser fünf
Hauptwerke, wie z. B. die „Gedanken und
Hauptregeln für den Krieg" eine solche der
„Generalprincipien des Krieges" sind, und
mit geringer Ausnahme viel weniger bedeutend als
diese. Unsere zweite Abtheilung: Vermischte
Aufsätze und Betrachtungen über Krieg
und Kriegswesen, dient, wie ich in der Einleitung etwas ausführlicher auseinandersetzen werde,
hauptsächlich dem Zwecke, auch die philosophische
Persönlichkeit des grossen Königs in seinen Anschauungen über den Krieg dem denkenden Publikum
näher zu rücken, und wird gewiss demselben willkommen sein.

Würzburg, im Januar 1876.

Heinrich Merkens.

Inhalt.

Seite

Vorrede V

I. Militärische Schriften.

Einleitung XI
Generalprincipien des Krieges in Anwendung auf die Taktik und
    auf die Disciplin der preussischen Truppen 1

Artikel I.
Von den preussischen Truppen, von ihren Mängeln und Vorzügen   3

Artikel II.
Von den Feldzugsplänen 7

Artikel III.
Von dem Unterhalt einer Armee und dem Feldcommissariat . . 18

Artikel IV.
Von den Marketendern, vom Bier und Branntwein 23

Artikel V.
Von trockener und grüner Fourage 24

Artikel VI.
Von der Kenntniss eines Landes 27

Artikel VII.
Vom richtigen Blick (Coup d'oeil) 29

Artikel VIII.
Von der Vertheilung der Truppen 31

Seite

Artikel IX.
Von den verschiedenen Lagern 32

Artikel X.
Von den Vorsichtsmassregeln, welche man im Lager treffen muss 41

Artikel XI.
Wann und warum man Detachements ausschicken muss 43

Artikel XII.
Von den Talenten eines Feldherrn 47

Artikel XIII.
Von den Strategemen und Kriegslisten 53

Artikel XIV.
Von den Spionen, wie man sich derselben bei jeder Gelegenheit
zu bedienen habe, und auf welche Weise man sich Nachrichten vom Feinde verschaffen kann 57

Artikel XV.
Von gewissen Kennzeichen, wodurch man die Absichten des Feindes errathen kann 60

Artikel XVI.
Von unserm, neutralem und feindlichem Lande; von dem Unterschiede der Religionen und dem Verhalten, welches diese
verschiedenen Umstände erfordern 61

Artikel XVII.
Von allen Märschen, welche eine Armee machen kann 64

Artikel XVIII.
Was für Vorsichtsmassregeln man bei dem Rückzuge gegen die
Husaren und Panduren zu nehmen habe 71

Artikel XIX.
Wie die preussischen leichten Truppen gegen die Husaren und
Panduren verfahren müssen 73

Artikel XX.
Wie man den Feind zu Bewegungen zwingt 73

Artikel XXI.
Von dem Uebergange über Flüsse 76

Artikel XXII.
Wie man Flüsse vertheidigt 78

Artikel XXIII.
Vom Ueberfalle der Städte 80

Artikel XXIV.
Von dem Angriffe auf feste Plätze und von deren Vertheidigung 81

Artikel XXV.
Von den Treffen und Schlachten 84

Artikel XXVI.
Warum und wie man Schlachten liefern soll 104

Artikel XXVII.
Von den ungefähren Zufällen, die sich im Kriege ereignen können 107

Artikel XXVIII.
Ob es nöthig und rathsam sei, dass ein commandirender General
        Kriegsrath halte 111

Artikel XXIX.
Von den neuen Manövern der Armee 112

Artikel XXX.
Von den Winterquartieren 113

Artikel XXXI.
Von den Winterfeldzügen 117

Betrachtungen über die Taktik und einzelne Theile des Krieges,
        oder Betrachtungen über einige Veränderungen in der
        Art, Krieg zu führen 121
Verhaltungsmassregeln bei den Märschen der Armeen 139
Instruction für die General-Majors von der Infanterie 163
Instruction für die General-Majors von der Cavallerie 177
Instruction für die Artillerie 197

II. Vermischte Aufsätze und Betrachtungen über Krieg und Kriegswesen.

Einleitung . . . . III.
Betrachtungen über das militärische Talent und den Charakter
        Karl's XII., Königs von Schweden 233
Vom Militärwesen vom Anfang bis zum Ende der Regierung
        Friedrich Wilhelm's 259

Seite

Todtengespräch zwischen dem Prinzen Eugen, Mylord Marlborough
und dem Fürsten von Lichtenstein 283
Aus „Antimachiavel". Von den verschiedenen Arten der Unter-
handlungen und den gerechten Ursachen, Krieg zu führen 301
Aus „Lobrede auf General von Goltz" 311
Aus „Prüfung des „Versuchs über die Vorurtheile"" 319
Die Armee Friedrich's des Grossen. (Anhang.) 329

I.

MILITÄRISCHE SCHRIFTEN.

Einleitung.

Unter den zahlreichen kriegswissenschaftlichen Schriften Friedrich's des Grossen sind die „Generalprincipien", womit wir unsere Auswahl eröffnen, unbedingt am wichtigsten und interessantesten. Das Staatsarchiv besitzt drei Handschriften davon; nämlich zwei von der Hand des königlichen Autors, in französischer Sprache abgefasst. und eine officielle deutsche Uebersetzung. Das erste Original-Manuscript ist „Instruction pour les généraux qui auront à commander des détachements, des ailes, des secondes lignes et des armées prussiennes" betitelt und kann nicht vor dem Jahre 1746 verfasst worden sein, weil alle darin befindlichen Beispiele dem zweiten schlesischen Kriege angehören, und die Schlachten bei Hohenfriedberg, Soor und Kesselsdorf erwähnt werden; einen anderen, keinen Zweifel zulassenden Beweis dafür finden wir in dem „Politischen Testament" Friedrich's vom 7. November 1768, welches in dem kgl. Hausarchive aufbewahrt wird. Friedrich sagt darin: „Ich füge diesem Werke die Instructionen an meine Generale bei. Man darf sich nicht wundern, wenn man zwischen dem, was ich hier schreibe, und diesen Instructionen einige Widersprüche finden sollte. Der Grund liegt darin, dass ich diese Instructionen erst nach dem Frieden von 1746 entworfen habe, und der Feind in

den früheren Kriegen weder sein Terrain kannte, noch
etwas von Taktik verstand, und dass ferner seine Artillerie
ganz erbärmlich, und seine Infanterie ebenso elend war."
Man erkennt darin ganz deutlich den ersten Entwurf zu
unseren „Generalprincipien".

Die zweite Originalabfassung, ebenfalls ganz von der
Hand des Königs, befindet sich im kgl. Hausarchive und
trägt den Titel: „Les Principes généraux de la
guerre, appliqués à la tactique et à la disci-
pline des troupes prussiennes." Es ist dasselbe
Werk, nur neu durchgesehen und verbessert, enthält ein-
unddreissig Artikel, zehn von fremder Hand ausgeführte
colorirte Pläne, und besteht aus sechs Heften, wovon jedes
einen Separattitel trägt. Das erste führt den Titel: „Les
Principes généraux de la guerre, appliqués à
la tactique, etc."; die vier anderen: „Réflexions
et maximes militaires".

Der Prinz von Preussen, dem der König sein Werk
widmete, war auch der Einzige, dem er Einsicht in das
Manuscript gestattete, welches er über vier Jahre zurück-
hielt. In Bezug auf diesen Umstand spricht sich der königliche Autor in seinem „Politischen Testament"
vom 27. August 1752 so aus: „Ich hielt es für zweckmässig, in diesem Politischen Testamente eine auf die
Taktik und die Evolutionen der preussischen Truppen ge-
gründete Abhandlung über die Kriegskunst beizufügen.
Ich habe dieses Werk schon vor vier Jahren verfasst,
aber aus Furcht, eine Indiscretion zu begehen, Niemand
übergeben wollen. Ich füge es hier dieser Schrift, die ich
soeben beendigt, bei, damit Alles, was die Regierung
dieses Staates betrifft, es beziehe sich auf Frieden oder
Krieg, beisammen sei." Als aber bald darauf sichere Vor-
zeichen den König den Ausbruch eines neuen Krieges
(des siebenjährigen) erkennen liessen, da befahl er für
seine Generale eine Uebersetzung der „Principien" in's

Deutsche, die er unter dem Titel: „Die General-
Principia vom Kriege, applicirt auf die Tactique und auf die Disciplin derer preussischen
Truppen, 1753", drucken liess. Diese von einem geheimen Cabinetssecretär des Königs gemachte Uebersetzung
ist für ihre Zeit recht gut zu nennen, und finden wir
manche Fehler und Irrthümer, besonders in Bezug auf die
Ortsnamen, welche sich in dem französischen Original befinden, darin verbessert: auch enthält dieselbe einige
wesentliche Erweiterungen und Zusätze.

Friedrich betrachtete sein Werk als für sämmtliche
Generale der preussischen Armee geschrieben, und übergab die „General-Principia" durch eine Cabinets-Ordre
vom 30. Januar 1753 dem Feldmarschall von Schwerin,
„damit er sich den Inhalt dieser Schrift genau einpräge."
Alle Exemplare derselben, welche vertheilt worden sind,
enthalten eine handschriftliche Vorrede vom 23. Januar
1753, in welcher die strengste Geheimhaltung empfohlen
wird, und blieb dieses Werk auch dem Publikum längere
Zeit unbekannt, bis zur Gefangennehmung des General-
Majors von Czettritz durch die Oesterreicher bei Cossdorf
an der Elbe am 20. Februar 1760, wo ein sich unter der Bagage
des Generals befindliches Exemplar desselben dem Feinde
in die Hände fiel. Bald darauf (1761) erschien ein fehler-
hafter Abdruck [1]) des Werkes im Auslande, und fast
gleichzeitig eine französische Uebersetzung davon. Letztere rührt von einem sächsischen Oberst-Lieutenant von
Fäsch her [2]) und wurde im Jahre 1762 wieder in's Deutsche
übertragen. Im Jahre 1794 gab der General von Scharn-
horst eine Bearbeitung der „General-Principia" in seinem
Werke: „Unterricht des Königs von Preussen

---

[1]) „Des Königs von Preussen Majestät Unterricht von der Kriegskunst an seine Generals. Frankfurt und Leipzig 1761."

[2]) „Instruction militaire du roi de Prusse pour ses généraux. Traduite
de l'allemand par M. Faesch, lieutenant-colonel dans les troupes saxonnes.
Frankfort et Leipzig 1761."

an die Generale seiner Armee" heraus, welche in
dem 1819 zu Leipzig erschienenen: „Unterricht Friedrich's II. für die Generale seiner Armee, nebst
den von dem Könige späterhin gegebenen Instructionen, neu herausgegeben und mit Anmerkungen in Bezug auf die neuesten Veränderungen der Kriegführung versehen von einigen deutschen Officieren [1]" aufgenommen wurde.

Friedrich, welcher sich wenig um die verschiedenen Nach-
drucke und Nachbildungen seiner „General-Principia"
bekümmerte, schickte dieselben sogar noch nach dem siebenjährigen Kriege mit der Weisung der strengsten Verschwiegenheit an seine Generale. So am 20. December
1770 an den General-Major von Krusemark, General-
Inspector der Cavallerie in Brandenburg, für alle Generale
seiner Inspection. Das französische Original-Manuscript
von 1748 behielt er zurück; nach dem Tode des grossen
Königs aber gerieth dasselbe in Vergessenheit, und zwar
bis zum Jahre 1856, in welchem die „Generalprincipien" durch die auf Anregung Friedrich Wilhelm's IV.
und unter Leitung der Berliner Academie von J. D. E. Preuss
besorgte Ausgabe der Werke Friedrich's des Grossen
zur Kenntniss des Publikums gelangten. Hier liegen sie
demselben in deutscher Uebersetzung vor.

Die beiden hier folgenden Briefe des Königs an seinen
Bruder, den Prinzen von Preussen, dem er, wie gesagt, die
„Generalprincipien" widmete, zeigen den Werth an,
welchen der Verfasser auf sie legte.

„Sans-Souci, 19. Juni 1748.

Mein vielgeliebter Bruder!

Heute übersende ich Ihnen endlich ein Werk, das ich
Ihnen schon vor so langer Zeit versprach; es ist eine

---

[1] Karl Heinrich von Schütz, damals Oberst und Generalstabschef
des 4. Armeecorps, und Schulz, 1819 Hauptmann und Adjutant.

Frucht unserer Feldzüge und meiner Betrachtungen. Ich habe an demselben mit allem Fleisse, dessen ich fähig bin, gearbeitet, aber ich werde mich für meine Mühe reichlich belohnt fühlen, wenn ich mir schmeicheln darf, dass es Ihnen einmal nützlich sein wird. Nicht ich bin es, mein lieber Bruder, der darin spricht; es ist die Erfahrung geschickter Feldherren; es sind die Grundsätze eines Türenne, eines Eugen, eines Fürsten von Anhalt, welche hier reden, und die auch ich einigemal, dort, wo ich mich klug benommen, befolgt habe. Wenn Sie vielleicht finden sollten, dass ich etwas viel von einem General verlange, so meine ich, dass es doch immer gut ist, auf das Vollkommene hinzuweisen, und viel zu verlangen, um etwas zu erhalten. Uebrigens weiss ich so gut wie Einer, dass das Wesen unserer menschlichen Unvollkommenheit uns stets verhindern wird, die Grösse des Vorbildes, welches ich Ihnen hier zeichnete, zu erreichen; aber es ist doch nicht weniger wahr, dass, wenn man seinen Geist fortwährend auf vollkommene Dinge richtet, dies ein Mittel ist, wenn auch nicht vollkommen, doch wenigstens bescheidener zu werden. Ich habe alle wichtigen Momente der Kriegführung behandelt, keines unberücksichtigt gelassen, und was die kleinen Einzelnheiten betrifft, so verweise ich auf meine Militärischen Unterweisungen[1]), welche sich in den Händen der Officiere befinden. Es giebt vielleicht keine Kunst, über die so viele Bücher geschrieben worden, als über die Kriegskunst. Ich habe sie fast alle gelesen, aber ich kann Ihnen die feste Versicherung geben, dass Sie in keinem derselben so Bestimmtes und auf den Charakter unseres Heerwesens Anwendbares finden, wie in meinem Werke. Dieser Brief soll keine Vorrede sein. Indem ich Ihnen mein

---

[1]) „Institutions militaires". Der König meint damit die Instructionen, welche er unter dem Titel „Reglements für die Officiere der verschiedenen Waffengattungen" hatte drucken lassen.

Buch überreiche, mache ich Sie gleichzeitig zu dessen Richter. Finden Sie es belehrend, so benutzen Sie es; wo nicht, so können Sie es verbrennen. Das Einzige, um was ich Sie bitte, ja beschwöre, ist, dasselbe Niemand zu zeigen, und dieses Geschenk als das höchste Zeichen meiner Freundschaft betrachten zu wollen." [1])

„Potsdam, 24. Juni 1748.
Mein vielgeliebter Bruder!

Ich freue mich sehr, dass Ihnen mein Werk über den Krieg gefallen hat. Sie werden gewiss manches darin finden, was Ihnen nicht neu ist, und durch eigene Betrachtungen schon bekannt war; aber es besteht doch ein grosser Unterschied zwischen vorübergehenden Betrachtungen, die man zufällig macht, und die sich nach und nach wieder aus dem Gedächtnisse verwischen, und solchen, die man gleich nach dem Ausgange eines Krieges, von welchem der Geist noch erfüllt ist, gesammelt. Ich habe geglaubt, meine Mussezeit nicht besser benutzen zu können, als durch eine nützliche Arbeit, und wenn dieses Werk Ihnen angenehm ist, so halte ich mich für vollkommen belohnt." [2])

Die „Betrachtungen über die Taktik" (Réflexions sur la tactique etc. [3]) übersandte Friedrich am 27. December 1758 an den Herzog von Braunschweig. Unter dem ersten Titel stehen die Worte: „Ich übersende Ihnen hier, mein Lieber, eine Arbeit aus dem Winterquartiere. Ich wünsche aber, dass dieselbe an Niemand, mit Ausnahme meines Neffen [4]), weitergehe." Der zweite

---

[1]) Correspondance de Frédéric II roi de Prusse. XI. 102.
[2]) Correspondance de Frédéric II roi de Prusse XI. 103.
[3]) „Réflexions sur la tactique et sur quelques parties de la guerre, ou Réflexions sur quelques changements dans la façon de faire la guerre."
[4]) Erbprinz von Braunschweig.

Titel befindet sich auf der dritten Seite über dem Schrift-
stücke selbst. Die beiden Titel, sowie der Text, sind von
fremder Hand. Das Original-Manuscript befindet sich in
dem Archive des grossen Generalstabs unter der Corre-
spondenz des Königs mit dem Herzog von Braunschweig.

Von der dritten Abhandlung des Königs, „Verhaltungsmassregeln bei den Märschen der Armeen" (Des marches d'armée et de ce qu'il faut observer
à cet égard), sind zwei Handschriften vorhanden: 1) Das
Autograph des Verfassers, das Sans-Souci, 22. October 1777.
datirt und Friedrich (Féderic) gezeichnet ist, und 2) eine
Copie ohne Datum mit Correcturen von der Hand des
Königs, welcher sein Werk unter genanntem Titel im
Jahre 1777 bei J. G. Decker in Berlin drucken liess. Am
12. November 1777 schickte Friedrich ein Exemplar desselben an den Prinzen Friedrich von Braunschweig-Oels.
indem er ihm dazu schrieb: „Ich übersende Ihnen, mein
lieber Neffe, ein Werk über die Märsche, welches meine
Quartier-Meister von mir verlangt haben."

Die beiden Instructionen: „Instruction für die
General-Majors von der Infanterie" und „Instruction für die General-Majors von der Cavallerie", sind von dem Könige eigenhändig in deutscher Sprache geschrieben. Die erstere hat der König
vollständig geschrieben; in der für die Cavallerie hat
er Lücken gelassen für die Stellen, welche der Ab-
schreiber aus der Infanterie-Instruction wörtlich aufnehmen sollte. Am Schluss der letzteren befinden sich
noch vor der Namens-Unterschrift des Königs die Worte:
„Diese Instruction soll eisern bei demjenigen General
bleiben, der das Regiment hat, an den sie jetzo geschicket wird." In der von Kanzleihand besorgten Abschrift der Instruction für die Infanterie hat der Verfasser

unter seinem Namenszuge (𝔉ch.) eigenhändig noch hinzugefügt: „Es muss dabei zugesetzet werden, dass denen Generals auf ihren Eid verboten wird, zu niemand als zu Generals von dieser Instruction zu reden, geschweige vielmehr mit Fremden. 𝔉ch.“ Nach den von dem Könige eigenhändig verbesserten Abschriften sind diejenigen Exemplare ausgefertigt worden, welche die Generale erhielten. Die Autographen und Abschriften beider Instructionen befinden sich in dem königl. geheimen Staatsarchive; dagegen wurden mehrere Exemplare beider an die Generale vertheilten Schriften bei dem Generalstabe der Armee aufbewahrt, und nach diesen, wie wir sie in den „Oeuvres“ von Preuss[1]) abgedruckt finden, lautet unser Text.

Die Feldmarschälle, die Generale und die General-Lieutenants bekamen beide Instructionen auf einmal, ohne Rücksicht auf ihre specielle Waffe, während die General-Majore nur die ihre eigene Waffe berührende Instruction erhielten.

Der Baron de la Motte-Fouqué, welcher am 14. August 1748, als General-Major, die Instruction für die Infanterie erhielt, bekam den 27. December 1751, als General-Lieutenant, auch die Instruction für die Cavallerie. Diese beiden Exemplare fielen, nach Fouqué's Niederlage und Gefangennehmung bei Landshut, in österreichische Hände. Es sind dieselben, welche in der Neuen Militärischen Zeitschrift, Wien 1841, I. 74 ff. abgedruckt worden.

Der Brief, womit der König seine Instruction für die Infanterie an Fouqué begleitete, lautet:

„Mein lieber General-Major v. Fouqué!

Aus was Ursachen ich vor gut befunden habe, meinen gesammten General-Majors von der Infanterie beikommende

---

[1]) Oeuvres militaires III. 153—182.

Instruction zu ertheilen, solches werdet Ihr aus derselben mit mehrerem ersehen.

Ich sende Euch demnach solche hierbei zu, mit dem Befehl, dass Ihr selbige sehr wohl und mit allem Bedacht durchlesen, und Euch deren Inhalt auf das Genaueste bekannt machen sollt, um in Kriegeszeiten sowohl als in Friedenszeiten den gehörigen Gebrauch davon machen zu können. Ich befehle aber zugleich, dass Ihr diese Instruction auf das Allergeheimste halten und solche an niemanden auf der Welt zeigen, noch lesen lassen, am allerwenigsten aber eine Abschrift davon nehmen, noch extractsweise daraus communiciren solltet. Ich verbiete Euch demnach auf Euren Eid, Pflicht und Ehre, dass Ihr von dieser Instruction und deren Inhalt gegen niemanden einmal sprechen und etwas erwähnen sollet, als nur allein gegen Generals, welche wirklich bei meiner Armee im Dienste stehen, und wenn Ihr mit denselben allein seid, so dass ausser ihnen niemand was davon hört. Mit andern Meiner Officiers davon zu reden, wird Euch hierdurch untersagt; gegen Fremde aber davon etwas zu erwähnen, oder daraus etwas zu sagen, ist schlechterdings gegen Ehre und Pflicht gehandelt. Ihr sollt auch diese Instruction jedesmal sehr sorgfältig verwahren, damit Euch solche niemals von Händen kommen oder verloren werden könne; vielmehr soll das Exemplar dieser Instruction jedesmal wie eisern bei Euren Regimentern bleiben, dergestalt, dass wenn eine Aenderung wegen Eures jetzo unterhabenden Regiments geschehen sollte, alsdann jedesmal derjenige General, so Euer Regiment wieder bekäme, solche Instruction auch wieder mitbekommen muss; wonach Ihr Euch dann in allen Stücken wohl zu achten habet.

Uebrigens befehle ich bei dieser Gelegenheit annoch, dass wenn ich Euer Regiment hinführo en revue sehen werde, Ihr alsdann bei dieser Gelegenheit mir Alles, was

Ihr wegen des Regiments und dessen Nothdurft, auch wegen der Umstände der Officiers von solchem, und was Ihr sonst nöthig finden möchtet, sagen sollet, damit ich Euch deshalben bescheiden und, wenn es nöthig ist, selbst nach den Umständen sehen kann.

Potsdam, 14. August 1748.

Friedrich."

Bei Uebersendung der Instruction für die Cavallerie schreibt der König an Fouqué:

„Mein lieber General-Lieutenant v. Fouqué!

Auf Euer Schreiben vom 25. dieses erhaltet Ihr hierbei die geheime Instruction, welche ich den gesammten General-Majors von der Cavallerie ertheilt habe, und diene Euch dabei zur Nachricht, dass eigentlich die General-Lieutenants mit keiner Disposition von mir versehen sind, sondern dass nach der von mir gemachten Disposition ein General-Major von der Infanterie nur allein die Instruction. so für die General-Majors von der Infanterie, bekommt, so wie ein General-Major von der Cavallerie nur die, welche die Cavallerie angeht, erhält; die General-Lieutenants aber, Generals von der Cavallerie, wie auch General-Feldmarschalls erhalten nur allein beide Instructionen vor die General-Majors von der Infanterie und vor die der Cavallerie zusammen, daher denn auch, weil Ihr die vor die General-Majors von der Infanterie bereits erhalten habet, Ihr jetzt die von der Cavallerie nur noch dazu bekommet.

Potsdam, 27. December 1751.

Friedrich."

Der Generalstab der Armee besitzt zwei officielle Verzeichnisse über die Vertheilung der beiden Instructionen vom 14. August 1748. Das vollständigere der beiden lautet also:

„Liste der Generals, welche beide Instructiones erhalten haben:

1. Der General-Feldmarschall Graf von Schwerin,
2. Der General-Feldmarschall Herzog von Holstein,
3. Der General-Feldmarschall Fürst von Anhalt,
4. Der General-Feldmarschall von Kalckstein,
5. Der General-Feldmarschall von Jeetze,
6. Der General-Feldmarschall Fürst Dieterich von Anhalt,
7. Der General-Feldmarschall von Keith,
8. Der General der Infanterie Markgraf Carl,
9. Der General der Infanterie von Lehwaldt,
10. Der General-Lieutenant Du Moulin,
11. Der General-Lieutenant Prinz von Preussen, u. s. w."

Den Schluss unserer militärischen Schriften bildet die „Instruction für die Artillerie", vom 3. Mai 1768. Sie ist durch die „Geschichte der brandenburgisch-preussischen Artillerie" von L. von Malinowsky und R. von Bonin zuerst bekannt geworden. Unser Text folgt dem der „Oeuvres", welcher ein genauer Abdruck des in der Geheimen Registratur der Artillerie - Abtheilung des königl. Allgemeinen Kriegs - Departements aufbewahrten Original - Exemplars ist. Dasselbe ist von Kanzleihand geschrieben und von dem Könige (Fch.) unterzeichnet.

M.

Generalprincipien des Krieges

in

Anwendung auf die Taktik und auf die Disciplin der preussischen Truppen.

———

Generalprincipien des Krieges
in Anwendung auf die Taktik und auf die Disciplin der preussischen Truppen.

————

Die Kriege, welche von mir geführt worden sind, haben mir Gelegenheit gegeben, über die Grundsätze dieser grossen Kunst, durch welche so viele Reiche erhoben oder gestürzt wurden, nachzudenken.

Die römische Kriegsdisciplin besteht nur noch bei uns; ihrem Beispiele folgend, muss uns der Krieg eine beständige Betrachtung, der Friede aber eine beständige Ausübung derselben sein.[1])

Ich habe es also für nützlich erachtet, Ihnen meine Reflexionen mitzutheilen, Ihnen, welcher nach mir den grössten Antheil am Befehle haben soll, Ihnen, welchem nur ein halbes Wort von mir genug sein muss, um meine Gedanken zu verstehen, Ihnen endlich, welcher in meiner Abwesenheit nach meinen Principien handeln muss.[2])

In dem vorliegenden Werke habe ich sowohl meine eigenen Reflexionen, als auch die, welche sich in den Schriften der grössten Generale gefunden, zusammengebracht und ein Ganzes daraus gemacht, welches ich auf die Disciplin unserer Truppen angewendet habe.

————

[1]) Vegetius, De re militari I 1.
[2]) Am 19. Juni 1748 schickte Friedrich die Generalprincipien an seinen Bruder, den Prinzen von Preussen. Sehe Einleitung XIV.

Ich schreibe darin nur von dem, was auf den preussischen Dienst anwendbar ist, und stelle mir zugleich keine anderen Feinde vor, als unsere Nachbarn, weil beide Worte unglücklicherweise Synonyme geworden, und eins das andere in sich fasst. Ich hoffe, dass meine Generale bei Durchlesung dieses Werkes mehr als durch Alles, was ich ihnen mündlich sagen kann, überzeugt sein und klar sehen werden, dass die Disciplin unserer Truppen das Fundament des Ruhmes und der Erhaltung des Staates ist, und dass, wenn sie solche aus diesem Gesichtspunkte ansehen, sie sich dadurch mehr als jemals ermuntern werden, die Ordnung bei den Truppen in ihrer ganzen Kraft zu erhalten, damit man nicht von uns sagen könne, dass diejenigen Instrumente in unseren eigenen Händen stumpf und unbrauchbar geworden sind, durch welche wir vorhin unseren Ruhm erworben haben. Nichts ist schöner, als sich Ruhm erworben zu haben; es sei aber auch weit entfernt von uns, dass wir uns durch eine schädliche Sicherheit einschläfern lassen wollten, vielmehr müssen wir von weitem her diejenigen Mittel vorbereiten, deren wir uns, wenn die Zeit und die Ereignisse uns Gelegenheit geben werden, nützlich bedienen können.

Uebrigens setze ich in folgenden Betrachtungen das Reglement für die Armee[1]) voraus, welches eigentlich der Katechismus meiner Officiere ist, und behandle also in gegenwärtiger Schrift nur das, was in dem Kriege das Grosse und Erhabene genannt wird.

---

[1]) „Institutions militaires." Der König meint hier die in deutscher Sprache geschriebenen und 1743 veröffentlichten vier Reglements: „Reglement vor die Königl. Preussische Infanterie; Reglement vor die Königl. Preussischen Cavallerie-Regimenter; Reglement für die Königl. Preussischen Dragoner-Regimenter und Reglement vor die Königl. Preussischen Husaren-Regimenter."

Artikel I.

Von den preussischen Truppen, von ihren Mängeln und Vorzügen.

Die Einrichtung unserer Truppen erfordert unendlichen Fleiss von Denjenigen, die sie commandiren. Sie wollen in einer beständigen Disciplin erhalten, mit äusserster Sorgfalt gepflegt und besser ernährt sein, als vielleicht alle anderen Truppen in Europa.

Unsere Regimenter bestehen halb aus Landeskindern, halb aus Ausländern, welche sich für Geld haben anwerben lassen. Diese letzteren, weil sie durch nichts gebunden sind, versuchen, bei erster Gelegenheit wegzukommen, und deshalb ist es zuvörderst ein wichtiges Werk, die Desertion zu verhindern. Einige von unseren Generalen glauben, dass ein Mann eben nur ein Mann sei, und dass der Verlust eines einzelnen keinen Einfluss auf das Ganze habe. Aber was sich in diesem Stücke von anderen Armeen sagen lässt, ist auf die unsrige nicht anwendbar. Wenn ein ungeschickter Mensch wegläuft und durch einen eben so ungeschickten ersetzt wird, so ist das allerdings einerlei; wenn aber ein Soldat, den man zwei Jahre nach einander dressirt hat, um ihn auf einen gewissen Grad der Gewandtheit zu bringen, aus dem Corps verloren geht und entweder schlecht oder gar nicht ersetzt wird, so hat dies auf die Länge seine Consequenzen. Man hat schon oft gesehen, dass durch die Nachlässigkeit der Officiere in kleinen Dingen ganze Regimenter ihren Ruf verloren und durch Desertion zusammengeschmolzen sind. Solcher Verlust schwächt die Armee gerade, wenn es am meisten Noth thut, dass sie vollständig sei. Ihr werdet also, wenn Ihr nicht darauf Acht gebet, Eure besten Kräfte verlieren, und dann nicht im Stande sein, solche wieder zu ersetzen; und, obgleich viele Menschen in meinem Staate sind, so frage ich Euch doch, ob Ihr viele darin findet, welche die Grösse meiner Soldaten haben; und gesetzt

auch, dass dem so wäre, sind sie denn auch gleich ausgebildet?

Es ist also eine wesentliche Pflicht eines jeden Generals, welcher eine Armee oder ein besonderes Corps commandirt, der Desertion vorzubeugen. Dies geschieht nun
dadurch:

1. Dass man vermeidet, zu nahe an einem Walde oder
grossen Holze zu campiren, wenn nicht die Kriegs-
raison Euch dazu zwingt.

2. Dass man die Soldaten öfters in ihren Zelten be-
sichtigen lässt.

3. Dass man Husarenpatrouillen rund um das Lager
gehen lässt.

4. Dass man Nachts Jäger in das Getreide postirt und
gegen Abend die Feldposten der Cavallerie ver-
doppeln lässt, damit die Kette derselben um so viel
dichter sei.

5. Dass man nicht leidet, dass sich der Soldat deban-
dire, sondern man die Officiere verpflichte, ihre Leute
in Reihe und Glied zu führen, wenn Stroh und
Wasser geholt wird.

6. Dass das Marodiren, welches die Quelle aller Un-
ordnungen ist, ernstlich bestraft wird.

7. Dass an Marschtagen die Wachen in den Dörfern
nicht eher zurückgezogen werden, bis die Armee
schon unter dem Gewehre steht.

8. Dass man bei Nacht nicht marschirt, es sei denn,
dass eine wichtige Ursache es erfordert.

9. Dass streng verboten wird, dass an den Marschtagen
die Soldaten ihr Peloton verlassen.

10. Das man seitwärts Husarenpatrouillen gehen lässt,
wenn Infanterie ein Holz passirt.

11. Dass, wenn Engpässe zu passiren sind, man alsdann
an den Aus- und Eingang Officiere stellt, welche die
Truppen gleich wieder formiren.

12. Dass, wenn man sich genöthigt sieht, mit den Truppen
eine Bewegung rückwärts zu machen, man ihnen solches
verbirgt, oder es unter irgend einem den Soldaten
schmeichelnden Vorwande thut.

13. Dass man stets darauf achtet, dass es den Truppen
nicht am Nöthigen fehle, es sei Brod, Fleisch, Stroh,
Branntwein und dergleichen mehr.

14. Dass, wenn die Desertion bei einem Regiment oder
einer Compagnie einreissen will, man sogleich die
Ursachen untersuche, um zu wissen, ob der Soldat
seine Löhnung und alle ihm zugesagten Douceurs
richtig bekommt, oder ob der Hauptmann eines Unter-
schleifs schuldig ist.

Die Erhaltung der Disciplin erfordert nicht weniger
Sorgfalt. Man wird vielleicht sagen: Darauf muss ja jeder
Oberst bei seinem Regimente sehen. Das ist aber nicht
hinreichend; denn bei einer Armee muss alles zur höchsten Vollkommenheit gebracht werden, und man muss erkennen, dass alles, was bei ihr geschieht, das Werk eines
einzigen Mannes ist. Der grösste Theil einer Armee besteht
aus indolenten Leuten; wenn ein General denselben nicht
beständig auf dem Nacken ist, so wird diese künstliche
und vollkommene Maschine sehr bald in Unordnung gerathen, und der General würde hernach nur in der Idee
eine wohldisciplinirte Armee haben. Man muss sich also
daran gewöhnen, unaufhörlich zu arbeiten. Diejenigen,
die solches thun, werden aus eigner Erfahrung sehen, wie
nothwendig dieses ist, und dass sich alle Tage Missbräuche
abzustellen finden, was nur diejenigen nicht sehen, welche
sich nicht die Mühe geben, darauf zu achten.

Diese beständige und mühsame Thätigkeit scheint
zwar hart zu sein. aber ein General, der sie besitzt, wird
in der Folge dafür genugsam belohnt werden. Welche
Vortheile wird er nicht mit so tapferen, so schönen und so
gut disciplinirten Truppen erringen können! Ein General,

der bei anderen Völkern für verwegen gilt, thut bei uns
nur, was die gewöhnlichen Regeln fordern. Er kann alles
wagen und unternehmen, was Menschen auszuführen möglich ist.

Was könnte man nicht mit so gut disciplinirten
Truppen unternehmen! Die Ordnung ist der ganzen Armee
zur Gewohnheit geworden; die Pünktlichkeit ist bei Officier
und Soldat bis zu einem Grade entwickelt, dass alles eine
halbe Stunde vor der bestimmten Zeit fertig ist; Keiner
redet, aber Alle handeln, und der Befehl des Generals
wird rasch befolgt. Unsere Truppen sind so leicht und
beweglich, dass sie sich ausserordentlich schnell zu Bataillonen formiren; man kann fast nie durch die Schnelligkeit ihrer Bewegungen überrascht werden. Wollt Ihr Euch
des Gewehrs bedienen: welche Truppen machen ein Feuer
gleich dem der unsrigen? Die Feinde sagen, sich unserer
Infanterie gegenüber befinden, heisse vor einem Höllen-
schlunde stehen. Wollt Ihr, dass die Infanterie nur mit
dem Bajonette angreife: welche Infanterie wird besser
gegen den Feind marschiren, festen Schrittes und ohne zu
schwanken? Wo ist mehr Geistesgegenwart in den grössten
Gefahren zu finden? Muss eine Viertelschwenkung, um dem
Feinde in die Flanken zu fallen, gemacht werden: in einem
Augenblicke, und selbst ohne die geringste Mühe, ist diese
ausgeführt.

In einem Lande, in welchem das Militär den ersten
Stand bildet, in welchem die Blüthe des Adels in der
Armee dient, in welchem die Officiere Leute von Geburt
sind, und sich selbst unter den Soldaten Staatsbürger, d. h.
Söhne von Bürgerlichen und Bauern, befinden, dort muss
auch die Ehre unter den Truppen herrschen. Und sie
herrscht auch dort in hohem Grade. Ich habe Officiere
und gemeine Soldaten stark verwundet gesehen, die dessenungeachtet ihren Posten nicht verlassen, noch sich zurückziehen wollten, um ihre Wunden verbinden zu lassen. Mit

solchen Truppen würde man die ganze Welt bezwingen, wenn die Siege ihnen nicht ebenso schädlich wären, als ihren Feinden; denn man kann mit ihnen alles unternehmen, wenn man nur Lebensmittel hat. Marschirt Ihr, so kommt Ihr durch Eure Geschwindigkeit dem Feinde vor; attakirt Ihr einen Wald, so forcirt Ihr den Feind aus solchem; steigt Ihr einen Berg hinan, so werdet Ihr diejenigen verjagen, die Euch Widerstand leisten; lasst Ihr die Cavallerie agiren, so wird sie den Feind niedermachen und aufreiben.

Weil aber die Güte der Truppen nicht allein genügt, und ein ungeschickter General endlich alle solche grosse Vorzüge zu Grunde richten würde, so will ich von den Eigenschaften eines Generals handeln und die Regeln angeben, die ich zum Theil mit meinem Schaden gelernt, oder welche uns grosse Generale hinterlassen haben.

Artikel II.

Von den Feldzugsplänen.

Man beginnt den Krieg mit den Feldzugsplänen, und gewöhnlich sind die Nachbarn eines Fürsten dessen Feinde. Wir werden also als solche die Russen, die Sachsen und vor allen die Oesterreicher zu betrachten haben. Politik und Kriegskunst müssen sich in den Feldzugsplänen stets die Hände reichen. Man muss die Kräfte des Fürsten kennen, mit dem man Krieg führt, seine Verbündeten und das Land, welches der Schauplatz Eurer Schande oder Eures Ruhmes werden soll. In Bezug auf die Zahl der Truppen ist darauf zu achten, dass Ihr 75,000 Mann 100,000 entgegenstellen könnt; das muss Euch genügen. In Bezug auf die Allianzen muss man die von den Feinden dazu aufgeforderten Fürsten entweder schonen oder sie, noch bevor sie ihre Kräfte mit den übrigen vereinigen können, erdrücken. Und was das Land betrifft, in welchem man

Krieg führen will, so ist es so nothwendig, eine genaue Kenntniss desselben zu besitzen, wie es für einen Menschen, der Schach spielen will, nothwendig ist, dass er das Schachbrett kenne.

Im Allgemeinen taugen alle diejenigen Kriege nichts, welche uns zu sehr von unsern Grenzen entfernen, und man hat alle, welche andere Nationen auf diese Weise geführt haben, unglücklich endigen sehen. Karl XII. sah seinen Ruhm in den Einöden von Pultawa schwinden, Kaiser Karl VI. vermochte sich nicht in Spanien zu halten, und ebenso wenig die Franzosen in Böhmen. Alle Feldzugspläne, welche zu ausgedehnt sind, müssen also als schlecht verworfen werden.

Man macht andere Pläne, um sich zu vertheidigen, und andere, um anzugreifen.

Ein absoluter Vertheidigungsplan taugt nichts; er zwingt Euch, feste Lager zu beziehen; der Feind umgeht Euch, und da Ihr Euch nicht vertheidigen dürft, so zieht Ihr Euch zurück. Der Feind umgeht Euch wieder und Ihr verliert, das ist sicher, durch Euren Rückzug mehr Terrain, als durch eine verlorene Schlacht; auch schmilzt dabei Eure Armee mehr durch Desertion zusammen, als dies durch die blutigste Action der Fall gewesen wäre. Eine so ausschliessliche Defensive, wie ich sie hier meine, taugt nichts, denn es ist alles dabei zu verlieren und nichts zu hoffen. Ich ziehe also einem solchen Verhalten die Kühnheit eines Generals vor, der zur rechten Zeit eine Schlacht wagt, denn er hat alles zu hoffen, und selbst im Unglück bleibt ihm alsdann noch immer das Hülfsmittel der Defensive.

Jeder offensive Feldzugsplan verlangt, dass man die Grenzen des Feindes genau prüfe, dass man, nachdem über die Punkte zum Angriffe gründlich berathen worden, den Ort bestimmt, wo sich die Armee versammeln soll, und dass man für Lebensmittel sorgt.

Um dies klarer zu machen, werde ich meine Principien durch Beispiele illustriren, indem ich Pläne entwerfe, um Sachsen, Böhmen und Mähren anzugreifen.

Wenn es sich darum handelt, Sachsen anzugreifen, muss man sich der Elbe bemächtigen; und Halle wäre für den Anfang der bequemste Ort, um die Armee zu versammeln. Das Hauptdepot müsste in Halle sein, die Hauptmagazine aber in Magdeburg. Ein Feldherr, welcher sich nicht mit Lebensmitteln versieht, wird, und wenn er ein Cäsar wäre, nicht lange Held bleiben. Man betraue einen unbestechlichen, verschwiegenen und gewandten Mann damit, man versehe sich für einen ganzen Feldzug mit Mehl, und die Armee selbst führe davon für drei Wochen oder einen Monat mit sich. Ihr lasst eine Garnison in Halle und achtet so viel als möglich darauf, dass der Feind nicht etwa durch Verrath Euer Magazin beschädigen könne. Wenn der Feind das flache Land inne hat, so muss ihm eine Schlacht geliefert werden, damit Ihr Eure Operationen weiter ausdehnen könnt. Wenn Ihr glücklich seid, so unternehmt Ihr die Belagerung von Wittenberg. Das setzt Euch in den Besitz der Elbe, welche Euch Eure Lebensmittel zuführen wird; Ihr steigt dieselbe immer aufwärts bis Dresden und bemächtigt Euch dieser Hauptstadt. Man muss sich zu gleicher Zeit folgende Fragen stellen: Wenn sich der Feind bei Meissen festsetzt, wie kann ich ihn alsdann umgehen? Oder wenn er bei Kesselsdorf festen Fuss hat, welches Manöver habe ich alsdann zu machen, um ihn zu verdrängen? Ich denke, entweder auf der Rechten zu marschiren, um ihn zu überflügeln, oder ein Detachement auf die andere Seite der Elbe zu schicken, um die Altstadt von Dresden anzugreifen, was diese Armee zum Rückzuge zwingen kann, oder man muss sich dazu entschliessen, sie zu bekämpfen, wie der Fürst von Anhalt es that.

Wenn ich Absichten auf Böhmen habe, so untersuche

ich die ganze Grenze nach Schlesien zu und finde dabei vier Pässe, die bedeutender sind, als die andern.

Der eine befindet sich auf der Seite der Lausitz, der zweite ist der von Schatzlar, der dritte der von Braunau, und der vierte führt aus der Grafschaft Glatz über Rückerts und Reinerz gerade nach Königgrätz. Der von Friedland, also der Lausitzer, ist nichts werth, weil sich in Schlesien in dieser Gegend kein fester Platz befindet, wo man ein Magazin errichten könnte; weil er nur durch einen Winkel nach Böhmen führt, und endlich das Land hier ausserordentlich gebirgig ist, wie zu Chicanen gemacht, und nur wenige Lebensmittel aufbringt. Der Schatzlarer Pass hat ungefähr die nämlichen Schwierigkeiten, und wenn der Feind die Höhe hinter der Stadt besetzt, giebt es kein Mittel, ihn anzugreifen oder zu überflügeln; denn der Weg von Golden-Oelse ist ein sehr schlimmer Engpass. Dieser Weg ist also nur in dem Falle brauchbar, dass der Feind sich nicht dort befindet; da man aber beim Debouchiren aus dieser gefährlichen Schlucht doch immer an dem Silvaer Walde vorbeidefiliren muss, so würde ich demselben doch den von Braunau vorziehen, der von allen Wegen, die von Schlesien nach Böhmen führen, der bequemste ist, weil sich Eure Magazine in Schweidnitz befinden, das ja in der Nähe liegt, und Ihr, indem Ihr von dieser Seite nach Böhmen eindringt, ganz Niederschlesien deckt, während der Weg von Glatz nach Böhmen nichts deckt. Uebrigens ist der Braunauer auch deshalb besser, weil man in allen Kriegen, die in Schlesien geführt werden, die Oder als nährende Mutter betrachten muss, und dieser Fluss näher bei Schweidnitz als bei Glatz liegt, und die Schweidnitzer Wege für Fuhrwerke besser sind, als die Glatzer. Da also der Braunauer Weg in jeder Beziehung der zweckmässigste ist, muss man von ihm aus seinen Angriffspunkt richten.

Nachdem dieses ausgemacht ist, errichte ich nun mein

Magazin zu Schweidnitz unter dem Schutze von zwei oder dreitausend Mann; gleichzeitig bestimme ich ein Corps von siebentausend Mann, um Oberschlesien, nach der Seite von Neustadt hin, zu decken, und ein zweites von dreitausend Mann zur Deckung der anderen Seite der Oder von Cosel bis Brieg. Diese beiden Detachements sind unumgänglich nothwendig; sie decken die linke Flanke von Niederschlesien gegen die Einfälle der Ungarn, welche bald Eure Wagenzüge und alle Anordnungen, welche man in Bezug auf die Lebensmittel im Rücken der Armee zu treffen gezwungen ist, hemmen würden. Diese beiden Corps sind um so weniger blossgestellt, als ja das eine sich nach Neisse, das andere aber nach Cosel und Brieg zurückziehen kann.

Es ist schwierig, die Art und Weise der Operationen in Böhmen zu bestimmen, ohne vorher einen genauen Fall festgestellt zu haben. Die Erfahrung hat mich gelehrt, dass dieses Land leicht zu erobern, aber schwer zu behaupten ist. Diejenigen, welche dies Königreich unterjochen wollen, werden sich jedesmal, wenn sie dasselbe mit Krieg überziehen, täuschen. Um Böhmen zu erobern, muss man Oesterreich von der Donau und Mähren aus angreifen; dann fällt dieses grosse Land von selbst, und man hat nur Besatzungen dahin zu schicken.

Wenn wir allein gegen die Königin von Ungarn Krieg führen, so werden unsere Feldzüge stets defensive sein mit dem vollständigen Charakter eines Offensivkrieges. Hier, worauf ich meine Ansicht stütze: Böhmen besitzt weder haltbare Städte, noch schiffbare Flüsse, was uns nöthigt, unsere Kriegszufuhren aus Schlesien kommen zu lassen. Eine Bergkette trennt die beiden Staaten. Schlagt den Feind, nehmt ihm Städte ab, Ihr habt nichts dadurch gewonnen; denn diese Städte sind nicht zu halten, Ihr dürft Eure Magazine hier nicht der Gefahr aussetzen, und wenn Ihr Euch tiefer in das feindliche Land hineinwagt, bringen Euch seine Berge wegen der Lebensmittel

in Gefahr, der Feind schneidet Euch im Rücken ab, und
Ihr setzt Euch aus, Eure Armee durch den Hunger umkommen zu sehen. Wie aber den Winter in einer solchen
Gegend zubringen? Wie wollt Ihr Eure Quartiere sichern?
Wie sollen die Truppen ausruhen und sich von ihren
Strapazen erholen? Vielleicht antwortet man: Haben wir
denn nicht den Winter von 41 auf 42 in Böhmen zugebracht? Das ist allerdings richtig: aber wir waren auch
nicht allein; die Franzosen beschäftigten die Oesterreicher
derart, dass sie nicht an uns denken konnten.

Alle diese Umstände müssen den General bestimmen,
sich seinen Mitteln zu fügen und einem brillanten Plane
einen ausführbaren vorzuziehen. Dieser Plan wird nicht
viel Bedeutendes bezwecken; es sei denn, dass man ein
sehr grosses Uebergewicht über die Oesterreicher besässe.
Voraussetzend, dass Alles gleich steht, glaube ich, dass
sich der Feldzug darauf beschränken wird, während der
Belagerungszeit auf Kosten des Feindes zu leben. Dabei
muss man die ganze schlesische Grenze vollständig abfouragiren, um den Feind zu hindern, dort viele Truppen
zu halten, und am Ende des Feldzuges durch das Glatz'sche,
wo die Wege zu einem Rückzuge am besten sind, nach
Schlesien zurückkehren. Dieses Land, welches Ihr während des Sommers der ganzen Länge Eurer Grenzen nach
habt abfouragiren lassen, wird Euch während des Winters
Ruhe gönnen.

Wenn man Mähren angreifen will, muss man ganz
andere Pläne machen. Drei Wege führen dahin: der von
Glatz über Littau nach Olmütz; der von Troppau über
Sternberg; und der von Hultschin und Prerau. Ich wähle
den von Jägerndorf, Zuckmantel und Sternberg, weil er
am nächsten bei Neisse liegt. In der Voraussetzung, dass
meine Streitkräfte denen des Feindes gleich sind, sende
ich 7 bis 8000 Mann gegen Braunau und Schatzlar ab,
um diese Seite von Niederschlesien zu decken. Diese

Truppen leben auf Kosten Böhmens, und wenn sich eine
zu zahlreiche Menge von Feinden zeigen sollte, haben
sie einen nahen und sichern Rückhalt in Schweidnitz.
Ich nehme eine zweite und weit wichtigere Detachirung
als die erstere vor, deren Führung ich dem gewandtesten
Officier der Armee anvertraue. Ich schicke ihn nach der
Jablunka zu, um meine linke Flanke gegen die Ungarn
zu decken und meine Proviantzüge und Anordnungen,
welche ich in Oberschlesien wegen der Lebensmittel der
Armee, welche in Mähren operiren soll, zu treffen gezwungen
bin, zu sichern. Da meine Armee von ihren Subsistenz-
mitteln abhängt, und diese wieder von dem sie beschützenden
Corps an der Jablunka abhängen, so liegt der ganze Er-
folg meiner Pläne in den Händen des Generals, der dieses
Corps commandirt. Nach meinem Plan muss sich mein
Hauptproviantplatz in Neisse befinden, und mein Depot in
Troppau; und zwar deshalb, weil Troppau in Verthei-
digungszustand gesetzt werden kann, was wohl nie mit
Jägerndorf geschieht, und jenes eine anständige Besatzung
zulässt, während dieses kaum ein Bataillon zu fassen im
Stande ist. Ich errichte in Troppau ein Depot für drei
Monate, ohne die Lebensmittel für einen Monat zu rechnen, welche die Armee mit sich führt. In Sternberg lasse
ich Erde aufwerfen und Pallisaden errichten, weil dies auf
dem ganzen Wege der einzige Ort ist, welcher meinen
Proviantzügen eine Art von Schutz zu bieten vermag.
Sind nun alle diese Vorkehrungen getroffen, so marschirt
meine Armee auf Olmütz, wobei ich zu dessen Belagerung
zwölf Mörser und vierundzwanzig Batteriestücke mit mir
führe. Man kann alle Ueberschwemmungen, welche der
Feind bei diesem Platze vornehmen könnte, ableiten;
übrigens hat die Morawa nur wenig tiefe Stellen in ihrem
Bette. Wenn man den Feind aus der Umgegend verjagt,
wird sich der Platz bei offenen Laufgräben nur acht bis
zehn Tage halten können. Von der Wischauer Seite aus

findet der Angriff statt. Sobald die Stadt genommen ist, werden die Laufgräben gefüllt, die Breschen ausgebessert und das Troppauer Magazin unter guter Bedeckung hierher gebracht, während zu gleicher Zeit das Neissener nach Troppau geht. Alsdann muss man gegen den Feind vorrücken, der sich vermuthlich entweder bei Pohrlitz oder bei Wischau gelagert, sich von seinen Verlusten erholt und vielleicht auch Unterstützung erhalten haben wird. Es ist schwer, ihn auf den Posten, die er nehmen kann, zu umgehen, weil man den Rücken nach Olmütz zu frei halten muss, um ihn zu decken; aber man muss, um Terrain zu gewinnen, womöglich eine Action veranlassen, wobei der Feind sich nach Brünn zurückziehen und da seine letzten Anstrengungen machen wird, um sich zu halten; allem Anscheine nach wird er sich auf den Höhen lagern, welche sich hinter dem Spielberg befinden. Hier ist der kritischste Punkt des ganzen Feldzuges. So lange der Feind sich in der Nachbarschaft befindet, ist die Belagerung von Brünn ausserordentlich schwierig, und es ist schwer, denselben zu vertreiben. Doch hier ein Mittel, dessen man sich bedienen kann. Man muss starke Abtheilungen nach Oesterreich zu schicken, damit das Angstgeschrei der Wiener den österreichischen General zwingt, ihnen zu Hülfe zu eilen. Wenn der Feind seinen Posten verlässt, muss man ihn gleich angreifen, und im Falle eines Sieges, die Belagerung von Brünn gleich beginnen. Man lässt Lebensmittel und Belagerungsartillerie aus Olmütz kommen. Die Stadt Brünn hat wenig zu bedeuten; sie kann sich vielleicht acht Tage bei offenen Laufgräben halten, und das Schloss höchstens zwölf. Ist die Stadt genommen, so rückt man sein Magazin von Olmütz vor, verproviantirt die Stadt von Neuem und marschirt auf Znaim und Nickolsburg, was den Feind zwingen wird, sich nach Oesterreich zurückzuziehen. Obgleich die Oesterreicher Mähren mit ihrer Armee verlassen, so werden sie doch

ihre leichten Truppen dahin schicken, welche durch die
Anhänglichkeit des Volkes und die Beschaffenheit des
Landes bedeutend begünstigt werden. Diese werden sich
zu Eurer Rechten in den Bergen von Kloster Saar bis
Trebitsch und Gurein, und zu Eurer Linken auf der Seite
von Hradisch und Napagaden einnisten. Man wird, um
diese leichten Truppen aus ihren Schlupfwinkeln zu verjagen, die Zeit der Winterquartiere abwarten müssen, und
da zu vermuthen, dass die Ungarn ihre Absichten auf
Oberschlesien aufgegeben haben werden, so kann man jetzt
einen Theil des Corps, welches man ihnen bei der Jablunka
entgegengestellt, in Mähren benutzen.

Wenn ich auch einen Feldzugsplan von einer absoluten
Defensive nicht gut geheissen, so weiss ich doch, dass man
nicht immer einen vollständigen Offensivkrieg führen kann;
aber ich verlange, dass ein General durch keine Ordre in
seiner Defensive genirt und diese mehr eine List sei, welche,
das Ehrgefühl der Feinde reizend, sie zu Fehlern ver-
führe, aus welchen er Nutzen ziehen kann.

In der Defensive besteht die grösste Kunst des Generals darin, seinen Feind auszuhungern. Das ist ein
Mittel, bei dem, ohne etwas auf's Spiel zu setzen, alles
zu gewinnen ist; man muss so viel wie möglich durch
Vorsicht und kluges Handeln dem Zufalle jeden Spiel-
raum nehmen. Der Hunger wird einen Menschen sicherer
besiegen, als der Muth seines Gegners; da aber die Weg-
nahme eines Proviantzuges oder der Verlust eines Magazins
den Krieg nicht beendigt, und nur Schlachten zur Entscheidung führen, so ist es, um seine Absicht zu erreichen,
nothwendig, sich beider Mittel zu bedienen. Ich begnüge
mich damit, zwei Defensivpläne nach meinen Principien
zu entwerfen: einen für Niederschlesien, den andern für
das Kurfürstenthum.

Ich nehme an, dass die Oesterreicher Niederschlesien von Böhmen aus angreifen wollen, und hier ist

der Plan, auf Grund dessen ich mich ihren Absichten
entgegenstelle.

Mein Hauptmagazin errichte ich zu Schweidnitz, und
besetze dasselbe mit fünf Bataillonen und drei Schwadronen
Husaren; ein Depot aber auf dem Liegnitzer Schloss,
um im Stande zu sein, den Feinden zu folgen, wenn sie
von dieser Seite aus eindringen sollten. Auch nach Neisse
schicke ich, wenn die Umstände es verlangen, eine Abtheilung; besonders aber lege ich eine Besatzung von
sieben Bataillonen und drei Regimentern Husaren nach
Glatz, damit dieses Corps in Böhmen eindringen, die
Proviantzüge des Feindes wegnehmen und, wenn möglich,
sich des Königgrätzer Magazins bemächtigen und dasselbe
vernichten könne, wodurch dieser ganze Feldzug für die
Oesterreicher verloren gehen würde und wir leichten
Kaufes von ihnen befreit würden. Ich werde meine Armee
auf der Seite von Schönberg und Liebau lagern lassen.
wodurch die Schatzlarer Strasse gedeckt wird und der
Feind nur noch über Braunau in Schlesien eindringen
kann, und sogar mein Lager verschanzen lassen, um alle
Aeusserlichkeiten der Furcht zu zeigen. Wenn der Feind
über Braunau in Schlesien eindringt, so lasse ich ihn ruhig
gewähren, und lagere mich alsdann, bevor er es merkt, in
seinem Rücken. Um diese Manöver auszuführen, muss man
aber für vierzehn Tage Brod und Mehl in der Armee
haben. Durch dieselben zwinge ich den Feind, mich zu
bekämpfen; und da ich mich in seinem Rücken befinde,
hängt es von mir ab, ein Schlachtfeld zu wählen, das mir
die grössten Vortheile bietet. Ich wage nichts dadurch
von dem Augenblicke an, in welchem die Befestigung von
Schweidnitz vollendet sein wird, und der unter solchen
Verhältnissen geschlagene Feind hat keinen Rückzug mehr.
Aber angenommen, dass die Oesterreicher ihrerseits prüfend
verfahren, so muss man über eine Abtheilung eines ihrer
Detachements oder ihrer Avantgarde herfallen und sich

der List bedienen, um sie dreist zu machen und alsdann von ihrer Verwegenheit Nutzen zu ziehen.

Die Vertheidigung von Brandenburg ist viel schwieriger, weil das Land offen liegt und die an Sachsen angrenzenden Wälder die Märsche und Lager schlecht machen. Doch glaube ich, dass man auf folgende Weise zu Werke gehen müsste.

Berlin, welches eine unbefestigte Stadt und die Hauptstadt des Landes ist, verlangt meine Hauptaufmerksamkeit. Es liegt nur zwölf Meilen von Wittenberg, und ich nehme an, dass sich die feindliche Armee bei diesem Platze versammelt. Die Feinde können drei Pläne im Schilde führen. Der eine wäre, der Elbe entlang zu marschiren, was ihnen aber wegen Magdeburg, das man nicht hinter sich liegen lassen darf, sehr schwer werden würde; der zweite, die Oder und den neuen Canal zu benutzen, wodurch ihr ganzes Land unbedeckt bliebe und man sie, indem man auf Wittenberg marschirte, gleich nach Sachsen zurückwerfen würde; und der dritte Plan wäre, gerade auf Berlin los zu marschiren. Die beste Vertheidigung, die man unternehmen kann, besteht darin, nach Sachsen zu marschiren, wie wir es im Winter 1745 gemacht haben. Sich hinter die Spree oder die Havel zurückziehen, heisst das Land verlieren. Ich würde es vorziehen, meine Armee bei Brandenburg zu versammeln, meine Lebensmittel nach Brandenburg und Spandau zu bringen, alle Brücken der Havel, mit Ausnahme derjenigen dieser Städte, vernichten zu lassen, und einige Eilmärsche zu machen, um die Sachsen in ihrem eigenen Lande anzugreifen, sie zu schlagen und sie ihrerseits in die Defensive zu bringen. Man sage, was man will, aber es giebt kein anderes Mittel.

Die schwierigsten Feldzugspläne sind die, durch welche man sich gegen mehrere mächtige Feinde vertheidigen muss. In diesem Falle muss man seine Zuflucht zur Politik nehmen, um sie untereinander zu entzweien und den einen oder den andern durch Vortheile, die man ihm verschafft, davon loszureissen. In militärischer Beziehung muss man alsdann zur richtigen Zeit zu verlieren verstehen (wer alles vertheidigen will, vertheidigt nichts), einem Feinde eine Provinz opfern und während dessen mit seiner ganzen Macht gegen die andern marschiren und sie zu einer Schlacht zwingen, die letzten Kräfte aufbieten, um sie zu vernichten, und darauf gegen die übrigen vorgehen. Diese Art von Kriegen richtet die Armee durch die Strapazen und Märsche, die man dieselbe machen lässt, zu Grunde, und wenn sie längere Zeit dauert, so nehmen sie doch ein böses Ende.

Im Allgemeinen müssen die Feldzugspläne nach den Zeitumständen und der Art und Anzahl der Feinde, die man hat, gerichtet sein. Man soll nie den Feind im Cabinete verachten, sich aber an seiner Stelle denken und sich fragen, was man wohl in seiner Lage thun würde. Je mehr Hindernisse man in seinen Plänen voraussieht, desto weniger wird man in der Folge bei deren Ausführung finden. In einem Wort, man muss alles vorhersehen, die Schwierigkeiten fühlen und sie aus dem Wege räumen.

Artikel III.

Von dem Unterhalt einer Armee und dem Feldcommissariat.

Ein grosser General sagt, wenn man eine Armee bauen wolle, müsse man mit dem Bauche, dem Fundamente derselben, anfangen.[1]

---

[1] In der „Geschichte meiner Zeit" (Oeuvres III. 76) sagt Friedrich: „Nie beging wohl ein General mehr Fehler als der König in diesem Feldzuge (1745 in Böhmen). Der erste von allen war gewiss der, dass er sich nicht hinlänglich mit Magazinen versehen hatte, um sich wenigstens sechs Monate in Böhmen halten zu können. Es ist bekannt, dass man, wenn man das Gebäude einer Armee aufführen will, nicht vergessen darf, dass der Magen das Fundament ist." Und in der „Lobrede auf General von Goltz" heisst es: „Die Pläne

Ich theile diesen Gegenstand in zwei Stücke. Das erste betrifft den Ort wo und die Art, wie man Magazine anlegen soll, und das zweite, wie man sein Magazin benutzen und transportiren muss. Die erste Regel ist, dass Ihr stets Eure besten Magazine hinter Eurer Armee, und zwar in einer befestigten Stadt anlegt. In den schlesischen und böhmischen Kriegen haben wir unser grosses Magazin in Breslau gehabt, was wegen der Bequemlichkeit der Oder geschah, mittelst welcher wir dies Magazin stets füllen konnten.

Wenn man sein Hauptmagazin vor der Armee hat, so läuft man Gefahr, es beim ersten unglücklichen Treffen zu verlieren, und dann ist man ohne Mittel. Wenn man aber seine Magazine hinter einander anlegt, so führt man Krieg mit Vernunft, und ein kleines Unglück kann alsdann nicht Euer gänzliches Verderben nach sich ziehen. Die Magazine in der Kurmark müssen zu Spandau und Magdeburg sein. Das Magdeburger Magazin dient wegen der Elbe zu einem Offensivkriege gegen Sachsen, sowie das Schweidnitzer zu einem solchen gegen Böhmen dient.

Man muss sehr sorgfältig in der Wahl der Commissarien sein; denn wenn diese Diebe oder Betrüger sind, verliert der Staat bedeutend dabei. Daher muss man ehrliche Leute zur Aufsicht über sie setzen.

Man errichtet die Magazine auf zweierlei Art: entweder lässt man durch den Adel oder durch die Bauern Getreide zu den Magazinen liefern, die man ihnen von der Contribution, und zwar nach der Kammertaxe ausschreibt, oder, man schliesst, wenn das Land nicht selbst Vorrath an Getreide hat, Contracte mit Lieferanten zur An-

---

des Feldherrn stehen immer mit den Proviantverhältnissen in Verbindung, und die grössten Projecte werden am Ende heroische Chimären, wenn er nicht vor allen Dingen darauf bedacht war, sich wegen der Lebensmittel sicher zu stellen."

2*

schaffung gewisser Quantitäten. Der Kriegscommissar muss solche Contracte selbst machen und unterschreiben.

Wir haben auch eine Anzahl Schiffe, welche eigens dazu gebaut sind, um vermittelst der Canäle und Ströme das erforderliche Mehl und die Fourage transportiren zu können. Was die Lieferanten betrifft, so muss man sich derselben nicht eher, als im letzten Nothfalle bedienen; sie sind gewöhnlich Juden, die den Preis der Waaren machen und dieselben übermässig theuer verkaufen. Demnächst muss man seine Magazine im Voraus und bei Zeiten machen, damit alles vorräthig sei, wenn die Armee aus ihren Quartieren in's Feld rückt. Wenn man zu lange damit wartet, so verhindert entweder der Frost den Transport zu Wasser, oder aber die Wege werden so böse und grundlos, dass man nicht anders, als mit der grössten Schwierigkeit die nöthigen Vorräthe zusammenbringen kann.

Ausser den Proviantwagen, welche den Regimentern das Brod auf fünf Tage nachführen, hat das Commissariat seine eigenen Proviantkarren, welches Fuhrwerk zusammengenommen der Armee auf einen Monat Proviant nachführen kann. Indessen muss man, wenn es möglich ist, sich der Flüsse bedienen; denn diese allein können Ueberfluss bei einer Armee erhalten. Die Proviantwagen müssen mit Pferden bespannt sein. Wir haben uns einmal der Ochsen bedient, sind aber schlecht dabei gefahren. Die Wagenmeister, welche bei den Proviantkarren und dem Fuhrwesen sind, müssen die grösste Sorgfalt für die Erhaltung der Pferde haben, und der commandirende General muss mit darauf achten; denn durch den Abgang solcher Pferde verringert sich die Zahl der Proviantkarren, mithin auch die Zufuhr der Lebensmittel zur Armee. Ausserdem, wenn die Pferde nicht gut gehalten werden, haben sie nicht Kräfte genug, die Strapazen zu ertragen, und beim Marschiren verliert Ihr Eure Proviantpferde, Eure Karren

und Euer Mehl, und wenn sich solche Verluste öfter wiederholen, so haben sie die schlimmsten Folgen, die selbst in
die grössten Projecte tief eingreifen können; daher muss
der General auf solche wichtige Details eine besondere
Aufmerksamkeit richten. In einem Kriege gegen Sachsen
haben wir zur Erleichterung der Zufuhr die Elbe, und
wenn Schlesien zu vertheidigen ist, die Oder. In Preussen
würde man sich der See bedienen müssen, und in
Mähren kann man einzig und allein auf Proviantfuhrwerk
rechnen.

Man errichtet zuweilen drei oder vier Niederlagen von
Lebensmitteln in einer Linie. So machten wir es 1742 in
Böhmen. Wir hatten Magazine zu Pardubitz, Nymburg,
Podiebrad und Brandeis angelegt, um dadurch im Stande
zu sein, dem Feinde zur Seite zu bleiben und ihm nach
Prag zu folgen, falls er unternommen hätte, dahin zu
marschiren. Bei dem letzten Feldzuge in Böhmen lieferte
Breslau nach Schweidnitz, und dieses nach Jaromircz,
und von dort aus wurde die Armee versorgt. Ausser den
Proviantwagen führte die Armee eiserne Backöfen mit
sich, und weil deren Anzahl nicht zureichend war, so liess
ich sie späterhin vermehren. An jedem Ruhetage muss
man Brod im Voraus backen lassen, und bei allen Expeditionen, die man unternimmt, immer auf zehn Tage Brod
und Zwieback mitnehmen. Der Zwieback ist sehr nützlich;
unsere Soldaten essen ihn aber nur in Suppen und wissen
sich desselben nicht recht zu bedienen. Wenn man in feindlichem Lande marschirt, so deponirt man seinen Vorrath
von Mehl in einer nahe bei der Armee liegenden Stadt,
worein man deswegen Garnison legt. Wir haben 1745
unsern Vorrath an Mehl in Böhmen zuerst in Neustadt
und hernach in Jaromircz, gegen Ende des Feldzugs aber
zu Trautenau gehabt. Wenn wir damals weiter vorgerückt
wären, so hätten wir nirgends anders ein sicheres Depot
als zu Pardubitz errichten können. Ich habe für eine

jede Compagnie Handmühlen machen lassen ¹), welche von
grossem Nutzen sein werden. Man findet überall Getreide;
vermittelst dieser Mühlen aber kann man es durch die
Soldaten mahlen lassen, die das Mehl an das Feldcommissariat abliefern und dagegen gebackenes Brod
von demselben empfangen. Mit diesem Mehl schont man
nicht nur die Magazine, sondern kann sich auch länger
in einem Lager halten, als es sonst möglich gewesen
wäre. Ausserdem erspart es viele Proviantzüge und
Escorten.

Weil ich bei den Proviantzügen bin, so will ich
hier noch alles das hinzufügen, was diese Materie betrifft.
Man macht die Escorten stärker oder schwächer, nach
Massgabe des Feindes, welchen man zu fürchten hat. Man
lässt Detachements von Infanterie in die Städte einrücken,
wo die Proviantzüge durchkommen, um denselben Stütz-
punkte zu verschaffen. Man schickt auch wohl öfters grosse
Detachements ab, wie wir es in Böhmen gethan haben,
um die Proviantzüge zu decken. In allen Ländern, die
zur Chicane gemacht sind, deckt man die Proviantzüge am
besten durch Infanterie, welcher wir auf solchen Fall nur
einige wenige Husaren zugeben, um durch dieselben zu
recognosciren und die Infanterie von den Orten benachrichtigen zu lassen, wo sich der Feind im Versteck halten
dürfte. Ich habe mich auch in der Ebene lieber der Infanterie als der Cavallerie zu Escorten bedient, und bin
allemal wohl dabei gefahren. Wegen des übrigen Detail
solcher Escorten beziehe ich mich auf mein Militär-
reglement ²) und setze nur dies noch hinzu, dass der

---

¹) Als der König Olmütz belagerte, liess er durch eine Ordre vom
14. Juni 1758 Handmühlen aus Neisse kommen. S. Leopold v. Orlig,
Fürst Moritz von Anhalt-Dessau, Berlin 1842, S. 125.

²) Siehe „Reglement vor die Königl. Preussische Infanterie". „Wie es bei den Escorten und bei der Bedeckung der Armee
gehalten werden soll."

commandirende General niemals genug Vorsicht anwenden
kann, um seine Proviantzüge zu sichern.

Artikel IV.

Von den Marketendern, vom Bier und Branntwein.

Wenn man einen Zug unternehmen will, so muss das
Commissariat genug Bier und Branntwein auf die Marsch-
örter bringen lassen, damit die Armee wenigstens in der
ersten Zeit wohl damit versorgt werden könne. Sobald
die Armee im feindlichen Lande ist, muss man sich sofort
aller Brauer und Branntweinbrenner, die sich am nächsten
bei der Armee befinden, bemächtigen und hauptsächlich
Branntwein brennen lassen, damit es den Soldaten, die
ihn nicht entbehren können, nicht daran fehle. Was die
Marketender betrifft, so muss man sie beschützen, besonders in feindlichen Ländern, wenn die Bauern geflüchtet
sind und ihre Häuser verlassen haben, und man zugleich
aus der Provinz, worin man steht, keine Lebensmittel und
Zufuhr haben kann. Alsdann ist man berechtigt, die
Bauern nicht mehr zu schonen, und schickt also Marketender und Soldatenweiber auf's Fouragiren aus, um allerlei
Feldfrüchte und Vieh einzuholen. Man muss ein wachsames Auge darauf halten, dass eine billige Taxe der
Lebensmittel bei der Armee gemacht werde, so dass der
Soldat nicht überfordert wird, der Marketender aber zugleich bestehen kann. Noch setze ich hinzu, dass unsere
Soldaten im Felde täglich 2 Pfund Brod und wöchentlich
2 Pfund Fleisch umsonst bekommen, zu welchem Behufe
man bei den Proviantzügen, welche unter Escorten zur
Armee kommen, zugleich einige Heerden Ochsen mit
dahin treiben lässt. Dieses Geschenk gehört billig den
armen Soldaten, besonders in Böhmen, wo man den Krieg
nicht viel anders als in einer Wüste führt.

Artikel V.

Von trockener und grüner Fourage.

Die trockene Fourage sammelt man in Magazinen, und
besteht solche in Hafer, Gerste, Heu, Häcksel u. s. w.
Der Hafer darf nicht dumpfig oder erhitzt sein, weil
sonst die Pferde Kröpfe davon bekommen und gleich zu
Anfange des Feldzuges zum Dienste unbrauchbar werden.
Der Häcksel treibt den Pferden den Leib auf, ohne dass
sie Nahrung davon bekommen, und man füttert ihn
nur, weil es einmal Gebrauch ist. Dass man die trockene
Fourage in den Magazinen zusammenbringt, geschieht
eigentlich in der Absicht, dem Feinde in der Eröffnung
des Feldzuges zuvorzukommen, oder auch, wenn man einen
weiten Zug vornehmen will. Indessen wird eine Armee an
ihre Magazine gleichsam festgebunden sein, so lange sie
nichts Anderes als trockene Fourage hat; denn der Transport
der Fourage verursacht grosse Umständlichkeit wegen des
vielen dazu erforderlichen unentbehrlichen Fuhrwerks, so
dass öfters eine ganze Provinz nicht so viele Pferde und
Wagen auftreiben kann, als zur Fortschaffung der Fourage
gebraucht werden. Ueberhaupt helfen die Magazine in einem
Offensivkriege nichts, wenn man sich nicht der Ströme
zum Transport der Fourage bedienen kann. Im Schlesischen
Feldzuge habe ich meine ganze Cavallerie mit trockener
Fourage unterhalten; wir marschirten aber nicht weiter
als von Strehlen nach Schweidnitz, wo ein Magazin war,
und von Schweidnitz nach Grottkau, wo wir in der Nachbarschaft von Brieg und der Oder waren.

Wenn man im Winter einen Feldzug unternehmen
will, so lässt man auf fünf Tage Heu binden, welches die
Cavallerie auf ihren Pferden transportiren muss. Wenn
man in Böhmen oder Mähren Krieg führen will, muss
man warten, bis das Gras heraus ist; oder die ganze
Cavallerie geht zu Grunde. Die grüne Fourage und das

Getreide nimmt man vom Felde, und wenn die Ernte vorbei ist, so werden die Dörfer fouragirt.

Wenn man in ein Lager rückt, wo man beabsichtigt, eine Zeit lang zu stehen, so lässt man die Fourage recognosciren und unternimmt die Vertheilung derselben, nachdem man zuvor ausgerechnet hat, wie viele Tage solche ausreichen kann. Die grossen Fouragirungen geschehen allzeit unter einer Bedeckung von einem Corps Cavallerie und von Infanterie, deren Stärke sich nach der Nähe des Feindes und nach der Gefahr, in der man sich befindet, richten muss. Die Fouragirungen geschehen entweder von der ganzen Armee oder flügelweise. Die Fourageurs versammeln sich auf der Seite des Weges, den sie nehmen sollen, oder auch auf einem Flügel, oder aber auch vor der Fronte, oder hinter der Armee. Die Husaren marschiren voraus. Wenn ein Land eben ist, so folgt die Cavallerie, sind aber Défilés vorhanden, so marschirt die Infanterie zuerst. ungefähr der vierte Theil der Fourageurs folgt im Vortrabe, darauf die Escorte, die immer aus Cavallerie und Infanterie gemischt sein muss, dann wieder Fourageurs, dann die Escorte und immer so weiter, bis zum Schluss, den der Nachtrab macht und auf welchen ein Trupp von Husaren folgt.

NB. Die Infanterie nimmt bei allen ihren Escortirungen ihre Feldstücke mit sich, und die Fourageurs müssen immer mit ihren Carabinern und ihren Degen bewaffnet sein.

Wenn man an den Ort kommt, wo man fouragiren will, so formirt man eine Kette von Infanterie- und Cavallerieposten, und postirt die Infanterie an den Dörfern hinter den Zäunen oder Hohlwegen, indem man die Schwadronen Cavallerie zwischen die Infanterie mischt, und sich eine Reserve hält, welche man in's Centrum setzt, um nach derjenigen Seite zu eilen, wo etwa der Feind unternehmen wollte, durchzudringen. Die Husaren scharmutziren mit dem Feinde, um ihn zu beschäftigen und von der Fouragirung zu entfernen. Wenn die ganze Einrichtung dergestalt gemacht, vertheilt man das Feld corpsweise unter die Fouragirer. Die sie commandiren, müssen wachsam sein, dass die Fouragebunde gross und tüchtig gemacht werden. Wenn die Pferde beladen sind, werden die Fourageurs truppweise mit kleinen Escorten nach dem Lager zurückgeschickt, und wenn Alles weg ist, versammelt sich das Gesammtcorps und macht nebst den Husaren den Nachtrab.

Die Fouragirung in den Dörfern geschieht fast auf gleiche Art, doch mit dem Unterschiede, dass die Infanterie sich um das Dorf herumpostirt, die Cavallerie zur Seite aber hinterwärts auf dem Terrain, wo sie agiren kann.

In den bergigen Ländern sind die Fouragirungen am beschwerlichsten, und müssen in solchen Fällen die Escorten fast gänzlich aus Infanterie und Husaren bestehen.

Wenn man in einem Lager stehen bleiben will, das nicht weit vom Feinde, so macht man den Anfang mit der Fourage, die zwischen beiden ist. Alsdann fouragirt man auf eine Meile um das Lager rund herum, und nimmt die am weitesten entlegene Fourage zuerst, um die, welche zunächst dem Lager liegt, bis zuletzt zu sparen. Wenn man aber nur ein Marschlager nimmt, so fouragirt man im Lager oder in der Nachbarschaft.[1])

---

[1]) In den „General-Principia" von 1753 ist hinzugefügt: „Wenn man grosse Fouragirungen von grüner Fourage thut, so bin ich der Meinung, dass man nicht ein gar zu weitläufiges Terrain auf einmal fouragiren, sondern vielmehr solches auf zweimal und gleich nach einander thun müsse; auf diese Art wird Eure Kette desto stärker und setzet Eure Fourageurs ausser Gefahr, insultirt zu werden, wohergegen, wenn das Terrain, so Ihr nehmt, gar zu weitläuftig vor die Escorte ist, so wird Eure Kette überall schwach, und ist mithin exponiret, von dem Feinde forciret zu werden." ·

Artikel VI.

Von der Kenntniss eines Landes.

Es giebt zwei Arten, ein Land kennen zu lernen. Die erste, mit der man anfangen muss, ist, dass man die Landkarte von derjenigen Provinz, in welcher man Krieg führen muss, gehörig studirt, und die Namen der grossen Städte und Flüsse, wie der gebirgigen Gegenden dem Gedächtnisse einprägt. Nachdem man sich auf solche Art einen allgemeinen Begriff von dem Lande gemacht hat, muss man zu einer speciellen Kenntniss der darin befindlichen Oerter und Gegenden schreiten. Dies erfordert, dass man wisse, wie die Landstrassen gehen, wie die Städte gelegen sind, und ob dieselben vertheidigt werden können, wenn man sie nämlich einigermassen dazu einrichtet, oder ob dieses nicht möglich ist; ferner von welcher Seite man sie angreifen kann, auf den Fall, dass sich der Feind ihrer bemächtigt hätte, und wie viel Garnison darein gehört, um solche zu vertheidigen. Man muss die Pläne der befestigten Plätze haben, um deren Stärke und Schwäche daraus kennen zu lernen. Man muss den Lauf der Ströme und die verschiedenen Tiefen derselben kennen, wie weit sie nämlich schiffbar sind und an welchen Orten man dieselben durchwaten kann. Man muss wissen, welche Ströme im Frühjahre unfahrbar, im Sommer aber ausgetrocknet sind; diese Kenntnisse müssen sich sogar bis auf die Hauptmoräste erstrecken. In einem ebenen und platten Lande muss man die fruchtbaren Gegenden von den unfruchtbaren unterscheiden und darauf achten, was für Märsche der Feind darin machen kann, oder auch, wie man selbst seinen Marsch nehmen muss, um von einer grossen Stadt zur andern, von einem Fluss zum andern zu kommen; desgleichen muss man die besten Lager anmerken und aufzeichnen, welche auf solchen Wegen genommen werden können. Die flachen und ebenen Länder lernt man

schneller kennen, weil man sie wie auf einer vor sich aus-
gebreiteten Landkarte sehen kann; dagegen sind die wal-
digen und bergigen Länder schwerer kennen zu lernen, weil
die Aussicht beschränkt ist. Um sich aber diese wichtige
Kenntniss dennoch zu erwerben, reitet man auf die Berge,
mit der Karte in der Hand, und nimmt zugleich alte Leute
aus den benachbarten Ortschaften, auch Jäger und Hirten,
mit; bemerkt man einen Berg, welcher höher ist als die
andern, so muss man denselben besteigen, um sich von
dem Landstriche, welchen man auf demselben übersehen
kann, einen Begriff zu machen. Man muss sich nach allen
Wegen erkundigen, sowohl um zu wissen, in wie vielen
Colonnen man marschiren kann, als auch im Voraus Projecte zu machen, durch was für einen Weg ein feindliches
Lager zu forciren wäre, wenn sich etwa eines an solchem
Orte setzte, oder auch, wie man dem Feinde in die Flanke
kommen könnte, wenn er sein Lager anderswo nähme.
Insbesondere muss man mit Fleiss diejenigen Oerter recognosciren, wo man defensive Lager nehmen könnte, im
Falle man dergleichen benöthigt wäre; ferner das zur
Schlacht geeignete Feld und die Oerter, die der Feind
besetzen könnte. Vor allen Dingen muss man sich die
wichtigsten Posten, die Schluchten und Hohlwege und die
vortheilhaftesten Positionen der ganzen Gegend einprägen,
und zugleich Rücksicht auf alle Operationen nehmen, die
in solchen Gegenden gemacht werden könnten, damit
sich die Ideen so fest im Kopfe ordnen, dass, wenn der
Krieg sich einmal dorthin zöge, man über nichts verlegen
sein könnte. Diese Betrachtungen müssen gründlich überlegt und wohl verarbeitet werden, und man muss diejenige
Zeit anwenden, welche Materien von solcher Wichtigkeit
erfordern. Hat man das erste Mal nicht alles wohl gesehen, so muss man zum zweiten Male dahin und alles
von Neuem nachsehen und untersuchen. Ich setze noch
als allgemeine Regel hinzu, dass alle Lager, welche man

machen will, sie mögen offensive oder defensive sein.
Wasser und Holz in der Nachbarschaft haben müssen,
und dass, wenn schon die Front solcher Lager stark
gedeckt ist, dennoch immer der Rücken offen und frei
bleiben muss, damit man aus demselben wieder leicht
herauskommen könne. Wenn es die Nothwendigkeit erfordert, sich Kenntniss von dem benachbarten Lande zu
verschaffen, die Umstände aber nicht erlauben, dass man
es auf die vorhin angegebene Art recognoscire, so muss
man geschickte Officiere unter allerlei Vorwänden dahin
schicken, sie auch, wenn es nöthig ist, verkleiden lassen,
und sie über alles, was sie beobachten sollen, unterrichten, und alsdann bei ihrer Rückkehr sich diejenigen
Oerter oder Lager, von denen sie Nachricht bringen,
auf einer Landkarte bemerken. So oft man aber mit
seinen eigenen Augen sehen kann, muss man es niemals
unterlassen.

Artikel VII.

Vom richtigen Blick (Coup d'oeil).

Was man eigentlich den Coup d'oeil eines Generals
nennt, besteht in zweierlei. Das erste ist das Talent, sofort
beurtheilen zu können, wie viele Truppen ein Terrain fassen
kann. Dies lernt man nur aus der Uebung und nachdem
man selbst einige Lager abgestochen hat. Hierdurch bildet
sich das Auge dergestalt, dass man sich in seinen Dimen-
sionen, bis auf etwa eine Kleinigkeit, nicht betrügt. Das
zweite weit vorzüglichere Talent besteht darin, dass man
sogleich im ersten Moment alle Vortheile beurtheilt, die
sich von einem Terrain ziehen lassen. Dies Talent kann
man sich erwerben und vervollkommnen, wofern man mit
einer glücklichen Anlage zum Kriege geboren ist. Das
Fundament zu dieser Art von richtigem Blicke ist unstreitig die Fortification. Diese hat ihre Regeln, welche

man auf die Positionen der Armeen anwendet, und daher wird ein geschickter General von der geringsten Höhe, von einem Défilé, von einem Hohlwege, von einem Moor seinen Vortheil ziehen. Da nun auf einer Quadratmeile wohl 200 Positionen genommen werden können, so wird das Auge eines Generals bei dem ersten Anblicke die beste davon zu nehmen wissen; er wird auf die geringste Anhöhe steigen, um das Terrain zu übersehen und zu recognosciren, um seine Position zu wählen, so wie er gleichfalls nach den Regeln der Fortification die schwächsten Punkte in der Schlachtordnung seines Feindes bemerken wird.[1])

Die Vortheile, welche uns die Regeln der Fortification kennen lehren, bestehen darin, dass wir sorgfältig suchen, die Höhen zu besetzen und dieselben so zu wählen, dass sie nicht von anderen Höhen beherrscht werden; dass man die Flügel anlehnt, um seine Flanken zu decken; dass man diejenigen Oerter besetzt, die zu einer Vertheidigung passend sind, und keine nehme, die ein ehrlicher Mann nicht behaupten kann, ohne seinen Namen auf's Spiel zu setzen. Nach eben diesen Regeln beurtheilt man auch die schwachen Stellen des Feindes, diese Schwäche mag nun von der üblen Lage der Oerter, wo er seine Position genommen hat, oder von der schwachen Vertheilung der Truppen, oder auch von der Schwäche seiner Vertheidigung herrühren. Diese Betrachtungen geben mir Anlass, zu zeigen, wie man seine Truppen vertheilen muss, um vom Terrain Nutzen zu ziehen.

---

[1]) In den „General-Principia": „Ich füge inzwischen noch hinzu, wie es vor einen General noch important sein wird, dass, wenn er seine Generalposition genommen hat, er sein Terrain von einem Ende bis zum andern selbst abschreite und messe, dafern er sonsten die Zeit dazu hat."

Artikel VIII.

Von der Vertheilung der Truppen.

Die Kenntniss und die Wahl des Terrains sind wesentliche Stücke; aber man muss Vortheil davon zu ziehen
wissen, indem man die Truppen und die Oerter vertheilt,
die ihnen angemessen sind. Unsere Cavallerie, welche
geübt ist, mit Lebhaftigkeit zu agiren, verlangt ebenes
Land. Die Infanterie ist an allen Orten gleich gut. Das
Feuer, das sie macht, ist zur Vertheidigung, und ihr Ba-
jonett dient zum Angriff. Weil man aber in dem Lager
seine Sicherheit nehmen muss, indem der nahe Feind jeden
Augenblick ein Gefecht veranlassen kann, so macht man
auch den Anfang mit Besorgung seiner Vertheidigung.
Die meistsn heutigen Schlachtordnungen sind verkehrt,
und zwar dadurch, dass man bei ihnen immer dieselbe
Methode befolgt, ohne sich dabei nach dem Terrain zu
richten, woraus eine üble und falsche Anwendung entsteht.
Jede Waffengattung muss an der für sie passenden Stelle
placirt werden. Man wählt die Ebene für die Cavallerie.
Das ist aber noch nicht genug; denn wenn diese nicht
grösser als 1000 Schritte ist, und ein Holz sie begrenzt,
so muss man voraussetzen, dass der Feind in letzteres
seine Infanterie bringt, um unter deren Feuer wieder
seine Cavallerie formiren zu können. Auf solchen Fall
muss man seine Anordnung ändern und auf das Ende
seines Flügels Infanterie setzen, damit dieselbe ihrerseits
wieder Eure Cavallerie beschützen könne. Man placirt
zuweilen alles, was man von Cavallerie hat, auf einen
Flügel, zuweilen in das zweite Treffen; zu einer andern
Zeit aber sichert man die beiden Flügel durch eine oder
zwei Brigaden Infanterie. Die vortheilhaftesten Posten
für eine Armee sind Höhen, Kirchhöfe, Hohlwege und
Gräben; und wenn man davon rechten Gebrauch macht,
so hat man niemals zu fürchten, von dem Feinde an-

gegriffen zu werden. Wenn Ihr Eure Cavallerie hinter einen Morast postirt, so könnt Ihr nichts von ihr erwarten; setzt Ihr sie aber nahe an ein Gehölz, so kann der Feind Truppen darin haben, die sie von da aus beschiessen und in Verwirrung setzen, ohne dass sie sich einmal wehren kann. Ebenso geht es, wenn Ihr Eure Infanterie in eine Ebene stellt, ohne ihre Flanken zu sichern. Der Feind wird Euren Fehler benutzen und Eure Infanterie von der Seite angreifen, auf welcher sie sich nicht wehren kann. Man muss sich also jedesmal nach dem Orte richten, wo man sich befindet. In bergigen Gegenden werde ich meine Cavallerie in das zweite Treffen bringen, und sie in dem ersten nicht gebrauchen, als nur an Orten, wo sie agiren kann, es müssten denn einige Schwadronen sein, um der feindlichen Infanterie, welche es wagen wollte, mich anzugreifen, in die Flanke zu fallen. Ich füge noch als allgemeine Regel hinzu, dass bei allen Armeen, die gut geführt werden, in ebenen Ländern eine Reserve von Cavallerie, in einem Lande von Chicanen aber eine Reserve von Infanterie mit einigen Schwadronen Dragoner und Husaren eingesetzt werden muss.[1])

Artikel IX.

Von den verschiedenen Lagern.

[2]) Ein commandirender General muss sein Lager selbst wählen, weil von der Wahl dieses Ortes der Erfolg seiner

---

[1]) In den „General-Principia": „Die grosse Kunst in Distribuirung der Truppen auf einem Terrain ist, solche dergestalt zu placiren, dass sie frei agiren und dass sie durchgehends nützlich sein können. Villeroi, dem vielleicht diese Regel unbekannt war, beraubte sich selbst, als er sich in den Plänen von Ramillies formirte, seines ganzen linken Flügels, welchen er hinter einen Morast placirte, wo er nicht agiren, noch einmal von da dem rechten Flügel secundiren konnte."

[2]) In den „General-Principia": „Um zu wissen, ob Ihr Euren Ort gut choisiret habt, wo Ihr campiren wollet, so sehet zu, ob Ihr, wenn

Unternehmungen abhängt Es wird dieser Ort zuweilen
sein Schlachtfeld, und da in diesem Theile der Kriegskunst sehr viel zu beobachten ist, so werde ich ziemlich
in's Detail gehen müssen. In Bezug auf die Art, wie
die Truppen in einem Lager campiren müssen, beziehe
ich mich auf dasjenige, was ich in meinem Kriegs-
reglement [1]) gesagt habe. Hier aber will ich nur von
den grossen Theilen des Krieges reden, und was den General selbst angeht.

Alle Lager, welche man nimmt, haben hauptsächlich
zwei Objecte, von denen eines defensiv, das andere offensiv ist.

1. Versammlungslager.

Die Lager, worin sich eine Armee zusammenzieht,
sind von der ersten Art; und bei solchen richtet man sein
Augenmerk auf die Bequemlichkeit der Truppen. Diese
campiren corpsweise, nicht weit von dem Magazine, doch
so, dass die Armee sich jedesmal bald in Schlachtordnung
stellen kann. Weil solche Lager von dem Feinde entfernt
sind, so hat man in denselben nichts zu fürchten. Der König
von England, welcher diese Vorsicht nicht beobachtete,
und sich unvorsichtigerweise der französischen Armee
gegenüber am Neckarufer [2]) lagerte, lief Gefahr, bei Det-
tingen geschlagen zu werden. Die Hauptregel, welche man
bei der Wahl aller Lager zu beobachten hat, besteht darin,
dass man solche aufsucht, bei welchen die Truppen Holz
und Wasser in der Nähe haben. Was uns betrifft, so verschanzen wir uns so, wie ehemals die Römer, um sowohl

ihr ein kleines Mouvement machet, den Feind zwingen könnet, ein
grosses Mouvement zu machen oder aber, wenn der Feind einen Marsch
thun müssen, er dadurch obligiret sei, noch mehrere und andere Märsche
zu thun. Derjenige, welcher die wenigsten Märsche zu thun hat, ist
am besten campiret."

[1]) „Reglement für die Königl. Preussische Infanterie:
Wie das Lager aufgeschlagen werden soll."

[2]) Der König will Mainufer sagen.

den Angriffen vorzubeugen, welche die leichten Truppen, die der Feind in Menge hat, bei Nacht versuchen könnten, als auch die Desertion zu hindern; denn ich habe immer gefunden, dass, wenn wir unsere Redans um das ganze Lager angebracht, wir weniger Desertion gehabt, als wenn diese Vorsichtsmassregeln vernachlässigt worden.

2. Die Standlager.

Die Standlager sind diejenigen, in denen man entweder die Zeit zur Grasung erwartet, oder auch noch auf den Feind lauert; man wünscht, dass er sich erkläre, um sich nach dessen Manövern zu richten. Weil man in solchen Lagern nur ruhig zu sein verlangt, so nimmt man sie auf solche Art, dass sie entweder durch einen Fluss oder durch ein Moor gedeckt sind; kurz auf solche Art, dass die Front des Lagers unzugänglich ist. Ein Beispiel hiervon war das Lager von Strehlen. Sind die vor dem Lager befindlichen Flüsse oder Bäche klein, so macht man Dämme durch diese, um durch eine Ueberschwemmung zu seinem Zwecke zu gelangen.

Der commandirende General darf in einem solchen Lager, worin er nicht viel von dem Feinde zu besorgen hat, keineswegs müssig sein, sondern er kann und muss vielmehr seine Aufmerksamkeit auf seine Armee richten, indem diese Ruhe ihm Zeit giebt, die Disciplin wieder zu ihrer vollen Kraft zu bringen und zu untersuchen, ob der Dienst nach aller Strenge und so geschieht, wie nach meinem Reglement vorgeschrieben worden; ob die Officiere auf den Wachen wachsam sind; ob sie auch alles wissen, was sie auf ihren Posten zu thun haben; ferner, ob alle Wachen, sowohl Cavallerie als Infanterie, nach den Regeln, die ich vorgeschrieben habe, ausgesetzt sind. Die Infanterie muss wöchentlich dreimal, die Recruten aber müssen alle Tage exerciren. Zuweilen muss man ganze Corps zusammen manövriren lassen. Die Cavallerie muss, wenn sie nicht fouragirt, gleichfalls exerciren, und der General hat darauf zu halten, dass die jungen Pferde sowohl, als die neuen Reiter gut dressirt werden. Er muss den Stand von jedem Corps untersuchen, die Pferde besehen, diejenigen Officiere loben, welche für dieselben gehörig sorgen, den anderen aber, welche darin nachlässig sind, die schärfsten Rügen ertheilen. Denn man muss nicht glauben, dass eine grosse Armee sich selbst belebt; es sind nachlässige, faule Leute in grosser Anzahl darunter. Des Generals Sache aber ist es, solche beständig anzutreiben und sie fortwährend zu ihrer Pflicht anzuhalten.

Wird in solchen Ruhelagern auf die von mir angegebene Art verfahren, so haben sie ihren unendlichen Nutzen, und die Ordnung und Gleichmässigkeit im Dienste, welche man dadurch erneuert, erhält sich hernach den ganzen Feldzug hindurch.

3. Die Lager zum Fouragiren.

Die Lager zum Fouragiren werden zuweilen nahe, zuweilen weit von dem Feinde genommen. Ich will nur von den ersten reden. Man wählt solche in den fruchtbarsten Gegenden, und nimmt ein Terrain dazu, welches von Natur fest ist oder durch die Aufwerfung einiger Werke festgemacht werden kann. Die Lager zum Fouragiren müssen fest sein, wenn dieselben in der Nähe des Feindes sind. Denn man muss das Ausschicken zum Fouragiren nicht anders ansehen, als ob man Detachements aussendete. Es befindet sich zuweilen der sechste Theil, oft sogar die Hälfte der Armee dabei. Dies giebt dem Feinde eine schöne Gelegenheit, Euch zu Eurem Nachtheile anzugreifen, wenn ihn die Festigkeit des Lagers nicht zurückhält. Indessen, wenn auch schon Euer Posten trefflich ist; wenn es auch scheint, als ob Ihr nichts zu befürchten hättet, so müsst Ihr doch noch andere Vorsichtsmassregeln nehmen. Man muss die Tage und Orte, an welchen man fouragiren will, sehr geheim halten und dem General, welcher die Fouragirung commandiren soll, die Disposition nicht eher, als des Abends spät geben. Ueberdies muss man so viele Haufen ausschicken, als man nur immer kann, um von den Bewegungen, welche der Feind macht, unterrichtet zu sein, und wo möglich suchen, die Fouragirungen an den Tagen zu machen, an denen der Feind die seinigen macht, weil man alsdann weniger zu riskiren hat.[1]

Das Lager, welches Prinz Karl von Lothringen hinter Königgrätz genommen hatte, war von Natur unangreifbar und zum Fouragiren sehr bequem. Dasjenige, welches wir bei Chlum occupirten[2]), war durch die Kunst festgemacht, nämlich durch's Verhau, das ich auf dem rechten Flügel machen liess, und die Redouten, um die Front der Infanterie zu decken.

4. Verschanzte Lager.

Man verschanzt sich in seinem Lager, wenn man eine Stadt belagert oder einen schwierigen Pass vertheidigen will, wo man der Natur des Terrains mit Befestigungswerken zu Hülfe kommt, um vor den Angriffen des Feindes gedeckt zu sein. Die Regeln, welche man bei allen Verschanzungen beobachten muss, sind diese: Man muss eine gute Lage wählen und alle Moräste, Flüsse, Ueberschwemmungen und Verhaue benutzen, wodurch man die Ausdehnung der Verschanzungen enger machen kann. Es ist besser diese zu enge, als zu weitläufig zu machen, weil es nicht die Verschanzung ist, die den Feind aufhält, sondern die Truppen, die Ihr ihm entgegenstellt. Ich würde also niemals eine Verschan-

---

[1]) In den „General-Principia": „Inzwischen muss man nicht darauf trauen, denn der Feind kann remarquiren, dass Ihr Eure Fouragirung zu gleicher Zeit mit ihm machet, da er dann eine Fouragirung commandiren, solche aber gleich wieder zurückkommen lassen, und Euch alsdann auf den Hals fallen kann."

[2]) Siehe Ausgew. Werke Friedrich's des Grossen. In's Deutsche übertragen von Heinrich Merkens, I. 593.

zung machen, wofern ich solche nicht überall mit einer zusammenhängenden Linie von Bataillonen besetzen und ausserdem noch eine Reserve von Infanterie behalten könnte, um mich mit dieser dahin zu wenden, wo es die Noth erfordern sollte. Die Verhaue sind auch nur in so weit gut, als sie von der Infanterie vertheidigt werden können. Hauptsächlich muss man wohl darauf Acht geben, dass die Verschanzung rund um die Stadt, die man belagert, gut angelehnt sei. Gewöhnlich stösst diese an einen Fluss, in welchem Falle der Graben der Verschanzung so tief in den Fluss hineingehen muss, dass man keinen Grund mehr in demselben erreichen, noch ihn durchwaten kann. Versäumt man diese Vorsichtsmassregel, so läuft man Gefahr, umgangen zu werden. Ich muss noch hinzusetzen, dass man hauptsächlich darauf bedacht sein muss, sich im Voraus genug mit Lebensmitteln zu versorgen, wenn man sich um eine Stadt, die man belagern will, verschanzt. Die Verschanzungen müssen ferner gut flankirt sein, damit der Feind auf jedem Punkte, wo er angreift, vier bis fünf Kreuzfeuer auszuhalten habe. Die Verschanzungen in den Pässen oder in den Schluchten der Gebirge erfordern viel Sorgfalt und Vorsicht, besonders um seine Flanken gut zu beschützen. Man legt zu dem Ende auf beiden Flügeln Redouten an, und zuweilen besteht die Verschanzung selbst aus einer Redoute, damit das Corps, das man dahin postirt, nicht zu befürchten habe, dass man es umgehen könne. Geschickte Leute wissen den Feind zu zwingen, gewisse Punkte anzugreifen; diese befestigen sie alsdann doppelt, z. B. durch Vertiefung der Gräben, durch Pallisaden, die sie setzen lassen, durch spanische Reiter an den Bermen, und dadurch, dass sie Brustwehren, stark genug, um den Kanonenkugeln zu widerstehen, errichten, und an den Orten, die am meisten ausgesetzt sind, Wolfsgruben machen lassen.

5. Von den defensiven Lagern.

Jetzt werde ich von den Vertheidigungslagern reden, die nur allein durch das Terrain fest sind, und die keinen anderen Zweck haben, als zu verhindern, dass der Feind mich angreife.

Wenn diese Verhältnisse dem Gebrauche, welchen man davon machen will, vollkommen entsprechen sollen, so wird erfordert, dass die Front und beide Seiten von gleicher Stärke seien, und dass im Rücken alles frei und offen bleibe. Dies ist bei denjenigen Höhen der Fall, welche eine sehr grosse Front haben und bei welchen die Flanken durch Sümpfe gedeckt sind, wie bei dem Lager von Marschowitz, in welchem Prinz Karl von Lothringen, die Fronte durch einen Sumpf und die Flanken durch Teiche geschützt, stand; und dem Lager bei Konopischt, wo wir 1744 campirten. Man setzt sich auch unter den Schutz eines festen Platzes, wie es der Feldmarschall Neipperg that, welcher, als er 1741 bei Mollwitz geschlagen wurde, ein treffliches Lager bei Neisse nahm. Ein General, der solche feste Lager nimmt, wird geschützt sein gegen den Angriff von vorne; wenn aber der Feind marschirt, um ihn zu umgehen, so wird er genöthigt, seinen Posten zu verlassen. Es muss also der General, der sich vertheidigend verhalten will und deshalb feste Lager nimmt, schon seine Disposition im Voraus dergestalt gemacht haben, dass, wenn der Feind ihn umgeht, er nichts weiter nöthig habe, als in ein anderes festes Lager, das er hinter sich hat, zu marschiren. Böhmen ist ein Land von festen Lagern, und man ist dort wider seinen Willen genöthigt, solche zu nehmen, weil dieses Königreich von Natur ein Land von Chicanen ist. Ich wiederhole inzwischen noch einmal, dass ein General sich wohl in Acht zu nehmen habe, dass er nicht durch eine schlechte Wahl seiner Posten einen

unverbesserlichen Fehler begehe, und sich in eine Sack-
gasse setze, nämlich in ein Terrain, in welches er nicht
anders als durch ein Défilé gelangen kann. Denn wenn
sein Feind gewandt ist, so schliesst er ihn ein, und weil
er wegen mangelndem Terrain nicht schlagen kann, so
muss er den grössten Schimpf ertragen, der einem Soldaten widerfahren kann, nämlich das Gewehr zu strecken,
ohne sich wehren zu können.

6. Von den Lagern, die das Land decken.

Bei den Lagern, die ein Land decken sollen, sieht
man nicht auf die Stärke des Ortes selber, sondern vielmehr auf diejenigen Oerter, in welchen der Angriffspunkt
sein und der Feind durchdringen kann. Dieses sind nun
nicht alle Wege, auf welchen der Feind überhaupt kommen
kann, sondern nur diejenigen, die ihn zu seinem Vorhaben führen, sowie derjenige Ort, bei welchen man
selbst wenig vom Feinde zu befürchten hat, und diesem
vielleicht noch obendrein Besorgnisse einzuflössen vermag, kurz ein Ort, welcher den Feind zu grossen Um-
wegen und Märschen nöthigt, und der mich in den Stand
setzt, durch kleine Bewegungen allen seinen Absichten
vorzubeugen. Das Lager bei Neustadt beschützt ganz
Niederschlesien wider alle Unternehmungen, welche eine
in Mähren befindliche Armee machen kann. Man nimmt
dort seine Stellung so, dass man die Stadt Neustadt
und den Fluss vor sich hat. Wollte der Feind zwischen
Ottmachau und Glatz durchdringen, so darf man sich
nur von Neustadt zwischen Neisse und Ziegenhals
ziehen und ein festes Lager nehmen, wodurch der Feind
von Mähren abgeschnitten wird. Aus demselben Grunde
wird sich der Feind nicht unterstehen, sich in die Gegend
von Cosel zu begeben; denn wenn ich mich alsdann
zwischen Troppau und Jägerndorf setze, wo man sehr
gute und starke Lager nehmen kann, so schneide ich ihm

abermals alle Proviantzüge ab. Zwischen Liebau und Schönberg ist, wie ich schon oben gesagt, ein Lager von derselben Wichtigkeit, um ganz Niederschlesien gegen Böhmen zu decken. Man richtet sich an solchen Orten, so gut als man kann, nach den Regeln, welche ich darüber gegeben habe, ein. Ich füge noch zwei Dinge hinzu, erstens, dass keine Zelte an dem Orte, welchen Ihr Euch zu Eurem Schlachtfelde ausersehen habt, aufgeschlagen werden dürfen, und zweitens, dass Euer Schlachtfeld niemals weiter als einen halben Flintenschuss von Euch entfernt sein darf, wenn Ihr einen Fluss vor Euch habt.

Die Kurmark Brandenburg ist ein Land, welches durch kein Lager gedeckt werden kann, weil dieses Land drei Meilen und darüber in der Länge eben ist, auch überall offen steht. Um also dieselbe gegen Sachsen zu schützen, muss man Wittenberg nehmen und sich daselbst lagern, oder nach dem Beispiele des Winterfeldzuges von 1745 verfahren. Auf der Seite von Hannover ist das Lager bei Werben, welches alles beschützt und deckt.

7. Von den offensiven Lagern.

Die offensiven Lager müssen vorwärts und auf den Flügeln gedeckt sein, und zwar deshalb, weil man nichts von den Truppen erwarten kann, wenn man nicht die Vorsicht gehabt hat, ihre Flanken zu decken, welche bei allen Armeen der schwächste Theil ist. — Diesem Fehler war das Lager, welches wir vor der Schlacht bei Czaslau 1742 inne hatten, unterworfen; ferner das bei Schweidnitz vor der Schlacht bei Friedberg, 1745, und das von Neudorf bei Neisse, 1741. Ich muss noch hinzufügen, dass wir zwar allzeit die Dörfer, welche sich auf unseren Flügeln oder vor unserem Lager befinden, besetzen, dass wir aber die darin stehenden Truppen wieder herausziehen, wenn es zu einem Treffen kommt, weil in unserer Nachbarschaft die Dörfer nur von Holz und schlecht gebaut sind, so dass, wenn der Feind sie in Brand steckt, die Truppen verloren sein würden. Ich nehme jedoch von dieser Regel den Fall aus, wenn sich gemauerte Häuser oder Kirchhöfe in solchen Dörfern befinden, und keine hölzernen Häuser in der Nähe stehen. Indessen dürfen wir, da unser Princip ist, anzugreifen und uns nicht nur zu vertheidigen, solche Posten nur dann besetzen, wenn sie vor unsrer Front oder vor unserm Flügel liegen, weil dieselben alsdann die Angriffe unserer Truppen beschützen, den Feind aber während der Schlacht sehr stören.[1]

Artikel X.

Von den Vorsichtsmassregeln, welche man im Lager treffen muss.

Die Infanterie-Regimenter decken die Front des ersten Treffens. Ist ein Fluss vor uns, so müssen die Piquets bis an dessen Ufer vorgeschoben werden. Die Piquets vom zweiten Treffen müssen Euren Rücken decken. Die Piquets werden durch die Redans gedeckt, welche man vermittelst leichter Verschanzungen[2] aneinander hängt. Hierdurch wird ein Lager verschanzt, so wie es Gebrauch bei den Römern war. Man besetzt die Dörfer, welche auf den Flügeln liegen, oder die, die auf eine Viertelmeile einen Pass vertheidigen. Die Feldwachen von

[1] „In den General-Principia": „Vor allen Dingen muss ich diesem noch hinzufügen, dass, so oft kleine Flüsse oder Moräste bei dem Lager sind, man solche sofort sondiren lassen muss, damit es sonsten nicht geschehe, dass man einen unrechten Point d'appui nehme, auf den Fall, dass man den Fluss durchwaten kann oder der Morast practicable ist. Villars ward zum Theil deshalb bei Malplaquet geschlagen, weil er einen Morast, der zu seiner Linken war, vor impracticabel hielt, welchen man aber eine trockene Wiese zu sein fand, über welche ihm unsere Truppen auf die Flanquen fielen. Man muss alles mit seinen Augen sehen, und nicht glauben, dass dergleichen Attentiones Kleinigkeiten sind."
[2] Siehe „Reglement vor die Königl. Preussische Infanterie."

der Cavallerie werden nach den Regeln postirt, welche
ich in meinem Reglement¹) gegeben. Wir haben von 80
Schwadronen nicht mehr als 300 Mann zur Wache gegeben.
Ich nehme jedoch hiervon den Fall aus, wenn man dem
Feinde sehr nahe steht; man schiebt alsdann eine Avantgarde
vor, wie wir es vor der Schlacht bei Friedberg²) thaten, als
wir nach Schweidnitz marschirten, und ebenso als wir in
die Lausitz einrückten und nach Naumburg marschirten.
Bei solchem Vortrab müssen die Truppen gemischt sein,
z. B. 2000 Husaren, 1500 Dragoner und 2000 Grenadiere.
Jedesmal, wenn Ihr ein solches Corps vorwärtsführen wollt,
muss der General, der sie commandirt, gewandt sein; und
weil er nicht vorausgeht, um zu schlagen, sondern nur um
Nachricht zu geben, so muss er gute Lager nehmen, hinter
den Engpässen oder der Holzung, die er besetzt hat. Er
muss beständig Patrouillen zum Recognosciren ausschicken,
damit er zu jeder Stunde unterrichtet sei, was in dem
feindlichen Lager vorgeht. Ausserdem müssen die Husaren,
die Ihr im Lager bei Euch habt, auf Euren Flanken und
hinterwärts patrouilliren, damit Ihr es an keiner Vorsichtsmassregel fehlen lasset, wodurch Ihr Euch vor allen Unternehmungen des Feindes sicher stellen könnt. Wenn sich
viele Truppen zwischen Euch und Euren Vortrab setzen,
so müsst Ihr demselben zu Hülfe marschiren; denn es ist
dies ein Zeichen, dass der Feind Absichten auf Euren
Vortrab hat. Um alles zu sagen, was man noch über
diese Materie sagen kann, so setze ich noch hinzu, dass
die Generale, welche cantoniren, dies in keinem andern
Dorfe thun sollen, als in solchen, welche zwischen den
Treffen liegen; nur dann ist nichts zu befürchten.

---

¹) „Institutions militaires". „Reglement vor die Königl.
Preussische Cavallerie-Regimenter."
²) Hohenfriedberg. ·

Artikel XI.

Wann und warum man Detachements ausschicken muss.

Es ist eine alte Regel der Kriegskunst, die ich hier nur wiederhole, nämlich, dass, wenn Ihr Eure Kräfte theilt, die einzelnen Corps geschlagen werden. Wenn Ihr eine Schlacht liefern wollt. so zieht so viel Truppen zusammen, als Ihr nur immer könnt; denn man kann sie niemals nützlicher anwenden. Diese Regel ist so sicher, dass alle diejenigen Generale, welche dieselbe ausser Acht gelassen, jederzeit Ursache gehabt haben, dies zu bereuen. Das Detachement von Albemarle, welches bei Denain [1]) geschlagen wurde, verursachte, dass der grosse Eugen seinen ganzen Feldzug verlor. Starhemberg verlor in Spanien die Schlacht bei Villaviciosa [2]), als er von den englischen Truppen getrennt war. In den letzten Feldzügen der Oesterreicher gegen die Ungarn war den erstern das Detachiren sehr verderblich. Hildburghausen wurde bei Banjaluka [3]) geschlagen und Wallis [4]) erlitt eine Schlappe an den Ufern des Timoc. Die Sachsen wurden bei Kesselsdorf [5]) geschlagen, weil sie den Prinzen von Lothringen nicht an sich gezogen hatten, wie sie es hätten thun können. Ich wäre bei Soor [6]) geschlagen worden, wenn nicht die Ge-

---

[1]) Am 24. Juli. Siehe Ausgew. Werke Friedrich's des Grossen I. 103.

[2]) Am 10. December 1710.

[3]) Am 14. August 1734. Siehe Ausgew. Werke Friedrich's des Grossen I. 162.

[4]) Nicht Wallis, sondern der Marschall vor Khevenhüller wurde am 28. September 1737 am Timoc geschlagen.

[5]) Am 15. December 1745.

[6]) Am 30. September 1745. In der „Geschichte meiner Zeit" sagt der König: „Man fand, dass der König nicht weniger Fehler gemacht habe, als seine Gegner. Man warf ihm vor allen Dingen vor, durch die Wahl eines schlechten Postens sich in die Nothwendigkeit zu kämpfen gesetzt zu haben, während ein geschickter General sich doch nur dann schlagen darf, wenn er es selbst für zweckmässig hält. Wenigstens, sagte man, hätte der König von dem Marsche der Oester-

wandtheit meiner Generale und die Tapferkeit meiner Truppen mich vor diesem Unglück bewahrt hätten. Man wird mir hierauf erwidern, also müsste man gar nicht detachiren. Ich antworte: Man muss es zuweilen thun, aber es ist immer ein sehr bedenkliches Manöver, das man nicht anders, als aus wichtigen Gründen, und noch dazu sehr zur rechten Zeit, und wenn es die Umstände leiden, unternehmen darf. Wenn Ihr offensiv handelt, so detachirt niemals. Seid Ihr in einem offenen Lande und zugleich Meister von einigen Plätzen, so detachirt nur, um Eure Proviantzüge zu sichern. So oft Ihr in Böhmen oder Mähren Krieg führt, seid Ihr schlechterdings genöthigt, zu detachiren, um Eure Lebensmittel sicher zu Euch zu bringen; indem die Kette von Gebirgen, welche Eure Proviantzüge passiren müssen, verlangt, dass Ihr Corps dahin schickt, die so lange dort campiren und bleiben, bis Ihr genug Lebensmittel für einige Monate habt, und Ihr Herr von einem Platze in des Feindes Land seid, wo Ihr Eure Depots errichten könnt. Während der Zeit, dass Ihr solche Detachements ausschickt, müsst Ihr feste Lager nehmen, in welchen Ihr abwarten könnt, bis Eure Detachements wieder zu Euch stossen.

---

reicher unterrichtet sein sollen. Er antwortete auf diese Beschuldigung, dass ihm der Feind an leichten Truppen sehr überlegen war, und dass er daher die 500 Husaren, die ihm nach den vielen Detachirungen noch übrig geblieben, nicht durch zu weites Aussenden auf's Spiel setzen durfte. Aber, warf man ein, er hätte nicht so viele Detachirungen machen, sich nicht einer überlegenen Macht gegenüber so sehr schwächen sollen. Er entgegnete hierauf, dass die Corps von Gessler und Poleutz, welche zum Fürsten von Anhalt stossen sollten, ungefähr so stark waren, wie die vom Feinde abgefallenen Sachsen; dass die Detachirung des Generals von Nassau nothwendig war, um aus Schlesien Lebensmittel zu beziehen, welche gänzlich gefehlt haben würden, wenn nicht die Ungarn, die das grosse Herzogthum überschwemmten, vertrieben worden wären; und dass endlich auch die Absendung Dumoulin's und Lehwaldt's nach den Bergpässen ganz unerlässlich war, da man diese bewachen musste, um nicht vom Feinde ausgehungert zu werden." Siehe Ausgew. Werke Friedrich's des Grossen I. 616 und 617.

Ich rechne den Vortrab nicht unter die Detachements, weil derselbe in der Nähe der Armee steht und sich diese niemals zu weit voraus wagen soll. Wenn man defensiv gehen muss, so sieht man sich oft gezwungen, zu detachiren. Die Detachements, welche ich in Oberschlesien hatte, waren in Sicherheit, weil sie, wie oben schon erwähnt, Festungen in der Nähe hatten.

Die Officiere, welche Detachements commandiren, müssen sich fest, kühn und vorsichtig benehmen. Ihr Chef giebt ihnen Generalinstructionen; sie aber müssen sich selbst zu rathen wissen, ob sie gegen den Feind vorgehen oder zurückweichen sollen, je nachdem die Umstände das Eine oder das Andere erfordern. Vor überlegener Macht müssen sie sich allezeit zurückziehen; dagegen aber auch ihre Stärke benutzen, wenn sie dem Feinde an Zahl überlegen sind. Zuweilen retiriren sie sich des Nachts bei Annäherung des Feindes, und wenn dieser alsdann glaubt, sie wären auf der Flucht, so kehren sie schnell wieder um, greifen denselben an und jagen ihn zurück. Die leichten Truppen dürfen sie nicht beachten. Ein Officier, der ein Detachement commandirt, muss zuerst für dessen Sicherheit sorgen; sobald dies geschehen, Anschläge auf den Feind machen, und ihn, wenn er ruhig schlafen will, fortwährend beunruhigen. Wenn ihm nur zwei oder drei Anschläge gelingen, bringt er seinen Feind dahin, dass derselbe sich auf der Defensive halten muss. Wenn sich solche Detachements in der Nähe der Armee befinden, so halten sie sich an dieselbe vermittelst einer Stadt oder eines Gehölzes, welche Verbindung darin haben.

Ein defensiver Krieg leitet natürlicher Weise zum Detachiren. Kleine Geister wollen alles conserviren; vernünftige Leute aber sehen nur auf die Hauptsache; sie suchen die grössten Hiebe zu pariren und leiden ein kleines Uebel, um einem grösseren vorzubeugen. Wer alles bewahren will, bewahrt nichts. Das Wesentlichste also,

woran man sich zu halten hat, ist die feindliche Armee,
deren Absicht man errathen, und der man sich mit allen
Kräften entgegensetzen muss.

Wir überliessen Schlesien im Jahre 1745 der Plünderung
der Ungarn, um uns mit mehr Kraft den Absichten des
Prinzen von Lothringen [1]) widersetzen zu können; wir detachirten nicht eher, als bis wir denselben geschlagen hatten.
Der General Nassau verjagte hierauf die Ungarn in Zeit
von 14 Tagen aus ganz Oberschlesien.

Es giebt Generale, welche detachiren, wenn sie den
Feind angreifen wollen, damit solche detachirte Corps
während des Treffens ankommen und dem Feinde in den
Rücken fallen mögen. Dies ist aber gefährlich, weil solche
Detachements sich auf dem Wege verirren und zu spät
oder zu früh ankommen können. Karl XII. detachirte den
Abend vor der Schlacht bei Pultawa; das Detachement
verirrte sich, und er wurde geschlagen. Als der Prinz Eugen
Cremona überrumpeln wollte, verfehlte er seinen Zweck,
weil das Detachement des Prinzen Vaudemont, welches
das Thor am Poflusse angreifen sollte, zu spät ankam.

Bei einer Schlacht muss man nie detachiren, ausgenommen so, wie Türenne bei Colmar [2]) that, wo er sein erstes
Treffen der Front der Armee des Kurfürsten Friedrich
Wilhelm entgegenstellte, während sein zweites Treffen sich
durch die hohlen Wege nach der Flanke dieses Prinzen
zog, sie angriff und zum Weichen brachte; oder auch wie
der Marschall von Luxemburg bei der Schlacht von Landen, wo er unter Begünstigung des Getreides, welches sehr
hoch stand, ein Corps Infanterie auf die Flanke des Prinzen
Wilhelm von Oranien fallen liess; ein Manöver, wodurch
er die Schlacht gewann. [3])

---

[1]) Siehe Ausgew. Werke Friedrich's des Grossen I. 569.
[2]) Am 5. Januar 1675.
[3]) In den „General-Principia": „Oder auch wie es der Maréchal du Luxemburg in der Bataille von Fleurus machte, wo er unter-

Man darf nicht eher detachiren, als erst nach der
Schlacht, um die Proviantzüge zu sichern; es müsste denn
sein, dass die Detachements sich höchstens bis zu einer
halben Meile von der Armee entfernten.

Zum Schlusse dieses Kapitels muss ich noch daran
erinnern, dass diejenigen Detachements die gefährlichsten
sind, wodurch die Armee bis auf ein Dritttheil oder gar
um die Hälfte geschwächt wird.

Artikel XII.

Von den Talenten eines Feldherrn.

Ein vollkommener Feldherr ist ein reines Gedanken-
wesen, die platonische Republik, der Gravitätspunkt der
Philosophen, die Goldtinctur der Alchemisten. Das Vollkommene jeder Art ist mit dem Menschlichen unverträg-
lich; aber das Gefühl unserer Unvollkommenheit darf uns
nicht hindern, uns vollkommene Muster vorzuzeichnen;
damit jene erhabenen, von einem Gefühle der Ehre und
des Wetteifers durchdrungenen Seelen demselben wenigstens nahkommen, wenn sie es auch nicht vollständig
erreichen.

Vor Allem sind es die grossen Beispiele und die
grossen Muster, welche die Menschen bilden; und wenn
Helden wie Eugen, Condé, Türenne oder Cäsar uns zur
Bewunderung zwingen, wie sehr muss uns alsdann ein Bild
ergreifen, welches alle ihre verschiedenen Vollkommenheiten
miteinander vereinigt darstellt! Wie viele Tugenden ganz
entgegengesetzter Art verlangt nicht ein Feldherr!

Als Erstes setze ich voraus, dass er ein ehrlicher
Mann und guter Bürger sei, Eigenschaften, ohne welche

Faveur des Getreides, welches sehr hoch stand, ein Corps Infanterie
passiren und auf die Flanken des Fürsten von Waldeck fallen liess,
durch welches Manoeuvre er die Bataille gewann. Dies geschah in der
Campagne von 1690."

Gewandtheit und Kriegskunst mehr schädlich als nützlich sind. Man verlangt von ihm, dass er verschlossen sei und doch dabei natürlich erscheine; dass er sanft und streng sei, fortwährend misstrauend und immer ruhig, schonungsvoll aus Menschlichkeit und manchmal verschwenderisch mit dem Blute seiner Soldaten; mit dem Kopfe arbeitend, selbsthandelnd, verschwiegen, gründlich, in Allem unterrichtet; niemals eine Sache vergessend, um die andere zu thun, und kleine Dinge, wovon so oft Grosses abhängt, als unter seiner Würde stehend, vernachlässigend.

Ich empfehle alle diese Eigenschaften wegen ihrer Wichtigkeit, und zwar aus folgendem Grunde: Die Kunst, seine Gedanken zu verbergen, oder die Verstellungskunst, ist für jeden Menschen, der grosse Geschäfte zu leiten hat, unentbehrlich. Die ganze Armee liest ihr Schicksal in seinen Zügen; sie prüft die Ursachen seiner guten und bösen Laune, seine Geberden; mit einem Worte nichts entgeht ihr. Wenn er nachdenklich ist, sagen die Officiere: Ohne Zweifel brütet unser General über einen grossen Plan. Sieht er betrübt oder traurig aus: Ah! heisst es, die Sachen müssen schlecht gehen. Ihre Einbildungskraft, welche sich leeren Vorstellungen überlässt, sieht Alles schlimmer, als es in Wirklichkeit ist. Die Gerüchte entmuthigen, sie laufen durch die Armee und gehen aus Eurem Lager in das des Feindes über. Der General muss also wie ein Schauspieler sein, der seine Züge nach der Miene einrichtet, welche ihm die Rolle, welche er spielen will, vorschreibt; und wenn er nicht Herr seiner selbst ist, so muss er eine Krankheit heucheln oder irgend etwas erfinden, um das Publikum anders zu stimmen. Treffen schlimme Nachrichten ein, so giebt man sich vor der Welt den Anschein, als ob man sie geringschätze; mit Ostentation entwickelt man die Zahl und Grossartigkeit seiner Hülfsmittel; man verachtet den Feind in der Oeffentlichkeit, und respectirt ihn im Geheimen. Wenn

irgend einem Theile beim kleinen Kriege ein Unglück
zutrifft, so untersucht man den Grund: man findet fast
immer, dass das schlechte Verhalten oder die Unwissenheit des anführenden Officiers daran schuld war, und man
erklärt ganz offen, dass das erlittene Missgeschick nicht
dem Mangel an Tapferkeit der Truppen zuzuschreiben sei.
Nun untersucht man die Fehler des Officiers und giebt
den andern dabei eine gute Lehre. Auf diese Weise unterrichtet Ihr die Officiere und benehmt den Truppen
nicht das Vertrauen, das sie in ihre eignen Kräfte setzen.
    Milde und Strenge übt man abwechselnd beim Sol-
daten. Der General muss populär sein, er muss zu den
Soldaten reden, sowohl wenn er an ihren Zelten vorüber-
kommt, als auch auf dem Marsche. Man sieht auch manchmal
nach ihren Fleischtöpfen, untersucht ihre kleinen Bedürfnisse und thut alles Mögliche, um ihnen Erleichterung zu
verschaffen, oder ihnen unnöthige Strapazen zu ersparen.
Dagegen lässt man den widerspänstigen Soldaten die ganze
Strenge des Gesetzes fühlen, ebenso den Schwätzer, den
Plünderer, und bestraft den Deserteur, wenn es nöthig ist,
auf's Strengste. Kurz, alles, was den Dienst betrifft, verlangt den grössten Ernst; was denselben aber nicht be-
rührt, darf mit Nachsicht behandelt werden. Man lobe
die Officiere wegen der schönen Thaten, die sie vollbracht;
man sei ihnen freundlich und leiste ihnen Dienste; aber
man schone sie nur nicht in Dingen, die ihre Pflichten be-
rühren, und man zwinge sie mit Gewalt, wenn sie dieselben
versäumen. Der Feldherr thut gar nicht übel daran,
sich manchmal mit den Generalen seiner Armee, die den
meisten Verstand haben, zu unterhalten; man bringt sie
auf Hauptcapitel, man hört ihre Meinungen, und wenn
sie in der freien Unterhaltung eine vernünftige Ansicht
äussern, muss man davon Nutzen ziehen, ohne sich
merken zu lassen, dass man die Sache gut findet; wenn

sie aber ausgeführt worden und gelungen ist, muss man in Gegenwart vieler Officiere sagen: Dem Herrn so und so verdanke ich allein den Erfolg dieser Sache. Durch dieses Mittel schmeichelt Ihr dem Ehrgefühle der Andern. Ihr interessirt sie zu Gunsten der allgemeinen Angelegenheiten, und Eure Bescheidenheit, anstatt Euch Neider zuzuziehen, gewinnt Euch nur Freunde.

Die Normannen geben ihren Kindern eine Lehre. Traue nicht. — Wem nicht? — Der ganzen Welt nicht. Hier müssen wir unsern Feinden misstrauen; nur Narren trauen denselben; aber oft schläfert uns die Sicherheit ein, und ich verlange, dass ein General stets über die Pläne seiner Feinde wache; er ist die Schildwache seiner Armee; er muss alles Uebele, welches ihr zustossen könnte, für sie sehen, hören, vorhersehen und abwenden. Und gerade nach den grössten Erfolgen muss man am allermisstrauischsten sein. Man glaubt den Feind entmuthigt, und Ihr verfallt bei allen seinen Unternehmungen in Schlafsucht. Oft hält Euch ein geschickter Feind mit falschen Friedensvorschlägen hin. Hütet Euch nur, in seine Schlingen zu fallen, und bedenkt, dass seine Absichten niemals aufrichtig sein können.

Man muss immer die Lage, in welcher man sich befindet, studiren und sagen: Welchen Plan würde ich machen, wenn ich der Feind wäre? Nachdem man verschiedene ersonnen, muss man über die Mittel nachdenken, welche dieselben zum Scheitern bringen könnten, und vor Allem auf der Stelle alles etwa Fehlerhafte in Eurer Position oder in Eurem Lager, oder in Euren Depots oder Detachements verbessern. Und dies muss rasch geschehen; im Kriege entscheidet die Zeit viel, und man lernt dort den Werth eines Augenblicks kennen. Aber das alles darf Euch nicht furchtsam machen, denn Kühnheit will mit kluger Vorsicht vereint sein, und da man nie von der Sicherheit eines Unternehmens überzeugt sein kann, so genügt es, dasselbe weise anzulegen. Der Ausgang hängt vom Glücke ab. Wir müssen uns darauf beschränken, alles Böse, welches uns der Feind zufügen könnte, vorherzusehen und abzuwenden, und ihm so viele Besorgniss für sich selbst beizubringen, dass diese und Eure fortwährenden Unternehmungen ihn in der Defensive erhalten.

Wollt Ihr Euch die Liebe des Soldaten gewinnen, so übermüdet ihn nicht, und setzt ihn niemals, ohne dass er sieht, dass es nothwendig ist, der Gefahr aus. Seid sein Vater und nicht sein Henker. Man schont die Soldaten bei den Belagerungen durch die Laufgräben, und in den Schlachten dadurch, dass man die Feinde bei ihrer schwachen Seite fasst und stets rasch zu Werke geht. Je lebhafter die Angriffe sind, desto weniger kosten sie; und indem man die Schlachten verkürzt, nimmt man der Zeit die Mittel, Euch Leute zu rauben. Auf diese Weise geführt, gewinnt der Soldat Zutrauen zu seinem General und setzt sich freudig den Gefahren aus.

Die Hauptaufgabe des Generals besteht in seiner Thätigkeit im Cabinet; er muss Pläne machen, Ideen combiniren, über alle Vortheile nachlenken, seine Hauptpositionen wählen, die Absichten der Feinde vorhersehen, ihnen zuvorkommen und sie unaufhörlich beunruhigen. Aber das genügt noch nicht; er muss auch thätig sein, er muss ordnen und ausführen und immer mit eigenen Augen sehen. Er muss sein Lager wählen, seine Wachen ausstellen, sich oft in der Umgegend des Lagers aufhalten, um sich damit vertraut zu machen und gleich orientirt zu sein, wenn er plötzlich angegriffen werden sollte. Die Vorstellung von den einzelnen Situationen haben sich seinem Geiste so gut eingeprägt, dass er nach allen Seiten hin Befehle ertheilen kann, wie wenn er sich an Ort und Stelle befände, und sich nichts ereignen kann, an das er nicht im Voraus gedacht hätte. So werden auch seine Anordnungen immer richtig sein. Man muss im Stillen über

4*

die einzelnen Theile des Lagers nachdenken und oft wieder
darauf zurückkommen; denn manchmal kommen die guten
Gedanken erst, nachdem man ein paarmal über denselben
Gegenstand nachgedacht. Seid also thätig und unermüdlich und befreit Euch von aller Trägheit des Körpers und
des Geistes, denn ohne das werdet Ihr niemals den grossen
Feldherren gleichen, die uns zum Beispiele dienen.

· Ein alter Schriftsteller hat gesagt, dass nicht schweigen können, nicht Mensch sein heisse. Die Schwatzhaftig-
keit, welche im gewöhnlichen bürgerlichen Leben nur eine
leichte Untugend ist, wird bei einem General zum grössten
Fehler; denn wenn er auch die schönsten Pläne von der
Welt gemacht hat, und dieselben ausschwätzt, so erfährt der
Feind sie und macht sie noch vor ihrer Geburt scheitern.
Die erste Vorsichtsmassregel, die man zu nehmen hat,
ist, allen Generalen, welche Corps oder in Festungen
commandiren. Zahlenzeichen (chiffres) zu geben, damit ein
aufgefangener Brief Eure Pläne nicht über den Haufen
werfe. Man verbirgt sogar im Kriege seine wirklichen
Absichten, und, da solche Unternehmungen viele und
verschiedenartige Vorbereitungen verlangen, macht man
dieselben unter einem Vorwande, und führt so diejenigen
irre, welche den Zweck derselben erforschen wollen. Man
gebe seine Ordre und Dispositionen nicht früher oder später,
als man sie ausführen will. Man darf sich auch nicht zu oft
derselben List bedienen, um seine Pläne zu verbergen; man
muss damit wechseln und oft neue erfinden. Ein General
ist immer von hunderttausend Neugierigen seiner Armee,
die ihn zu errathen wünschen, umgeben, und ebenso von
Feinden, die ein noch grösseres Interesse besitzen, seine
Absichten zu erforschen.

Der General muss alle seine Pläne mit Vorsicht erwägen; er sei langsam in seinen Entschliessungen, aber er
entscheide sich rasch an Schlachtentagen und in unvorher-
gesehenen Fällen und bedenke, dass auf dem Schlachtfelde

ein schlechter Entschluss, doch ausgeführt, immer noch
besser sei als gar keiner.

Auch darf der General seine Person nicht leichtsinniger
Weise in Gefahr setzen; besonders aber darf er sich niemals aussetzen, gefangen genommen zu werden.

Artikel XIII.
Von den Strategemen und Kriegslisten.

Man bedient sich im Kriege abwechselnd der Löwen-
und Fuchshaut. Die List gelingt öfters, wo die Gewalt
Schiffbruch leiden würde. Sie ist eine Sehne mehr auf
dem Bogen; und wie Gewalt oft der Gewalt widersteht,
so muss sie auch oft der List weichen. Es ist also
schlechterdings nöthig, sich beider zu bedienen.

Die verschiedenen Arten der Kriegslisten sind un-
zählig, und ich bin nicht Willens, sie hier anzuführen.
Der Endzweck von allen ist einerlei und besteht darin,
den Feind dahin zu bringen, diejenigen falschen Schritte
zu thun, welche man gern von ihm gethan haben möchte.
Sie helfen also dazu, dass man seine eigentliche Absicht verbirgt, und statt dessen dem Feinde Vorspiegelungen macht,
welche das Ansehen haben, als wenn man ganz andere
Absichten hätte. Wenn die Truppen im Begriffe sind, sich
zu versammeln, so lässt man sie allerlei Contremärsche
machen, um den Feind zu beunruhigen, und ihm den Ort
zu verbergen, wo man eigentlich seine Truppen versammeln
und gleich darauf losbrechen will. Wenn man in einem
Lande ist, wo Festungen sind, so lagert man sich an
einem Orte, wo man zwei oder drei Plätze zugleich bedroht. Wirft der Feind in alle zugleich Truppen, so schwächt
er sich; und man benutzt einen solchen Moment, um
ihm auf den Hals zu fallen; wirft er sich aber auf eine
Seite, so wendet man sich nach demjenigen Orte, wohin
er keinen Succurs geschickt hat, und belagert denselben.

Habt Ihr die Absicht, Euch eines wichtigen Passes zu bemeistern, oder über einen Fluss zu gehen, so müsst Ihr Euch von dieser Passage oder aber von dem Ort, wo Ihr die Absicht habt zu passiren, entfernen, um den Feind nach Eurer Seite zu ziehen. Wenn Ihr demnach alles im Voraus veranstaltet und einen Marsch vor dem Feinde voraus habt, so wendet Ihr Euch unvermuthet nach dem Orte, wohin Ihr eigentlich wollt, und bemächtigt Euch desselben.

Wollt Ihr Euch mit dem Feinde schlagen, und es hat das Ansehen, als wollte derselbe das Treffen vermeiden, so lasset aussprengen, dass Eure Armee sich geschwächt habe, oder stellet Euch, als fürchtet Ihr Euch vor dem Feinde; eine Rolle, die wir vor der Schlacht bei Friedeberg [1]) zu spielen genöthigt waren. Ich liess nämlich die Wege ausbessern, als ob ich bei Annäherung des Prinzen von Lothringen in vier Colonnen nach Breslau marschiren wollte. Seine Eigenliebe kam mir dabei zu statten, um ihn zu täuschen. Er marschirte aus den Gebirgen in die Ebene und ward geschlagen.[2]) Man zieht zuweilen sein Lager enger zusammen, dass es viel schwächer zu sein scheint: man macht kleine Detachements, welche man für

---

[1]) Hohenfriedberg.

[2]) In der „Geschichte meiner Zeit" berichtet der König: „Es war nöthig, den Feinden Sicherheit einzuflössen damit ihr zu grosses Selbstvertrauen sie in dem beabsichtigten Unternehmen nachlässig machte. Zu diesem Zweck bediente sich der König eines Menschen aus Schönberg, der ein doppelter Spion war; er liess ihn gut bezahlen und sagte ihm dann, der grösste Dienst, den er ihm leisten könnte, wäre, ihn bei Zeiten von dem Marsche des Prinzen von Lothringen zu benachrichtigen, damit er sich nach Breslau zurückziehen könne, noch ehe die Oesterreicher aus den Gebirgen hervorgetreten seien. Um diesen Spion noch mehr zu täuschen, liess man Wege, die nach Breslau führten, in Stand setzen. Der Spion versprach Alles; er erhielt Kunde von jenen Wegen und eilte zum Prinzen von Lothringen, um ihn zu benachrichtigen, dass Alles fortzöge und er keine Feinde mehr zu bekämpfen vor sich finden würde." Siehe Ausgew. Werke Friedrich's des Grossen I. 578.

beträchtlich ausgiebt, damit der Feind durch unsere Schwäche bewogen wird, seine vortheilhafte Position zu verlassen.

Wenn ich 1745 die Absicht gehabt hätte, Königgrätz und Pardubitz zu nehmen, so hätte ich nur zwei Märsche durch die Grafschaft Glatz gegen Mähren thun dürfen; der Prinz Karl von Lothringen würde dann gewiss dahin marschirt sein, weil diese Demonstration ihn in Besorgniss wegen Mähren gesetzt hätte, woher er seine Lebensmittel zog, so dass er Böhmen verlassen haben würde. Denn der Feind wird immer besorgt, wenn man Oerter zu belagern droht, durch die er seine Verbindung mit der Hauptstadt hat, oder in denen sich seine Magazine befinden.

Hat man nicht die Absicht, sich zu schlagen, so giebt man sich für stärker aus, als man wirklich ist, und thut weiter nichts, als dass man gut in seiner Fassung bleibt. Die Oesterreicher sind in diesen Stücken rechte Meister, und bei ihnen muss man in die Schule gehen, um es zu lernen. Ihr stellt Euch bei diesem Sicherthun, als ob Ihr besonderes Verlangen hättet, mit dem Feinde handgemein zu werden. Ihr breitet überall aus, Ihr hättet die verwegensten Absichten, und oft glaubt dann der Feind, er würde, wenn Ihr kämet, eben nicht das beste Spiel mit Euch haben, und hält sich daher seinerseits ebenfalls in der Defensive.

Dieser Krieg besteht zum Theil in der Kunst, gute Stellungen einzunehmen, und sie nicht eher, als im äussersten Nothfalle, zu verlassen. Wenn solches geschehen muss, so zieht sich das zweite Treffen zuerst zurück, und das erste folgt ganz unvermerkt; und weil Ihr Défilés vor Euch habt, so hat der Feind keine Gelegenheit, von Eurem Rückzuge Nutzen zu ziehen. Auf dem Rückzuge wählt man solche verdeckte Stellungen, welche dem Feinde allerlei zu denken geben. Seine Unruhe macht ihn furchtsam; Euch aber führt sie auf eine indirecte Weise zu Eurem Zweck.

Eine andere Kriegslist besteht darin, dass man dem
Feinde eine grosse Front präsentirt: nimmt er den falschen Angriff für den rechten, so ist er verloren. Durch
List nöthigt man auch den Feind, zu detachiren, und, sobald
er seine Detachements gemacht hat, geht ihm zu Leibe.
Eine der besten Kriegslisten ist die, dass man seinen
Feind, wenn die Zeit da ist, dass die Truppen sich trennen,
um in die Winterquartiere zu gehen, einschläfert und zu-
rückgeht, um nachher desto besser vorzudringen. Man
vertheilt seine Truppen zu dem Ende dergestalt, dass man
sie in aller Geschwindigkeit wieder zusammenziehen kann,
um alsdann auf die Quartiere des Feindes zu fallen; gelingt
dieses, so ersetzt man in einer Zeit von 14 Tagen allen
Verlust, den man in einem ganzen Feldzuge gehabt hat.
Leset die beiden letzten Feldzüge von Turenne und studirt
sie öfters; es sind Meisterstücke von Kriegeslisten in den
neuern Zeiten.

Die Listen, deren sich die Alten im Kriege bedienten,
sind jetzt den leichten Truppen zu Theil geworden. Sie
legen Hinterhalte und suchen ihren Feind durch eine ver-
stellte Flucht in Défilés zu locken, um ihn alsdann nieder-
zuhauen. Jetzt sind wohl wenig Generale so unerfahren,
dass sie sich sollten verleiten lassen, in dergleiche grosse
Hinterhalte zu fallen. Dies begegnete doch Karl XII. bei
Pultawa durch Verrätherei eines tartarischen Fürsten[1]);
und Peter I. widerfuhr ein gleiches am Pruth, durch die
Schuld eines dortigen Landesfürsten.[2]) Beide hatten ihnen
Lebensmittel versprochen, welche nachher keiner von ihnen
schaffen konnte.

Da ich die Art und Weise, wie man mit Parteien und
Detachements Krieg führen muss, in meinem Militär-

---

[1]) Mazeppa. Siehe „Betrachtungen über das militärische
Talent und den Charakter Karl's XII., Königs von
Schweden.“
[2]) Demetrius Cantamir.

Reglement[1]) umständlich auseinander gesetzt habe, und nichts hinzufügen kann, so verweise ich darauf.[2])

Artikel XIV.

Von den Spionen, wie man sich derselben bei jeder Gelegenheit zu bedienen habe, und auf welche Weise man sich Nachrichten vom Feinde verschaffen kann.

Wenn man die Absichten des Feindes immer voraus wüsste, so würde man ihm auch mit einer schwächern Armee immer überlegen sein. Alle diejenigen, welche Armeen commandiren, suchen sich diesen Vortheil zu verschaffen; aber es gelingt nicht immer. Es giebt vielerlei Arten Spione: 1) geringe Leute, welche dies Handwerk treiben; 2) doppelte Spione; 3) Spione von Bedeutung, und endlich 4) diejenigen, welche man zu diesem leidigen Geschäfte zwingt.

Die geringen Leute, nämlich Bürger, Bauern, Priester etc., welche man in das Lager des Feindes schickt, können zu weiter nichts gebraucht werden, als uns nur den Ort anzuzeigen, wo der Feind steht. Ihre Berichte sind meistentheils so confus und so unverständlich, dass man dadurch ungewisser wird, als man es gewesen wäre, wenn man in der grössten Ungewissheit über den Feind geblieben wäre. Die Aussage der Ueberläufer ist gewöhnlich nicht besser. Der Soldat weiss wohl, was bei dem Regimente, wo er stehet, vorgeht, weiter aber nichts; und die Husaren, welche meistentheils von der Armee abwesend und voraus commandirt sind, wissen zuweilen selbst nicht,

---

[1]) „Institutions militaires". „Reglement vor die Königl. Preussischen Cavallerie-Regimenter."

[2]) In den „General-Principia": „Was die Kunst anbetrifft, den Feind zu obligiren, um Detachements zu machen, so kann man nur, um sich eine ganz neuerliche Idee davon zu machen, die schöne Campagne lesen, welche der Maréchal von Luxemburg gegen den König von England in Flandern gethan, und welche mit der Bataille von Landen oder von Neerwinde, 1693, endigte."

wo ihre Armee campirt. Indessen lässt man ihre Aussagen doch niederschreiben, und dies ist noch das einzige Mittel, Nutzen daraus zu ziehen.

Der doppelten Spione bedient man sich, um dem Feinde falsche Nachrichten aufzubinden. In Schmiedeberg war ein Italiener, der den Oesterreichern als Spion diente. Demselben wurde weis gemacht, dass wir bei Annäherung des Feindes uns nach Breslau zurückziehen würden: er versicherte solches dem Prinzen von Lothringen, und dieser ward betrogen.

Der Prinz Eugen hatte eine geraume Zeit den Postmeister in Versailles in Sold. Dieser elende Mensch eröffnete die Briefe und Befehle, welche der Hof an die Generalität abgehen liess, und schickte die Abschriften davon an den Prinzen Eugen, welcher sie meistens eher bekam als derjenige, welcher die französische Armee commandirte. Luxemburg hatte einen Secretair des Königs Wilhelm gewonnen, der ihm von Allem Nachricht gab. Der König entdeckte es, und zog darauf allen erdenklichen Vortheil aus dieser sonst delicaten Sache. Er zwang nämlich den Verräther, an Luxemburg zu schreiben, dass die Alliirten am folgenden Tage eine grosse Fouragirung machen würden, und die Franzosen wären daher zu Steinkerke [1]) überfallen, auch wohl gänzlich geschlagen worden, wenn sie nicht ganz ausnehmend gefochten hätten. Uns würde es schwer sein, solche Spione zu haben, nicht als ob die Oesterreicher weniger bestechlich sein sollten, als andere, sondern vielmehr deshalb, weil ihre leichten Truppen, welche ihre Armee wie eine Wolke umgeben, Niemanden durchlassen, ohne ihn zu visitiren. Ich bin daher auf den Gedanken gerathen, dass man einige ihrer Husaren-Officiere gewinnen müsste, um durch sie den Briefwechsel zu unterhalten. Es ist nämlich bei den Husaren Gebrauch, nach be-

---

[1]) Am 3. August 1692.

endigtem Scharmützel eine Art von Stillstand zu machen, und sich zu besprechen; bei dieser Gelegenheit könnten leicht Briefe abgegeben werden.

Wenn man seinen Feinden falsche Nachrichten zubringen lassen, oder auch von ihnen Nachricht haben will, so bedient man sich des Mittels, dass man einen zuverlässigen Soldaten aus dem Lager zum Feinde gehen lässt, welcher solchen alles rapportiren muss, was man glauben machen will; oder man lässt auch Zettel in dem feindlichen Lager heimlich durch denselben ausstreuen, um die Truppen zur Desertion zu verleiten. Der Ausgeschickte kommt hernach durch einen Umweg zu Eurem Lager zurück.

Weiss man in feindlichen Ländern gar kein anderes Mittel, Nachrichten von dem Feinde zu erhalten, so bleibt noch eins übrig, das man ergreifen kann, obgleich es sehr hart und grausam ist. Man sucht nämlich einen bemittelten ansässigen Bürger aus, der Frau und Kinder hat, und giebt ihm einen klugen Menschen zu, welchen man als Knecht verkleidet, der aber der Sprache des Landes kundig sein muss. Diesen Bürger nöthigt man, solchen Menschen als Knecht oder Kutscher mit zu nehmen, und zur feindlichen Armee zu gehen, und zwar unter dem Vorwande, dass er sich über Gewaltthätigkeiten beklagen wolle; man bedrohet ihn zugleich scharf, dass, wenn er seinen Mann, nachdem sich derselbe zur Genüge in dem feindlichen Lager aufgehalten, nicht wieder zurückbringe, seine Frau und Kinder niedergehauen, sein Haus aber geplündert und angesteckt werden solle. Ich war gezwungen, mich dieses Mittels zu bedienen, als wir bei Chlum im Lager standen, und es geschah mit gutem Erfolg. Zu dem allen füge ich noch hinzu, dass man in Bezahlung der Spione freigebig, ja verschwenderisch sein muss. Ein Mensch, der, um Euch zu dienen, den Strick wagt, verdient schon, dafür belohnt zu werden.

Artikel XV.

Von gewissen Kennzeichen, wodurch man die Absichten des Feindes errathen kann.

Das, woran man die Pläne des Feindes vor Eröffnung des Feldzuges am sichersten erkennt, ist wohl der Ort, den er zu seinen Magazinen wählt. Zum Beispiel, wenn die Oesterreicher ihre Magazine zu Olmütz anlegen, so kann man sicher annehmen, dass ihr Vorhaben ist, Oberschlesien anzugreifen. Errichten sie ihre Magazine zu Königgrätz, alsdann ist die Seite von Schweidnitz bedroht. Als die Sachsen die Kurmark angreifen wollten, zeigten ihre Magazine den Weg, welchen sie dahin zu nehmen gedachten; denn ihre Depots waren zu Zittau, Görlitz und Guben, welches der gerade Weg auf Crossen ist. Das Erste also, wonach man sich zu erkundigen hat, ist, wo und an was für Orten der Feind seine Magazine macht. Die Franzosen haben deshalb, um zu verhindern, dass ihre Feinde hinter ihre Pläne kämen, doppelte Magazine und Depots von Lebensmitteln angelegt, nämlich einige an der Maas, und die andern an der Schelde. Wenn die Oesterreicher im Lager stehen, so kann man die Tage errathen, wann sie marschiren werden, weil es Gebrauch bei ihnen ist, wovon sie niemals abweichen, dass der Soldat alle Marschtage kochen muss. Sieht man also Vormittags um 5 oder 6 Uhr viel Rauch, so kann man bestimmt darauf rechnen, dass sie an denselben Tage eine Bewegung machen werden. So oft die Oesterreicher schlagen wollen, ziehen sie alle ihre grossen Detachements von leichten Truppen an sich; sobald man dies gewahr wird, muss man auf seiner Hut sein. Wenn man Posten ihrer ungarischen Truppen angreift, und diese halten aus, so kann man sicher schliessen, dass ihre Armee bei der Hand und ganz nahe ist, um sie zu unterstützen. Wenn ihre leichten Truppen sich zwischen Euch und einem Detachement, das

Ihr ausgeschickt habt, setzen, so könnt Ihr daraus schliessen, dass der Feind Absichten auf das Detachement habe, wonach Ihr Eure Massregeln treffen müsst. Ich füge noch hinzu, dass, wenn der Feind Euch jedesmal einen und denselben General entgegensetzet, Ihr ihm seine Manieren ablernen und seine Absichten aus seinen Gewohnheiten und Methoden errathen könnt.[1])

Artikel XVI.

Von unserm, neutralem und feindlichem Lande; von dem Unterschiede der Religionen und dem Verhalten, welches diese verschiedenen Umstände erfordern.

Man führt Krieg in dreierlei Arten von Ländern, nämlich in seinem eigenen Lande, oder in dem von einer neutralen Macht, oder aber in Feindes Land. Wenn es mir nur um meinen Ruhm zu thun wäre, so würde ich niemals anders als in meinen eigenen Ländern Krieg führen, weil man dabei so viele Vortheile hat; denn Jedermann dient Euch darin zum Spion, und der Feind kann nicht einen Schritt thun, ohne verrathen zu werden. Man kann dreist grosse und kleine Parteien ausschicken, und durch sie alles, was sich im Kriege nur thun lässt, vom Kleinsten bis zum Grössten spielen lassen. Werden die

---

[1]) In den „General-Principia": „Wenn man wohl reflectiret über das Land, so zum Theatro des Krieges dienet, über die Position der Armee, welche man commandiret, über die Sicherheit seiner Depots und Vivres, über die Stärke derer Kriegesplätze und über die Mittel, welche der Feind hat oder nicht hat, um letztere zu attaquiren, über den Schaden, welchen seine leichten Truppen euch thun können, wenn der Feind solche auf eure Flanquen oder auf euren Rücken, oder sonsten placiret, oder wenn er sich deren bedienet, um eine Diversion zu machen, wenn, sage ich, man alle diese Punkte consideriret und erwäget, ohne sich zu flattiren, so kann man darauf rechnen, dass ein habiler Feind precisement dasjenige thun wird, so euch am meisten schaden kann, dass dieses seine Absicht ist, und dass man sich solcher sofort, wie man kann, entgegensetzen muss."

Angreifer geschlagen, so handelt jeder Bauer wie ein Soldat,
und beunruhigt ihn. Diese Erfahrung machte der **Kurfürst
Friedrich Wilhelm** bei Fehrbellin, wo die Bauern mehr
Schweden todtschlugen, als in der Schlacht selbst geblieben
waren. Meines Ortes habe ich es nach der Schlacht von
Friedeberg [1]) gesehen, wo die Einwohner der Gebirge in
Schlesien viele Flüchtige von der österreichischen Armee
als Kriegsgefangene einbrachten. [1])

Wenn der Krieg in einem neutralen Lande geführt
wird, so scheint der Vortheil zwischen beiden Theilen
gleich zu sein; aber es kommt immer darauf an, wer von
beiden die Freundschaft und das Vertrauen der Landes-
einwohner gewinnen kann. Man hält deshalb in einem
solchen Lande eine strenge Disciplin; man verbietet das
Marodiren und alle Plünderungen, und bestraft dergleichen mit aller Schärfe. Man beschuldigt den Feind
der schlimmsten Absichten gegen das Land. Ist man in
einem protestantischen Lande, wie Sachsen, so muss man
die Rolle eines Beschützers der lutherischen Religion spielen,
und bei dem gemeinen Volke, dessen Leichtgläubigkeit
nicht schwer zu hintergehen ist, den Aberglauben zu unterhalten suchen. Ist das Land katholisch, so muss man
nur von Toleranz reden, Mässigung empfehlen, und alle
Schuld des Streites zwischen den christlichen Secten auf

---

[1]) Hohenfriedberg. In der Geschichte meiner Zeit erzählt
der König: „Als der König nach Landshut kam, ward er von einem
Haufen von 2000 Bauern umringt, welche ihn um Erlaubniss baten,
alle Katholiken dieser Gegend umbringen zu dürfen. Dieser Hass der
Leute rührte von den argen Verfolgungen her, welche die Protestanten
während der österreichischen Herrschaft von den Priestern zu dulden
gehabt, indem man den Lutheranern die Kirchen wegnahm und den
katholischen Priestern übergab. — Der König sagte ihnen, sie sollten
sich nach den Geboten der heiligen Schrift richten, ihre Beleidiger
segnen und für ihre Verfolger beten, um sich das Himmelreich zu verdienen. Die Bauern antworteten, er habe recht, und standen von ihrem
grausamen Vorhaben ab." Siehe Ausgew. Werke Friedrich's des
Grossen I. 588.

die Priester schieben und sagen, dass sie doch in den wesentlichsten Glaubenspunkten einig wären. Wegen der Parteien, die man ausschicken will, muss man sich nach der Aufnahme richten, welche man bei den Einwohnern des Landes findet. Man kann in seinem eigenen Lande damit hasardiren, in einem neutralen Lande aber muss man behutsam sein; es sei denn, dass man das Volk, oder den grössern Theil desselben, für sich habe.

In einem ganz feindlichen Lande, wie Böhmen und Mähren, muss man sich nur auf ein sicheres Spiel einlassen, und wegen der vorhin angeführten Ursachen seine Parteien nicht aussetzen, auch überall den Krieg so geschlossen als möglich führen. Die leichten Truppen dienen alsdann meistentheils, um die Proviantzüge zu decken.

Man darf sich nicht einbilden, dass man das Volk daselbst jemals gewinnen könne, und es sind nur die Hussiten, im Königgrätzer Kreise, von welchen man Vortheil ziehen kann. Die Adeligen sind Verräther, wenn sie sich auch stellen, als wären sie gut gegen uns gesinnt. Mit den Pfaffen und mit den Amtleuten hat es gleiche Bewandtniss, denn ihr Interesse ist mit dem Stammhause Oesterreich verknüpft; und da sich das mit dem unsrigen nicht verträgt, so kann und darf man sich niemals auf sie verlassen.

Was Euch hierin noch übrig bleibt, ist der Fanatismus. Man kann sicher auf ein Volk rechnen, wenn man es wegen seiner Gewissensfreiheit in Feuer setzen, und ihm beibringen kann, dass es von den Pfaffen und dem Adel bedrängt werde. Das heisst aber auch Himmel und Hölle für Euer Interesse in Bewegung setzen.[1])

---

[1]) In den „General-Principia": „Seit der Zeit, dass diese Mémoires gefertiget worden sind, hat die Kaiserin-Königin von Ungarn die Last deren Imposten deren mährischen und böhmischen Unterthanen viel schwerer gemachet. Man könnte vielleicht von diesem Umstande profitiren, um sich diese Unterthanen affectionirt zu machen, zumalen,

Artikel XVII.

Von allen Märschen, welche eine Armee machen kann.

Eine Armee marschirt, entweder um Eroberungen in des Feindes Land zu machen, oder um ein vortheilhaftes Lager zu nehmen, oder um einen Succurs an sich zu ziehen, oder um eine Schlacht zu liefern, oder um sich zurückzuziehen.

Es ist eine allgemeine Regel, dass, nachdem man für die Sicherheit des Lagers gesorgt hat, man unverzüglich alle Wege, die aus demselben gehen, und alle Gegenden umher recognosciren lasse, um im Stande zu sein, seine Dispositionen nach den verschiedenen Fällen, welche eintreten können, zu treffen. Man schickt zu dem Ende unter allerlei andern Vorwänden grosse Detachements nebst Ingenieuren und Regiments-Quartiermeistern aus, welche sich an alle diejenigen Oerter zu begeben haben, wo man marschiren kann, die Situationen aufnehmen und zu gleicher Zeit recognosciren müssen. Man giebt diesen Detachements Jäger mit, die sich solche Wege notiren müssen, damit, im Falle der commandirende General dahin marschiren wollte, sie die Colonnen führen können. Die Officiere erstatten Rapport von der Situation des Lagers, von den Wegen, die dahin führen, von der besonderen Beschaffenheit des Terrains, gleichviel ob man Gehölz, Berge oder Flüsse antrifft. Wenn der commandirende General von allen diesen Einzelnheiten unterrichtet ist, macht er seine Dispositionen danach.

1. Von den gewöhnlichen Märschen.

Wenn man nicht in zu naher Nachbarschaft mit dem Feinde ist, so macht man seine Dispositionen ungefähr so: Ich setze voraus, dass es vier Wege giebt, welche nach

wenn man sie flattirete, dass man sie gelinder tractiren würde, wenn man diese Länder gewonnen haben werde."

dem neuen Lager führen. Die Avantgarde soll heute Abend unter Commando des Herrn N. um 3 Uhr aufbrechen. Sie soll bestehen aus sechs Bataillonen Grenadiere, einem Regimente Infanterie, zwei Regimentern Dragoner, jedes zu fünf Schwadronen gerechnet, und aus zwei Regimentern Husaren.

Alle Fourirschützen von der Armee gehen mit. Die Avantgarde nimmt nichts als ihre Zelte mit, und ihre Hauptbagage bleibt bei der Armee. Die Avantgarde avancirt zwei Meilen, um das Défilé, den Berg, die Stadt, das Dorf zu occupiren, woselbst sie die Annäherung der Armee erwartet, und alsdann rückt sie in das neue Lager, welches sie abstechen lässt.

Die Armee folgt morgen früh um drei Uhr in vier Colonnen. Die Wachen in den Dörfern gehen nach ihren Regimentern zurück, sobald diese in Schlachtordnung stehen.

Die Cavallerie vom rechten Flügel beider Treffen marschirt rechts ab und macht die erste Colonne. Die Infanterie vom rechten Flügel beider Treffen marschirt auch rechts ab, und bildet die zweite Colonne. Die Infanterie vom linken Flügel beider Treffen marschirt rechts ab, und macht die dritte Colonne, und die Cavallerie vom linken Flügel, welche gleichfalls rechts abmarschirt, bildet die vierte Colonne.

Die Regimenter Infanterie N. aus dem zweiten Treffen, die Dragoner N. N. aus dem zweiten und die drei Regimenter Husaren, unter Commando des Generals N., decken die Bagage, welche hinter den beiden Colonnen Infanterie folgt.

Es werden vier Adjutanten commandirt, welche darauf Acht haben sollen, dass die Wagen in guter Ordnung nach einander folgen und so dicht wie nur möglich zusammenbleiben.

Der General, welcher den Nachtrab commandirt, muss

den Chef der Armee zeitig benachrichtigen lassen, falls er einigen Succurs nöthig hätte.

Die vier Colonnen werden durch die Jäger geführt, welche die Wege recognoscirt haben. Vor jeder Colonne marschirt ein Detachement von Zimmerleuten, und ihnen folgt das Fuhrwerk mit Balken, Riegeln und Brettern zum Brückenbau über kleine Flüsse.

Die Colonnen sollen sich in ihrem Marsche beobachten, damit die Tête der einen nicht vor der der andern herauskomme. Die Generale müssen Acht haben, dass ihre Bataillone geschlossen bleiben, dicht aufeinander marschiren und wohl zusammenhängen, auch dass die Officiere, welche die Pelotons commandiren, ihre Distance gut halten.

Wo ein Engpass passirt werden muss, soll die Tête langsam marschiren oder anhalten, um der Queue Zeit zu lassen, denselben zu passiren, oder ihre Distance wieder zu bekommen.

Auf diese Art werden gewöhnlich solche Dispositionen gemacht. Wenn Défilés, Holzungen oder Gebirge zu passiren sind, so theilt Ihr die Colonnen; die Tête besteht dann aus lauter Infanterie, hinter welcher die Cavallerie schliesst. Wenn die Ebene im Centrum liegt, so weist man sie der Cavallerie an, und die Infanterie macht die Colonnen auf beiden Enden, welche durch das Gehölz marschiren. Dieses versteht sich aber nur von einem Marsch, bei dem die Feinde nicht zu nahe sind. Im andern Falle muss man, um die Ordre de bataille nicht zu zerreissen, damit zufrieden sein, einige Grenadier-Bataillone vor die Tête der Cavallerie zu stellen.

2. Um zu einem Succurs zu stossen.

Wenn man will, dass ein Succurs sicher zur Armee stossen soll, so ist das beste Mittel dazu, ihm durch ein schwieriges Terrain entgegen zu gehen, und sich vor dem Feinde zurückzuziehen, um eine Schlacht zu vermeiden.

Durch die Ueberlegenheit, welche man vermittelst des an
sich gezogenen Succurses erhalten hat, gewinnt man dasjenige Terrain bald wieder, welches man so zu sagen dem
Feinde nur geliehen.

3. Parallele Märsche.

Wenn man nach der Position des Feindes parallele
Märsche thun muss, so geschieht es entweder zur Rechten
oder zur Linken, und zwar in zwei Treffen, deren jedes
eine Colonne bildet. Man lässt bei einem solchen Marsche
eine Avantgarde vorausgehen und beobachtet übrigens dieselben Förmlichkeiten, welche ich vorgeschrieben habe.
Auf solche Art geschahen alle Märsche, die wir von
Frankenstein nach Hohenfriedberg thaten, und zwar rechts.
Ich ziehe diese Dispositionen allen anderen vor, indem,
wenn ich nur links- oder rechtsum machen lasse, die
Armee sogleich in Schlachtordnung steht, und dies die
schnellste Art, sich zu formiren, ist. Ich würde mich ihrer,
wenn ich die Wahl hätte, allzeit bedienen, um den Feind
anzugreifen. Ich habe den Nutzen davon bei Friedeberg
und bei Soor gesehen.[1])

4. Von den Schlachtmärschen.

Wenn man gegen den Feind marschirt, um eine
Schlacht zu liefern, so macht man sich von seinem Ge-
päcke los, und schickt dasselbe unter Bedeckung zu einer
nächstgelegenen Stadt. Man bildet alsdann einen Vortrab,
welcher nicht mehr als eine kleine Viertelmeile von der
Armee entfernt sein darf. Wenn die Armee mit der Front
gegen den Feind marschirt, so müssen die Colonnen nicht
nur neben einander vorrücken, sondern auch, indem sie sich
dem Schlachtfelde nähern, sich derart ausbreiten, dass die
Truppen nicht mehr und nicht weniger Terrain einnehmen,
als sie nöthig haben, um sich zu formiren. Dieses ist sehr

---

[1]) Vom 28. Mai bis zum 4. Juni 1745.

schwierig, und gewöhnlich haben etliche Bataillons kein
Terrain oder zu viel. Der Marsch in Linien zieht niemals
eine Inconvenienz nach sich, und deshalb halte ich diesen
für den besten. Die Märsche, die man thut, um zu schlagen,
erfordern viele Vorsicht, und ein General hat Ursache, sehr
behutsam zu sein. Er muss das Terrain von Distance zu
Distance, jedoch ohne sich dabei zu exponiren, recognosciren, damit er verschiedene Positionen in seinem Kopfe
habe, deren er sich, falls ihm der Feind entgegenkäme,
bedienen könnte. Man bedient sich der Kirchthürme oder
der Anhöhen, um ein Terrain zu recognosciren.

5. Von den gewöhnlichen Rückzügen.

Die gewöhnlichen Rückzüge geschehen auf folgende
Art: Man entledigt sich einen oder zwei Tage vorher, ehe
man aufbricht, seines Gepäcks, und schickt es unter guter
Bedeckung fort. Man regulirt sodann seine Colonnen nach
der Anzahl der Wege und nach der Beschaffenheit des
Landes. Ist dasselbe eben, so macht die Cavallerie die
Arrièregarde; ist es ein unebenes Land, bergig und voll
Défilés und Waldungen, so gebührt dieses Geschäft der
Infanterie. Wenn es ein ebenes Land ist, so marschirt
die Armee in vier Colonnen. Die Infanterie vom rechten
Flügel des zweiten Treffens defilirt rechts; ihr folgt das
zweite Treffen von der Cavallerie des rechten Flügels, und
beide zusammen machen die vierte Colonne aus. Die Infanterie des rechten Flügels vom ersten Treffen defilirt
rechts ab; ihr folgt der rechte Flügel der Cavallerie des
ersten Treffens; und dies macht die dritte Colonne aus.
Die Infanterie vom linken Flügel des zweiten Treffens
formirt mit der Cavallerie die zweite Colonne; die Infanterie vom linken Flügel des ersten Treffens mit der
Cavallerie bildet die erste Colonne. Auf solche Art macht
die ganze Cavallerie die Arrièregarde, welche man zur Vorsicht durch Husaren der Armee unterstützen lassen muss.

6. Von den Rückzügen durch Défilés. wenn Berge im Rücken liegen.

Wenn Ihr auf Euren Rückzügen Défilés zu passiren habt, so müsst Ihr dieselben den Abend vorher durch Infanterie occupiren lassen, und diese Infanterie dergestalt postiren, dass sie die Colonnen, die sich durch die Défilés ziehen, überflügelt, damit die Wege durch dieselben frei bleiben. Müsst Ihr mit zwei Colonnen marschiren, so defilirt die Cavallerie vom rechten Flügel links und das zweite Treffen zuerst, welches die Tête der zweiten Colonne macht. Die Infanterie vom zweiten Treffen. welcher die vom ersten Treffen folgt, schliesst sich an die erwähnte Cavallerie. Die Cavallerie von beiden Treffen des linken Flügels defilirt linker Hand, das zweite Treffen zuerst, und macht die Tête der ersten Colonne. Zu dieser stösst Infanterie vom linken Flügel, welche links defilirt. das zweite Treffen zuerst; was Eure zwei Colonnen bildet. Sechs Bataillone, zu welchen man die letzteren vom ersten nimmt, und welche von zehn Schwadronen Husaren unterstützt werden, machen die Arrièregarde. Diese Truppen stellen sich in Schlachtordnung vor das Défilé; sie werden in zwei Linien, und zwar en échiquier postirt. Während der Zeit, dass die Armee das Défilé passirt, müssen die Truppen, welche auf der andern Seite des Défilés sind. die zuletzt Uebergehenden durch ihr Feuer beschützen. Wenn die ganze Armee passirt ist, so passirt das erste Treffen des Nachtrabes durch die Intervalle des zweiten. und wirft sich in's Défilé; und wenn dieses vorüber, macht das zweite Treffen dasselbe Manöver unter dem Schutze des Feuers von denen, welche auf der andern Seite postirt sind, welche alsdann den letzteren folgen und wieder den Nachtrab bilden müssen.

7. Von den Rückzügen über Flüsse.

Das schwierigste Manöver von allen ist, in Gegenwart des Feindes im Retiriren einen Fluss zu passiren. Ich kann hiervon kein besseres Beispiel anführen, als unsern Rückzug 1744, als wir bei Kolin [1]) über die Elbe zurückgingen. Weil man indess nicht allezeit Städte an solchen Orten findet, so nehme ich an, dass man nicht mehr als zwei Brücken habe. In diesem Falle muss man an einer guten Verschanzung arbeiten lassen, welche beide Brücken umfasst; und überdiess muss noch ein kleiner Abschnitt (Coupure) vor jeder Brücke besonders gemacht werden. Wenn dies geschehen, so schickt man Truppen und viele Kanonen auf die andere Seite des Ufers. Man muss dazu eine Stelle wählen, die etwas hoch, aber doch nicht allzu steil ist, um von da das vorwärts liegende Ufer beherrschen zu können. Darauf besetzt man die grosse Verschanzung mit Infanterie. Wenn dieses geschehen, so passirt die Infanterie zuerst; die Cavallerie macht den Nachtrab, und retirirt sich en échiquier durch die Verschanzung, welche die erstere deckt. Wenn alles passirt ist, so besetzt man die beiden kleinen Brückenköpfe mit Infanterie, und die

---

[1]) In der „Geschichte meiner Zeit" sagt der König: „Wir waren dazu gezwungen, den Rückmarsch über die Elbe bei Kolin anzutreten und die Truppen in Cantonirungsquartiere zu legen, um die Kranken zu verpflegen und wieder herzustellen. Am 9. November brach die Armee auf, und zog sich in so guter Ordnung zurück, dass, wenn selbst der Prinz von Lothringen sie hätte angreifen wollen, man eine allgemeine Schlacht auf diesem Terrain hätte mit Vortheil liefern können. 10 Bataillone besetzten Kolin, indem sie hinter Mauern, welche eine natürliche Verschanzung bildeten, postirt waren. Man pflanzte Batterien auf Anhöhen, die der Stadt noch näher waren, wodurch sie das ganze Terrain beherrschten. Kolin und Pardubitz waren jetzt wichtige Plätze, weil sie die Verbindung mit Schlesien und Prag sicherten. Zwischen diesen beiden Hauptpunkten stellte man Posten dem Fluss entlang auf, und hinter denselben cantonirten die Truppen. Kaum waren die Preussen über die Elbe, als die Panduren Kolin angriffen; aber sie wurden hier so schlecht empfangen, dass sie die Lust verloren, wieder zu kommen."

Infanterie der Verschanzung verlässt dieselbe, und zieht sich zurück. Wenn der Feind sie verfolgen will, so muss er das Feuer der beiden Brückenköpfe und der Truppen, welche auf jeder Seite des Ufers postirt sind, aushalten. Ist die Infanterie, welche in der Verschanzung gestanden, über den Fluss gegangen, so werden die Brücken abgebrochen, und die in dem Brückenkopfe befindlichen Truppen repassiren den Fluss in Schiffen unter dem Schutze der Truppen, welche am jenseitigen Ufer postirt sind, und welche sodann näher anrücken, um jene desto besser zu beschützen. Sobald die Pontons auf die Wagen geladen, setzen sich die letztern Truppen in Marsch.[1])

Artikel XVIII.

Was für Vorsichtsmassregeln man bei dem Rückzuge gegen die Husaren und Panduren zu nehmen habe.

Die Husaren und Panduren sind nur denjenigen furchtbar, welche sie nicht kennen. Sie fechten nur dann brav, wenn sie die Hoffnung auf Beute beseelt, oder aber wenn sie Schaden thun können, ohne sich selbst in Gefahr zu setzen. Die erste Art von Bravour üben sie gegen die Proviantzüge und die Bagage; die andere gegen die Corps, welche genöthigt sind, sich zurückzuziehen. Diese harzeliren sie beständig. Unsere Truppen haben keinen harten Angriff von ihnen zu fürchten; weil aber diese Art zu chicaniren den Marsch der Truppen aufhält, und doch Leute dabei getödtet werden, welche man sehr unnützer Weise verliert. so will ich hier die Art angeben, welche ich für die beste halte, um sich mit ihnen aus der Sache zu ziehen.

Wenn man sich durch Ebenen zurückzieht, so verjagt man die Husaren durch einige Kanonenschüsse, und die

---

[1]) In den „General-Principia": „Man kann auch Flatterminen an den Angles des Retranchements machen, welche die letzteren Grenadiers, indem sie den Fluss passiren, aufliegen lassen."

Panduren durch Husaren und Dragoner, vor welchen sie sich sehr fürchten. Die beschwerlichsten Rückzüge, bei denen die Panduren am meisten Schaden thun können, sind die, wobei man durch Gehölz, Défilés oder über Berge gehen muss. Es ist alsdann fast ganz unvermeidlich, Leute zu verlieren. Dabei ist aber nichts anderes zu thun, als dass man die Avantgarde die Höhen besetzen und Front gegen den Feind machen lässt. Auf der Seite des Marsches schickt man Pelotons, welche, indem sie die Armee cotoyiren, sich allezeit auf den Höhen oder in den Gehölzen halten. Man hat auch einige Schwadronen Husaren bei der Hand, welche man agiren lässt, so oft es das Terrain einigermassen zulassen will. Man muss sich aber bei solchen Gelegenheiten nicht aufhalten, sondern den Marsch in einem fortsetzen; denn sich aufhalten heisst nur, Leute unnützer Weise opfern. Die Panduren ihrerseits werfen sich auf die Erde und thun Schüsse, ohne dass man sieht, woher sie kommen, und wenn der Marsch der Armee die Arrièregarde und die detachirten Pelotons nöthigt, ihr zu folgen und die Höhen zu verlassen, so bemächtigen sich die Panduren derselben, und schiessen, weil sie da sicher sind, auf den Marsch derjenigen, die sich zurückziehen. Weil sie auch zerstreut sind, und sich hinter Anhöhen oder Bäume verbergen, oder auch auf der Erde liegen, so kann ihnen weder das Pelotonfeuer, noch die Kanonen mit Kartätschen sonderlichen Schaden thun. Ich habe zwei dergleichen Rückzüge im Jahre 1745 gemacht; den einen durch den Grund von Liebenthal, als ich nach Staudenz marschirte, den andern von Trautenau nach Schatzlar, wo wir ungeachtet aller nur ersinnlichen Vorsichtsmassregeln, bei dem erstern 60 Mann Todte und Verwundete, und bei dem andern mehr als 200 hatten. Wenn die Rückzüge durch schwierige Wege geschehen, so muss man kleine Märsche machen, um seine Vorsichtsmassregeln sowohl geschwinder, als auch besser nehmen

zu können. Eine deutsche Meile muss alsdann der weiteste
Marsch sein; und da man nicht zu eilen braucht, kann
man zuweilen die Panduren hetzen, besonders wenn sie so
unvorsichtig sind, sich in kleine Büsche zu legen, welche
man umgehen kann.

Artikel XIX.

Wie die preussischen leichten Truppen gegen die Husaren und Panduren verfahren müssen.

Unsere Art, einen Posten zu nehmen, welchen die
leichten Truppen besetzt haben, ist, demselben zu erzwingen;
weil ihre Methode zu fechten darin besteht, sich zu zerstreuen,
so können sie gegen reguläre Truppen nicht Stand halten.
Man muss sich gar nicht mit ihnen in Tirailliren einlassen;
man wirft schlechterdings nur einige Truppen auf die
Flanken des Corps, das gegen dieselben anmarschirt, und
wenn man nur entschlossen auf sie losgeht, so jagt man
sie, wohin man will. Unsere Dragoner und Husaren attakiren dieselben geschlossen, mit dem Säbel in der Faust.
Solche Attaken können sie nicht aushalten; auch hat man
sie immer geschlagen, ohne sich an die Anzahl zu kehren,
welche stets auf ihrer Seite war.

Artikel XX.

Wie man den Feind zu Bewegungen zwingt.

Wenn man glaubt, dass es genug sei, sich mit einer
Armee zu bewegen, um den Feind zu nöthigen, dass
er seinerseits ein Gleiches thue, so betrügt man sich
sehr; denn es ist nicht die Bewegung allein, welche ihn
dazu bringt, sondern die Art, wie man solche macht.
Blosse Scheinbewegungen werden einen klugen Feind
nicht irre machen; es gehören solide Positionen dazu,
um ihm derartige Bedenken zu verursachen, dass er auf-

brechen muss. Daher muss man das Land, den General, mit welchem man es zu thun hat, die Oerter, wo seine Magazine sind, die Städte, an welchen ihm am meisten gelegen, und die, woher er seine Fourage zieht, wohl kennen, alle diese Umstände gut mit einander combiniren, und danach seine Projecte machen, nachdem man den Gegenstand reiflich überlegt hat. Derjenige von zwei Generalen wird immer über den Rival seines Ruhmes in die Länge Vortheile erringen, der am reichsten an Hülfsmitteln und am unternehmendsten in dem ist, was zu seinem Zwecke führt.

Im Anfange eines Feldzuges wird derjenige, welcher seine Armee zuerst zusammenzieht und vorwärts marschirt, um eine Stadt zu attakiren oder einen Posten zu nehmen, den andern nöthigen, sich nach seinen Bewegungen zu richten, und sich in der Defensive zu halten. Geschieht es während des Feldzuges, dass Ihr Euren Feind nöthigen wollt, sein Lager zu verändern, so müsst Ihr Eure Ursachen dazu haben; es sei nun, dass Ihr eine Stadt, bei welcher er campirt, nehmen, oder, dass Ihr ihn in ein unfruchtbares Land treiben wolltet, wo er sich nur mit Mühe halten kann, oder dass Ihr Euch Hoffnung macht, ein Treffen zu veranlassen, das Euch besonders grossen Vortheil bringen könnte. Wenn Ihr eine solche Ursache habt, so müsst Ihr an dem Project zur Ausführung arbeiten; indem Ihr aber solches macht, müsst Ihr auch sehr sorgfältig untersuchen, ob nicht die Märsche, die Ihr deshalb thut, und die Lager, welche Ihr nehmen wollt, Euch und die Armee in eine grössere Verlegenheit setzen können; z. B. dass Ihr Euch von einem schlecht befestigten Ort, wo Ihr Eure Magazine habt, derart entfernt, dass die leichten Truppen ihn in Eurer Abwesenheit auf den ersten Anlauf nehmen können, oder dass Ihr Euch in eine Position setzt, in welcher der Feind Euch durch eine Bewegung seinerseits von Eurem Lande und von Euren Städten abschneiden

kann, oder auch, dass Ihr Euch in ein Land werfet, in
welchem Ihr Euch wegen Mangel an Fourage genöthigt
sehet, dasselbe bald wieder zu verlassen. Wenn Ihr alle
diese Umstände reiflich überlegt, müsst Ihr zugleich über
die Möglichkeit der Dinge urtheilen, welche der Feind
gegen Euch unternehmen kann, und über das, was er nicht
zu leisten im Stande ist. Alsdann müsst Ihr Eure Projecte
machen, es sei nun, um dem Feind auf der Flanke zu
campiren, oder um Euch nach der Provinz zu ziehen, wo
er alle seine Lebensmittel hernimmt, oder um ihn von
seiner Hauptstadt abzuschneiden, oder um seine Magazine
in Gefahr zu setzen, oder um Positionen zu nehmen, welche
ihm seine Fourage knapper machen. Um davon ein Beispiel zu geben, welches allen meinen Officieren bekannt ist,
will ich den Plan entwerfen, wie wir uns hätten benehmen
sollen, um den Prinzen von Lothringen im Jahre 1745 zu
nöthigen, Königgrätz und Pardubitz zu verlassen. Aus dem
Lager von Divetz hätten wir auf der Linken marschiren,
die Grafschaft Glatz cotoyiren und uns auf Hohenmauth
ziehen müssen. Weil die Oesterreicher ihr Magazin zu
Deutschbrod hatten, und ihre Lebensmittel meist aus Mähren
zogen, wären dieselben gezwungen worden, gegen Landskron
zu marschiren, wodurch Königgrätz und Pardubitz in unsre
Hände gerathen und die Sachsen, durch ihren Marsch von
ihrem Lande abgeschnitten, genöthigt worden wären, sich
von den Oesterreichern zu trennen, um ihr eigenes Land
zu decken. Was mich aber damals abhielt, diesen Marsch
zu thun, war der Umstand, dass, wenn ich schon Königgrätz gewonnen hätte, ich doch dadurch nichts gewonnen
haben würde; denn wenn auch die Sachsen nach Hause
gegangen wären, hätte ich doch vor wie nach detachiren
müssen, um den Fürsten von Anhalt zu verstärken. Ausserdem hätte ich nicht Lebensmittel genug zu Glatz gehabt,
um den ganzen Feldzug auf Kosten dieses einzigen Magazins
zu unternehmen. Die Diversionen, welche man durch Detache-

ments macht, nöthigen auch den Feind, aufzubrechen. Alle
Dinge, welche man unternimmt, wenn der Feind nicht darauf
vorbereitet gewesen, machen ihn irre und bringen ihn dahin,
dass er aufbrechen muss. Von solcher Art sind die Passagen über Gebirge, welche er für ungangbar hält, und
welche doch fast alle gangbar zu machen sind. Desgleichen
die Ueberschreitung von Flüssen, ohne dass es der Feind
gemerkt hat. Man lese den Feldzug des Prinzen Eugen
vom Jahre 1700 in Italien; sein Zug über die Alpen ver-
eitelte vollständig die Pläne Vendôme's. Wir wissen, was
für eine Confusion bei der französischen Armee 1744 entstand, als sie der Prinz von Lothringen durch den Uebergang über den Rhein überraschte. Solche wohlüberlegte
Unternehmungen erzeugen jedesmal den gehofften Erfolg,
und so oft ein General seine Bewegungen wohlüberdacht
einrichtet und für wichtige Zwecke berechnet, wird er den
Feind auf die Defensive bringen, und ihn nöthigen, sich
nach ihm zu richten.

Artikel XXI.

Von dem Uebergange über Flüsse.

Steht der Feind einmal auf der andern Seite eines
Stromes, über den Ihr gehen wollt, so ist Gewalt vergeblich, und Ihr müsst Eure Zuflucht zur List nehmen.
Man muss, wenn nämlich ein grosser Fluss zu passiren ist,
es so machen, wie Cäsar und der Prinz Karl von Lothringen, als sie über den Rhein, oder wie Prinz Eugen, als
er über den Po ging. Diese Feldherren schickten einige
Detachements ab, um den Feind zu täuschen, und um ihm
den Ort zu verbergen, welchen sie zu ihrem Uebergange gewählt hatten. Sie liessen an Stellen, wo es gar nicht ihre
Absicht war, den Fluss zu passiren, Anstalten zu Brücken
machen; und ihre Hauptarmee gewann durch einen Marsch
bei Nacht einen Vorsprung, welchen sie nöthig hatte,

um über den Fluss zu kommen, bevor diejenigen, welche
es verhindern sollten, es bemerken konnten. Unter solchen
Umständen wählt man zum Uebergange Oerter, wo im
Flusse Inseln sind, welche die Operationen erleichtern.
Man sieht es auch gern, wenn man jenseit des Ufers
Holzungen oder sonst etwas findet, das den Feind hindert anzugreifen, ehe Ihr herausrückt. Die Massregeln
zu solchen Unternehmungen müssen ganz besonders vorgenommen werden, damit die Schiffe oder Pontons und
alle übrigen dazu gehörigen Geräthschaften insgesammt
zur bestimmten Stunde an Ort und Stelle seien, und jeder
Pontonirer oder Schiffer unterrichtet sei, was er zu thun
habe, um dadurch Verwirrung zu verhüten, welche gar
leicht bei dergleichen nächtlichen Expeditionen entstehen.
Darauf schickt man Truppen nach dem jenseitigen Ufer,
um Posto zu fassen. Bei allen Uebergängen über breite
Flüsse muss man sorgfältig die beiden Brückenköpfe re-
tranchiren. Man befestigt auch die Inseln, die zunächst
liegen, um die Verschanzungen zu unterstützen, damit der
Feind während der Zeit, dass diese Operationen gegen
ihn erfolgen, Eure Brücke nicht wegnehmen oder zerstören könne.

Wenn der Fluss schmal ist, so wählt man zum Uebergange einen Ort, wo er eine Krümmung hat, ferner wo
das Ufer hoch und von einer Seite dominirt ist. Auf dieses
Ufer stellt man so viel Kanonen, als möglich, und besetzt
es mit Infanterie. Unter solchem Schutze schlägt man
seine Brücken, und passirt sie alsdann. Da aber die Krümmung, welche der Fluss macht, das Terrain einschränkt,
so muss man nur ganz langsam vorrücken und immer
mehr Terrain gewinnen, nämlich so wie immer mehr und
mehr Truppen passiren und es besetzen können. Giebt
es Furthen im Flusse, so bestimmt man diese für die
Cavallerie.

Artikel XXII.

Wie man Flüsse vertheidigt.

Es ist sehr schwer, wo nicht gar unmöglich, dem Feinde die Passage über einen Fluss zu verwehren, besonders wenn die Strecke, in welcher der Angriff geschehen kann, sehr ausgedehnt ist. Ich würde niemals einen solchen Auftrag übernehmen, wofern die Front, die ich vertheidigen sollte, mehr als acht deutsche Meilen betrüge, und ich nicht zugleich eine oder zwei Redouten auf dieser Strecke am Flusse liegen hätte, und sich nicht Stellen dort befänden, wo man zu Fuss passiren oder durchwaten könnte. Wenn aber auch alles dergestalt beschaffen wäre, so gehört doch eine gewisse Zeit dazu, um sich auf die Unternehmungen des Feindes vorzubereiten.

Die Dispositionen, welche man alsdann zu machen hätte, sind ungefähr folgende: Man lässt alle Fahrzeuge und Schiffe wegnehmen, welche sich auf dem Flusse befinden, und sie nach den beiden Redouten bringen, und zwar in der Absicht, um den Feind zu verhindern, sich ihrer bedienen zu können; alsdann muss man die beiden Ufer des Flusses recognosciren, um diejenigen Orte zu bemerken, welche den Uebergang beschützen können, und sie zugleich demoliren lassen. Man merkt sich alle die Orte, die den Uebergang des Feindes begünstigen können, und bildet einen Plan zum Angriff auf jeden dieser Orte insbesondere, der auf dem Terrain selbst geschehen muss. Nachher lässt man grosse und breite Wege für verschiedene Colonnen längs dem Ufer Eurer Vertheidigungslinie machen, um bequem und ohne Hinderniss gegen den Feind marschiren zu können. Nachdem man alle diese Vorsichtsmassregeln genommen hat, muss man sich mit seiner Armee in dem Centrum dieser Linie so lagern, dass man nicht mehr als vier Meilen zu marschiren hat, um zu dem einen oder zu dem andern Ende zu gelangen. Man macht ferner sechzehn kleine Detachements, unter Commando der geschicktesten und wachsamsten Husaren- oder Dragoner-Officiere der Armee, wovon acht, unter Commando eines Generals, die Seite zur Rechten, und acht, unter Commando eines andern Generals, die zur Linken unter sich zu theilen haben. Diese Detachements macht man, um von den Bewegungen des Feindes benachrichtigt zu werden, und von dem Orte, wo er über den Fluss gehen will. Sie müssen den Tag über Feldwachen ausstellen, um alles, was vorgeht, zu entdecken; des Nachts aber von einer Viertelstunde zur andern nahe an dem Flusse patrouilliren, und sich nicht zurückziehen, als bis sie ganz deutlich gesehen haben, dass der Feind eine Brücke schlägt und seine Tête passirt ist. Gedachte beide Generale und die beiden Commandanten der Redouten müssen des Tages viermal Rapport an den commandirenden Chef der Armee abstatten, und es müssen auf dem Wege von ihnen bis zur Armee Relais angelegt werden, damit die Rapports desto geschwinder überbracht werden, und man sofort Nachricht haben könne, wenn der Feind passirt. In diesem Falle ist es unbedingt Schuldigkeit des Generals, augenblicklich dahin zu marschiren. Zu diesem Ende muss er seine Bagage schon weggeschickt haben und immer zum Aufbruche bereit sein. Da er alle Dispositionen deshalb schon vorher fertig hat, so stellt er diese seinen untergebenen Generalen sofort zu. Er muss eilig marschiren und alle seine Infanterie vorwärts nehmen, weil er voraussetzen kann, dass sich der Feind verschanzt haben wird; darauf muss er denselben auf das lebhafteste und ohne zu schwanken angreifen; auf solche Art kann er sich den glänzendsten Erfolg versprechen.

Der Uebergang über kleine Flüsse ist schwerer zu verhindern. Man muss die Stellen, welche zu durchwaten sind, durch hineingeworfene Bäume ungangbar machen. Doch wenn das Ufer auf der Seite des Feindes höher ist, als das diesseitige, so ist aller Widerstand vergebens.

Artikel XXIII.

Vom Ueberfalle der Städte.

Die Städte. welche man überfallen will, müssen übel
bewacht und schlecht befestigt sein. Wenn sie Wasser-
gräben haben, so ist es nicht anders als im Winter möglich. Man überfüllt Städte mit einer ganzen Armee, wie
solches mit Prag 1741 geschah; oder man thut es, nachdem
man die Garnison durch eine lange Blokade eingeschläfert
hat, so wie es der Prinz Leopold von Anhalt mit Glogau
machte. Man überfällt solche ferner durch Detachements, wie es der Prinz Eugen mit Cremona versuchte,
und wie es den Oesterreichern mit Cosel glückte. Die
Hauptregel bei Dispositionen zu Ueberfällen verlangt,
dass man die Festungswerke des Platzes und das Innere
der Stadt gut kenne, damit der Angriff nach der Beschaffenheit der Oertlichkeit gemacht werden kann. Der
Ueberfall von Glogau war ein rechtes Meisterstück, welches
alle diejenigen, welche Ueberfälle machen wollen, nachahmen sollten. Der von Prag war nicht so ausserordentlich;
denn, da die Besatzung eine gar weitläufige Stadt zu vertheidigen hatte, so war es nicht zu verwundern, dass man
sich derselben durch vielfältige Angriffe bemeisterte. Cosel
und Cremona wurden durch Verrätherei weggenommen,
und zwar ersterer Ort, weil ein Officier der Garnison,
welcher desertirt war, den Oesterreichern entdeckte, dass
die Vertiefung des Grabens noch nicht völlig beendigt
wäre. Sie passirten denselben und nahmen den Ort.[1] Bei
kleinen Städten sprengt man die Thore; jedoch ist es
nöthig, vor alle übrigen Thore Detachements zu schicken.
damit sich der Feind nicht retten kann. Wenn man
dabei Geschütz brauchen will, muss man es so stellen, dass
die Kanoniere vor dem kleinen Gewehre gedeckt sind; oder
man läuft Gefahr, das Geschütz zu verlieren.

---

[1] Cosel wurde am 27. Mai 1745 genommen.

Artikel XXIV.

Von dem Angriffe auf feste Plätze und von deren Vertheidigung.

1. Der Angriff.

Die Belagerungskunst ist ein Handwerk geworden, wie das des Schreiners und Uhrmachers. Sie hat ganz bestimmte Regeln. Ihre Geschäftsübung geht immer denselben Gang, stets die nämliche Theorie auf den nämlichen Fall anwendend. Jedermann weiss, dass man zum Depot des Verschanzungsendes einen gedeckten Ort wählt, dass man die erste Parallele so nahe wie möglich an den bedeckten Weg legt, dass man, wenn man keine Eile hat, die Sappe benutzt, um Leute zu schonen, dass man Brunnen baut, um Minen aufzudecken, dass man die der Feinde ausbläst, dass man nach Nivellirung des Terrains die Ueberfluthungen ablässt, dass man den schwächsten Punkt angreift, dass die ersten Batterien das Vertheidigungsgeschütz demontiren, dass sie sich in dem Masse dem Platze nähern, als man neue Parallelen macht; dass man nach der zweiten oder dritten Parallele Ricochet-Batterien anlegt, um die Verlängerungslinien zu bestreichen, dass, sobald man sich auf dem Glacis befindet, die Gegenhalde angreift, dass man Batterien auf demselben errichtet, um Bresche zu schiessen, dass man diese Werke durch neue Angriffe nimmt, bis man dem Platze selbst näher kommt, wo, wenn man neue Breschen gemacht hat, neue Batterien die Galerien zu machen gestatten, um den letzten Sturm auszuführen. Hierauf capitulirt der Commandant und übergiebt seine Stadt. Alle diese Dinge sind einer bestimmten Berechnung unterworfen, und man kann, selbst abwesend, ziemlich genau vorhersagen, an welchem Tage sich eine Stadt ergeben wird, wenn nicht ausserordentliche Umstände dabei im Spiele sind oder ein Commandant von grossem Verdienst durch Festigkeit und gute Vertheidigungsmittel die Belagerer hemmt.

Ich will nicht wiederholen, was der Fürst von Anhalt[1]) und Vauban gesagt haben; sie sind unsere Meister;
ihnen verdanken wir die Regeln einer Kunst, die früher
nur sehr wenigen Personen bekannt war. Ich füge hier
nur einige Gedanken bei, die sich mir beim Nachdenken
über diesen Stoff aufgedrängt, und die man vielleicht gebrauchen kann; besonders wenn die belagerten Plätze nur
trockene Gräben besitzen und der General seine Absicht
gut verbirgt. Ich glaube zum Beispiel, dass sich recht gut
zwei Angriffswerke vor einer Stadt ausführen liessen, und
man, nachdem sich diese genugsam der Gegenhalde ge-
nähert, um dieselbe erstürmen zu können, von der andern
Seite der Stadt, und zwar in der Nacht, ein starkes Detachement, das man zu diesem Zwecke reservirt, vorrücken lassen könnte. Dasselbe müsste eine halbe Stunde
vor Tagesanbruch den Sturm beginnen. Zu gleicher Zeit
muss man aus sämmtlichen Geschützen der Batterien der
beiden Angriffswerke feuern lassen, damit der Feind, im
Glauben, Ihr wolltet die Gegenhalde nehmen, seine ganze
Aufmerksamkeit hierauf richte, und während dessen der
ihn überraschende Sturm, ohne Widerstand zu erfahren,
gelinge. Ich bin fest überzeugt, dass der Feind nur gegen
den einen oder den andern Angriff herbeieilen und einen
der drei vernachlässigen würde, und die Belagerer dies benutzen und den Platz von dieser Seite nehmen könnten.
Man darf jedoch solche Unternehmungen nur dann wagen,
wenn die Zeit drängt, und man wichtige Ursachen hat, die
Belagerung zu beendigen.

2. Die Vertheidigung.

Nichts beschützt einen Platz besser als die Minen und
Ueberfluthungen. Es bedarf vieler Geschicklichkeit, um

---

[1]) Dies bezieht sich auf das Werk des Fürsten von Anhalt-Dessau:
„Deutliche und ausführliche Beschreibung, wie eine Stadt soll belagert
und nachher die Belagerung mit gutem Success bis zur Uebergabe ge-
fuhrt werden." 1783.

sich derselben zur richtigen Zeit mit allen Vortheilen zu
bedienen. Die Kunst, Plätze zu vertheidigen, beschränkt
sich darauf, ihre Uebergabe aufzuhalten. Die Mittel, welcher
man sich in dieser Absicht bedient, sind nicht immer die
nämlichen. Manche Officiere legen zu viel Werth auf die
Ausfälle. Mich dünkt, dass ein Mann, den die Garnison
verliert, mehr für dieselbe ist, als zwölf für die Belagerer.
Die grossen Ausfälle setzen auch grossen Verlusten aus und
führen selbst sehr oft zu nichts. Wenn ich in einem Platze
commandirte, machte ich nur dann grössere Ausfälle, wenn
die Armee in der Nähe wäre, um mich zu unterstützen;
denn es geschähe alsdann ohne grössere Wagnisse. Ich
würde sogar während der Schlacht meine grössten Anstrengungen in den Laufgräben machen, um eine Diversion gegen den Feind zu unternehmen. Im Falle aber, wo
ich keine Hülfe zu erwarten hätte, und ich mich nur auf
meine eigenen Kräfte beschränkt sähe, würde ich alle
meine Anstrengungen darauf richten, Zeit zu gewinnen.
Ich habe noch bei allen Belagerungen, die ich gemacht,
bemerkt, dass schon ein einziger Flintenschuss im Stande
ist, die Arbeiter in die grösste Verwirrung zu setzen;
sie reissen aus und sind nicht wieder für die nächtlichen
Arbeiten zusammenzubringen. Ich habe mir also gedacht,
dass man dadurch, dass man jede Nacht zu verschiedenen
Malen Ausfälle von zwölf Mann auf die Arbeiter machte,
dieselben zerstreuen und so den Feinden eine Nacht nach
der andern verlieren machen würde. Auf diese Weise richte
ich, ohne etwas zu wagen, viel aus und schone meine Besatzung, um mich derselben in den Werken zu bedienen,
wo die wirkliche Vertheidigung des Platzes erst beginnt.
Hier würde ich meine Geschützfeuer lange vorher vorbereiten; wenn es sich zum Beispiel um den Sturm auf
den verdeckten Weg handelte, würde ich nur wenige Leute
zurückbehalten, indem ich die unmittelbar dahinter liegenden Werke, sowie die Seitenwerke mit Infanterie und

6*

Geschütz gut versähe. Alsdann bereitete ich zwei Ausfälle vor, mit welchen ich ihnen, wenn sie an ihren Verschanzungen zu arbeiten begännen, in die Flanken fallen und sie verjagen würde. Dies Manöver kann so oft wiederholt werden, als es dem Commandanten gefällt, und wird, wenn gut ausgeführt, immer sehr verlustreich für die Feinde sein.

3. Vertheidigung gegen Ueberrumpelungen.

Man schützt die Plätze vor Ueberrumpelungen, indem man die Umgegend, besonders vor dem Zapfenstreich und dem Morgenschuss, oft durchstreifen lässt. An den Marschtagen verdoppelt man die Wachen und lässt alle, die in die Stadt kommen, untersuchen, ob sie bewaffnet sind. Im Winter lässt man das Eis in den Gräben aufhauen und die Wälle mit Wasser begiessen, wodurch sie durch den Frost glatt und unersteigbar werden. Man legt selbst kleine Posten Infanterie in Häuser, welche sich in der Nähe des Platzes befinden, damit sie uns durch Schüsse von der Annäherung des Feindes benachrichtigen. Man vertheilt seine Posten auf den Wällen, in der Garnison und behält eine Reserve, um sich derselben im Nothfalle zu bedienen.

Artikel XXV.
Von den Treffen und Schlachten.

1. Ueberfall der Lager.

Es ist sehr schwer, die Oesterreicher in ihrem Lager zu überfallen, wegen der leichten Truppen, die sie immer um sich haben. Wenn zwei Armeen nahe bei einander stehen, so entscheiden sie gewöhnlich ihre Sache bald, oder eine von beiden besetzt einen unangreifbaren Posten, welcher sie vor Ueberfällen deckt. So etwas kommt selten zwischen Armeen vor; aber zwischen Detachements ist es ganz gewöhnlich. Wenn man einen Feind in seinem Lager

überfallen will, so darf er gar nicht daran denken, dass
es geschehen könne, und muss sich entweder auf seine
Ueberlegenheit, oder auf die Festigkeit seines Postens,
oder auf seine guten Nachrichten, oder endlich auf die
Geschwindigkeit seiner Truppen gänzlich verlassen. Bei
allen Entwürfen, welche man macht, ist es Hauptsache,
dass man zuerst das Land und die Localstellung des Feindes
kenne, ferner alle Wege, welche nach seinem Lager gehen,
und danach seine Generaldisposition mache, welche sich
gänzlich auf die Kenntniss der einzelnen Umstände gründen muss. Man sucht die geschicktesten Jäger aus, welche
am besten mit den Wegen bekannt sind, um die Colonnen
zu führen. Man muss besonders seine Absichten sehr geheim halten, weil das Geheimniss die Seele von dergleichen
Ueberfällen ist; alsdann lässt man seine leichten Truppen
unter diesem oder jenem Vorwande vorausgehen; in der
That aber, um nicht von einem Bösewicht von Deserteur
verrathen zu werden. Diese Husaren machen auch, dass
die Patrouillen des Feindes sich nicht so leicht vorwagen
und die Bewegungen Eurer Armee gewahr werden. Sodann
muss man den untergeordneten Generalen die Instructionen
geben, und zwar für alle Fälle, so, dass sie wissen, was
sie bei jedem Ereignisse zu thun haben. Wenn das Lager
des Feindes in einer Ebene liegt, so kann man eine Avantgarde von Dragonern bilden, welcher man Husaren zugiebt.
Diese fallen dann zusammen mit verhängtem Zügel in des
Feindes Lager, bringen alles in Verwirrung und hauen
nieder, was ihnen vorkommt. Man muss sie übrigens mit
der ganzen Armee unterstützen, seine Infanterie vorwärts
nehmen und vor allen Dingen die Infanterie den Flügeln
der feindlichen Cavallerie entgegenstellen. Die Attake der
Avantgarde muss eine halbe Stunde vor Tagesanbruch
anfangen, die Armee aber alsdann nur 800 Schritte entfernt sein. Während des Marsches muss alles sehr still
sein, kein Wort darf gesprochen und den Soldaten das

Tabackrauchen verboten werden. Sobald die Attake beginnt und der Tag anbricht, muss die Infanterie in vier
bis sechs Colonnen formirt sein und alsdann ganz gerade
auf das Lager marschiren, um die Avantgarde zu unterstützen. Vor Anbruch des Tages darf dieselbe nicht schiessen,
denn man könnte sonst leichter die eigenen Leute als die
Feinde verwunden; sobald man aber sehen kann, muss
man auf diejenigen Oerter feuern lassen, in welchen die
Avantgarde noch keine Verwüstungen angerichtet, hauptsächlich aber auf die Flügel der feindlichen Cavallerie,
damit die Reiter, weil sie nicht Zeit haben, ihre Pferde zu
satteln und zu zäumen, genöthigt werden, zu Fusse weg-
zulaufen und dieselben im Stiche zu lassen. Der Feind
muss bis auf die andere Seite des Lagers verfolgt werden,
und man detachirt die ganze Cavallerie auf ihn, um aus
seiner Unordnung und Verwirrung Nutzen zu ziehen. Sollte
der Feind seine Waffen preisgeben, so müsste man in seinem
Lager ein grosses Detachement als Wache lassen, sich
auch nicht mit Plündern aufhalten, sondern vielmehr den
Feind mit der grössten Energie verfolgen, und zwar um
so mehr, als man nicht so leicht eine so schöne Gelegenheit wiederfinden wird, die feindliche Armee gänzlich zu
ruiniren, und sich dadurch für den übrigen Theil des Feldzuges freie Hand verschafft. Das Glück hatte mir vor der
Schlacht bei Mollwitz eine solche Gelegenheit beschieden;
denn wir kamen an den Marschall Neipperg, ohne dass
Jemand von dem Feinde erschien. Seine Truppen cantonirten in drei Dörfern; ich hatte aber zu jener Zeit noch
nicht genug Einsicht, um davon Nutzen zu ziehen. Was
ich aber damals hätte thun sollen, ist dies: Ich musste
das Dorf Mollwitz zwischen zwei Colonnen Infanterie
nehmen und alsdann angreifen. Zu gleicher Zeit musste
ich nach den andern beiden Dörfern, wo die österreichisch
Cavallerie war, Dragoner detachiren, um jene in Verwirrung zu bringen, wozu dann auch Infanterie kommen

mussrte, um sie am Aufsitzen zu hindern. Ich bin überzeugt, dass auf diese Art die ganze feindliche Armee verloren' gewesen wäre.

2. Vorsichtsmassregeln gegen Ueber-
raschungen.

Ich habe schon gesagt, was für Vorsichtsmassregeln
wir in unsern Lagern treffen, und wie wir solche bewachen
sollen. Wenn ich aber voraussetze, dass, ungeachtet aller
dieser Vorkehrungen, der Feind sich der Armee nähern
könnte, so würde ich dies rathen: Die Truppen müssten
sich rasch auf dem Terrain, das ihnen angewiesen ist, in
Schlachtordnung aufstellen, die Cavallerie mit Ungestüm,
was vor ihr liegt, angreifen, die Infanterie aber auf ihrem
Posten bleiben, und ihr Pelotonfeuer mit allermöglichen
Lebhaftigkeit machen, bis zu Anbruch des Tages, wo die
Generale alsdann zu beurtheilen hätten, ob vorgerückt
werden müsse, ob unsere Cavallerie siegreich gewesen oder
geschlagen worden, und was sie sonst unternehmen könnten.
Bei solchen Gelegenheiten muss jeder General seinen Entschluss selbst fassen und für sich agiren, ohne die Ordre
des commandirenden Generals abzuwarten.

Ich für meinen Theil würde niemals mitten in der
Nacht angreifen, weil die Dunkelheit derselben allerlei
Verwirrung verursacht, und weil viele Soldaten ihre Pflicht
nur dann thun, wenn man sie unter Augen hat, und sie
Strafe befürchten müssen. Karl XII. griff im Jahre 1715
auf der Insel Rügen den Fürsten von Anhalt in der
Nacht an, als dieser soeben gelandet war. Der König
von Schweden hatte aber auch Ursache dazu; denn er
wollte seine grosse Schwäche verbergen, welche man
bei Tage entdeckt haben würde; er hatte nicht mehr als
4000 Mann, womit er 20,000 Mann angriff, und wurde
geschlagen.

3. Angriff eines verschanzten Lagers.

Wenn Ihr genöthigt seid, einen verschanzten Feind anzugreifen, so thut dies gleich, und lasst ihm nicht Zeit, seine Arbeit zu vollenden. Denn was den ersten Tag gut wäre, wird öfters den zweiten Tag schlecht; ehe Ihr aber angreift, recognoscirt selbst des Feindes Posten. Die ersten Dispositionen, nach welchen Ihr Euren Angriff berechnet habt, werden den Erfolg Eures Unternehmens erleichtern oder erschweren. Die meisten Verschanzungen werden weggenommen, weil sie nicht wohl angelehnt sind. Die von Turin wurden von einer Seite genommen, auf welcher der Fürst von Anhalt genug Terrain fand, um sie zu umgehen. Die Schanzen von Malplaquet wurden durch das Gehölz, welches auf der Linken Villars' lag, umgangen. Hätte man gleich bei Anfang der Schlacht an diese Attake gedacht, so würden die Alliirten bis 15,000 Mann gespart haben. Wenn sich eine Verschanzung an einen Fluss anlehnt, wo er durchwatbar ist, so muss man dieselbe auf dieser Seite angreifen. Die Schanzen von Stralsund, welche die Schweden errichtet hatten, wurden genommen, weil man dieselben von der Seite des Meeres aus, wo dasselbe am Ufer durchwatbar war, angreifen konnte, und die Schweden dadurch zwang, sie zu verlassen. Wenn die Verschanzungen der Feinde zu weitläufig und von einem gar zu grossen Umfange für die Truppen, welche sich darin befinden, sind, so bildet man verschiedene Angriffe, und bemeistert sich so ganz gewiss derselben; jedoch muss man in solchen Fällen seine Dispositionen vor dem Feinde verbergen, damit er sie nicht im Voraus gewahr werde und Euch sodann seine Force entgegensetze. Ich formire nämlich eine Linie von 20 Bataillonen, meinen linken Flügel lehne ich an den Fluss. Ich nehme 12 Bataillone zur Attake zur Linken, wo ich eindringen will, und 8 Bataillone zur Rechten. Die Truppen, welche angreifen sollen, sind mit

Intervallen en échiquier aufgestellt; meine übrige Infanterie macht die dritte Linie, und meine Cavallerie, 400 Schritte hinter der Infanterie, macht die vierte. Auf diese Art hält meine Infanterie den Feind in Respect und ist bei der Hand, um die geringste falsche Bewegung, die er macht, zu benutzen. Diese Attaken verlangen besondere Dispositionen, und es muss jeder eine gewisse Anzahl Arbeiter mit Schaufeln, Hacken und Faschinen beigegeben werden, um den Graben auszufüllen, und um in den Verschanzungen Oeffnungen für die Cavallerie zu machen, sobald man in dieselben hineinkommt. Die Infanterie, welche angreift, darf nicht schiessen, und muss sich, sowie sie sich der Verschanzung bemeistert hat, in Schlachtordnung auf der Brustwehr aufstellen und feuern. Die Cavallerie rückt alsdann durch die von den Arbeitern gemachten Oeffnungen hinein, formirt sich und attakirt den Feind, wenn sie dazu stark genug ist. Wird sie zurückgeworfen, so sammelt sie sich wieder unter dem Feuer der Infanterie, bis endlich die ganze Armee eingedrungen und der Feind völlig verjagt ist.

4. Vertheidigung eines verschanzten Lagers.

Ich habe schon gesagt und wiederhole nochmals, dass ich meine Armee niemals verschanzen würde, es sei denn, dass ich eine Belagerung unternähme; und auch dann würde es besser sein, dem zum Succurs vorrückenden Feinde entgegenzugehen. Aber nehmen wir nichtsdestoweniger einmal an, wir wollten uns verschanzen. Für diesen Fall will ich die allervortheilhafteste Art, wie man dies macht, hier anführen. Man nimmt ein kleines Terrain in Besitz, um es vollständig zu besetzen, und hält noch zwei oder drei grosse Reserven Infanterie bereit, um sie in der Schlacht nach demjenigen Orte schicken zu können, wo der Feind die grössten Anstrengungen macht. Man besetzt die Brustwehr mit Bataillonen und stellt eine Reserve dahinter, die sie von allen

Seiten unterstützen kann. Die Cavallerie ist hinter der Reserve in einer Linie aufgestellt; die Verschanzung muss gut angelehnt werden, damit man sie nicht umgehen kann. Wenn diese an einen Fluss stösst, so muss der Graben der Verschanzung so weit in den Fluss hineingeführt werden, dass dieselbe nicht umgangen werden kann. Wenn die Verschanzung an ein Gehölz stösst, so legt man auf dieser Seite derselben eine Redoute an und macht vorn einen so starken Verhau, als nur möglich ist.

Die Redans müssen auf das Beste flankirt werden. Man macht den Graben sehr breit und tief, und vervollständigt täglich die Werke der Verschanzung, indem man entweder die Brustwehre verstärkt, die Barrièren mit Pallisaden versieht oder Wolfsgruben machen lässt, oder indem man das ganze Lager mit spanischen Reitern umgiebt. Die Hauptsache ist, 1) den Feind zu zwingen, Euch mit einer kleinen Front anzugreifen; 2) ihn dazu zu bringen, die Hauptpunkte Eurer Schanzwerke anzugreifen. Das vordere Terrain wird durch die Verhaue und den Fluss verengt, und Ihr präsentirt denjenigen, welche Euch angreifen, eine Front, welche ihn überflügelt. Auf Eurem rechten Flügel kann er auch nicht attakiren, weil er sonst die Batterien, die auf jeder Seite des Flügels stehen, in der Flanke und zugleich die Redoute von dem Centrum im Rücken haben würde. Er hat also keine andere Attake, als die der Redouten im Centrum, und muss dieselben ausserdem noch von der Seite des Verhaues angreifen. Weil Ihr den Angriff dort erwartet, so lasst diese Redouten unter allen Werken am stärksten befestigen. Da Ihr also nur ein Werk zu befestigen habt, so wird Eure Aufmerksamkeit durch nichts anderes abgezogen.

Wir kommen nun zu einer andern Art von Verschanzung. Es sind dies die sich flankirenden, hervorspringenden und zurücktretenden Redouten. Diese Art von Befestigung macht die hervorspringenden zum Angriffspunkt,

und da deren nur einige sind, so kann man dieselben
rascher herstellen, als wenn man die ganze Front gleichmässig befestigen müsste. Das Musketierfeuer von den
hervorspringenden Redouten kreuzt sich, mithin dürfen sie
nicht mehr als 600 Schritte von einander entfernt sein.
Unsere Infanterie vertheidigt eine Schanze durch das
Feuern ganzer Bataillone. Jeder Soldat muss mit 100
Schüssen versehen sein; ausserdem bringt man so viel
Kanonen, als man kann, zwischen die Bataillone und in
die Spitze der Redoute. So lange der Feind entfernt ist,
wird er mit Kugeln, auf 400 Schritte aber mit Kartätschen
beschossen. Gesetzt nun, dass, ungeachtet der Stärke Eurer
Verschanzungen und Eures sehr lebhaften Feuers, der Feind
an einem Orte durchdränge, so avancirt alsdann die Reserve-
Infanterie und jagt denselben zurück. Gesetzt aber auch,
dass die Reserve zum Weichen gebracht würde, alsdann
muss die Cavallerie die äussersten Anstrengungen machen,
um den Feind zurückzuwerfen.

5. Warum die Verschanzungen so oft ge- nommen werden.

Die meisten Verschanzungen werden forcirt, weil sie
nicht nach den Regeln gemacht sind, oder weil diejenigen,
welche sie vertheidigen, umgangen werden, oder weil die
Truppen darin furchtsam sind; auch weil derjenige, welcher
attakirt, freier in seinen Bewegungen ist und mehr Kühnheit besitzt. Beispiele haben ausserdem gezeigt, dass, sobald eine Verschanzung an einem Orte forcirt wird, die
ganze Armee den Muth verliert und dieselbe verlässt. Ich
glaube indessen, dass unsere Truppen mehr Entschlossen-
heit haben und den Feind zurückjagen würden, so oft er
eindränge. Wozu werden aber alle diese Erfolge dienen,
da selbst die Verschanzungen Euch hindern, davon Nutzen
zu ziehen?

6. Warum die Linien nichts taugen.

Da sich so viele Missstände in den Verschanzungen finden, so folgt natürlicherweise daraus, dass die Linien von noch schlechterem Nutzen sein müssen. Diese Mode ist in dem neuern Kriege durch den Prinzen Ludwig von Baden aufgekommen, welcher Linien bei Brühl ziehen liess. Die Franzosen machten nachher solche in Flandern, während des Successionskrieges. Ich bleibe dabei, dass sie nichts taugen, weil sie mehr Terrain einnehmen, als man Truppen hat, es zu besetzen, und man gewiss sein kann, dass sie durch wiederholte Angriffe forcirt werden: sie decken folglich das Land nicht und helfen uns zu nichts weiter, als dass sie die Truppen, welche man hineinlegt, um ihren Ruf bringen.

7. Wie man bei ungleichen Kräften den Feind schlagen kann.

Wenn die Anzahl der preussischen Truppen geringer ist, als die des Feindes, so muss man deshalb nicht verzweifeln, ihn zu überwinden; aber es gehört alsdann dazu, dass die Dispositionen des Generals dasjenige ergänzen, was an ihrer Zahl fehlt. Schwache Armeen müssen coupirte und bergige Länder suchen, weil da alle Terrains enge sind, so dass die stärkere Zahl des Feindes, wenn er damit nicht überflügeln kann, ihm nichts nützt und zuweilen selbst zur Last wird. Ich füge noch hinzu, dass man die Flügel einer Armee in einem bergigen und coupirten Terrain besser anlehnen kann, als in der Ebene. Wir hätten niemals die Schlacht bei Soor gewonnen, wenn uns nicht das Terrain begünstigt hätte. Denn obgleich die Zahl unserer Truppen nur bis an die Hälfte der der Oesterreicher reichte, so konnten sie uns doch nicht überflügeln, und das Terrain brachte also eine Art von Gleichheit zwischen den beiden Armeen zu Stande. Meine erste Regel

geht also auf die Wahl des Terrains, die zweite auf die
Disposition der Schlacht selbst. Bei einer solchen Gelegenheit kann meine schräge Schlachtordnung mit Erfolg angewandt werden; man refüsirt dem Feinde einen Flügel und
verstärkt denjenigen, welcher attakiren soll; mit letzterem
müsst Ihr Eure ganze Kraft auf einen Flügel des Feindes
richten, welchen Ihr in die Flanke nehmt. Eine Armee
von 100,000 Mann kann, wenn sie in der Flanke gefasst
wird, von 30.000 Mann geschlagen werden, und die Sache
entscheidet sich alsdann geschwind. Mein rechter Flügel
z. B. macht alle Anstrengungen, ein Corps Infanterie zieht
sich unvermerkt in's Holz, um die feindliche Cavallerie
auf den Flanken anzugreifen und die Attake unserer Cavallerie zu beschützen. Einige Regimenter Husaren haben
den Befehl, dem Feinde in den Rücken zu fallen; darauf
rückt die Armee vor. Sobald die feindliche Cavallerie geschlagen ist, so attakirt die Infanterie in dem Holze den
Feind in der Flanke, während der Zeit, dass Eure andere
Infanterie dieselbe in der Front angreift. Den linken Flügel
darf man nicht eher anrücken lassen, bis der linke Flügel
des Feindes völlig geschlagen ist. Die Vortheile dieser
Position sind: 1) es kann eine geringe Anzahl Truppen sich
mit einem überlegenen Corps messen; 2) attakirt ein Theil
der Armee den Feind auf einer entscheidenden Seite; 3) ist,
wenn Ihr geschlagen worden, doch nur ein Theil von
Eurer Armee geschlagen worden, die übrigen drei Viertel,
die noch frisch sind, dienen Euch, den Rückzug zu machen.

8. Von den Posten.

Wenn der Feind einen Posten einnimmt, muss man
dessen Stärke und Schwäche wohl beobachten, bevor man
die Dispositionen zum Angriffe macht, und man entscheidet
sich allezeit für den Ort, wo man den wenigsten Widerstand zu fürchten hat. Die Attaken der Dörfer kosten so
viele Menschen, dass ich mir ein Gesetz daraus gemacht

habe, dieselben zu vermeiden, wenn ich mich nicht unumgänglich dazu gezwungen sehe; denn man kann den
Kern seiner Infanterie dabei verlieren. Es giebt Generale,
welche meinen, dass man einen Posten nicht besser als
im Centrum angreifen könne. Stellen wir uns einen solchen
Posten vor und nehmen wir an, der Feind habe zwei Städte
und zwei Dörfer an beiden Flügeln, so ist gewiss, dass,
indem man das Centrum forcirt, die Flügel verloren sind,
und dass man durch solche Attaken die glänzendsten Siege
erringen kann. Ich füge hinzu, dass, wenn Ihr glücklich
seid, Ihr die Attake vergrössern müsst, und wenn Ihr
durchbrochen habt, Ihr einen Theil des Feindes nach
seiner Rechten, den andern nach seiner Linken zurückwerfen müsst.

Bei den Posten ist nichts verderblicher, als die Batterien von Kanonen, mit Kartätschen geladen, welche eine
schreckliche Zerstörung in den Bataillonen verursachen.
Ich habe bei Soor und bei Kesselsdorf Batterien angreifen
sehen, und da ich bei den Feinden zweimal den nämlichen
Fehler entdeckt habe, so hat mich dies auf eine Idee gebracht, welche ich hier auf alle Fälle mittheilen will.

Ich nehme an, dass man eine Batterie von fünfzehn
Geschützen, die man nicht umgehen kann, wegnehmen
müsse. Ich habe gesehen, dass das Feuer der Geschütze
und das der Infanterie, welche die Batterie unterstützt,
dieselbe unzugänglich macht. Wir haben die Batterien
der Feinde nicht anders genommen, als durch ihre Fehler.
Unsere Infanterie, welche dieselbe anfiel, wich, nachdem
sie halb ruinirt war, zum zweiten Male zurück; die feindliche Infanterie wollte sie verfolgen und verliess ihren
Posten. Durch diese Bewegung wurde derselben ihr Geschütz unnütz, und unsere Leute, die dem Feinde auf dem
Fusse folgten, kamen mit ihnen zu gleicher Zeit an die
Batterie und bemeisterten sich derselben. Diese beiden
Erfahrungen haben mich auf den Gedanken gebracht, dass

man in solchen Fällen das thun müsse, was unsere Truppen damals gethan haben, nämlich eine Attake in zwei Linien, en front échiquier zu formiren, und hinter diese einige Schwadronen Dragoner zu setzen, um sie zu unterstützen, sodann der ersten Linie die Ordre zu geben, nur schwach anzugreifen und sich in die Intervalle der zweiten Linie zu retiriren, damit der Feind, durch diesen Scheinrückzug betrogen, zur Verfolgung eile und seinen Posten verlasse. Diese Bewegung dient alsdann zum Signal, dass man vorwärts marschiren und kräftig angreifen müsse.

9. Von der Vertheidigung der Posten.

Mein Princip ist, niemals mein Vertrauen auf einen Posten zu setzen, wofern es nicht bewiesen, dass derselbe wirklich unangreifbar ist. Die ganze Kraft unsrer Truppen besteht im Angreifen, und wir würden thöricht handeln, wenn wir ohne Ursache darauf verzichten wollten. Inzwischen beobachtet man bei Nehmung der Posten, dass man die Höhen besetze und seine Flügel wohl anlehne. Die Dörfer, welche sich vor der Armee oder auf den Flügeln befinden, würde ich anstecken lassen, wenn nicht der Wind den Rauch in unser eigenes Lager treibt. Wenn jedoch einige massive gute Häuser vor der Armee liegen, so würde ich Infanterie darein postiren, um daraus auf den Feind zu feuern und ihn während der Schlacht zu belästigen. Bei den Posten hat man sich wohl in Acht zu nehmen, dass man seine Truppen nicht vor Oerter placire, wo sie nicht agiren können. Unsere Position bei Grottkau im Jahre 1741 taugte deswegen nichts, weil die Mitte und der linke Flügel derselben hinter ungangbaren Morästen stand, und nur ein Theil des rechten Flügels allein agiren konnte. Villeroi ward bei Ramillies geschlagen, weil er sich so postirt hatte. Sein linker Flügel war ihm ganz unnütz, und der Feind brauchte seine ganze Kraft gegen den rechten Flügel der Franzosen, welcher nicht widerstehen konnte. Ich glaube, dass die preussischen Truppen eben so gut, als die andern, Posten nehmen und sich derselben bedienen können, um von den Vortheilen der Artillerie Nutzen zu ziehen; sie müssen aber auf einmal solche Posten verlassen und dreist angreifen. Der Feind, welcher auf diese Weise, anstatt wie vorher anzugreifen, nun selbst angegriffen wird, sieht dadurch seine Pläne auf einmal vereitelt; abgesehen davon, dass alle Unternehmungen, welche den Feind überraschen, bedeutenden Effect machen.

10. Schlachten auf coupirtem Terrain.

Diese Arten von Schlachten gehören schlechterdings unter die Posten. Man attakirt an dem Orte, welcher der schwächste ist. Ich würde nicht zugeben, dass meine Infanterie bei solcher Gelegenheit feuerte, weil dieselbe dadurch nur aufgehalten werden würde, und es nicht die Anzahl der getödteten Feinde ist, was uns siegen macht, sondern vielmehr das Terrain, welches man gewinnt. Dasjenige also, wodurch Schlachten gewonnen werden, ist, keck und in guter Ordnung gegen den Feind zu marschiren und zu gleicher Zeit Terrain zu gewinnen. Ich füge diesem noch als eine Hauptregel hinzu, dass man in coupirten und schwierigen Terrains 15 Schritte zu den Distancen der Schwadronen geben muss, wogegen sie in ebener Fläche geschlossen bleiben müssen. Was die Linie der Infanterie anbetrifft, so darf dieselbe keine Lücken haben, als nur diejenigen, welche für die Kanonen erfordert werden. Nur bei den Angriffen auf Batterien oder Dörfer, oder bei den Arrièregarden und Rückzügen setzt man die Infanterie und Cavallerie en échiquier, damit die Corps sich ohne Verwirrung wieder zusammenziehen können, oder dass Eure erste Linie gleich und auf einmal verstärkt werden kann, wenn nämlich die zweite durch die Intervalle der ersten Linie einrückt; bei Rückzügen aber

müssen die Linien sich ohne Verwirrung zurückziehen,
und eine die andere allzeit unterstützen können. Dieses
ist eine Hauptregel.

11. Von den Schlachten auf ebenem Felde.

Ich habe hier Gelegenheit, einige Hauptregeln zu geben
in Bezug auf das, was man zu beobachten hat, wenn man
die Armee im Angesichte des Feindes formirt, es sei bei
welcher Gelegenheit es wolle. Die erste Regel ist, dass
man gewisse Gesichtspunkte bezüglich der Flügel be-
obachte, z. B. dass der rechte Flügel sich nach dem Kirch-
thurme, der linke nach der Windmühle richte. Ausserdem muss der General seine Truppen zurückhalten, damit
sie nicht eine falsche Stellung nehmen. Es ist nicht immer
nöthig, abzuwarten, bis die ganze Armee vollständig formirt sei, ehe man attakirt. Das geht rasch; und man
könnte durch Langsamkeit seine Vortheile sehr zur Unzeit
einbüssen. Dessenungeachtet ist es nöthig, dass ein ansehn-
licher Theil der Armee aufgestellt sei, und man seine ganze
Aufmerksamkeit auf die erste Linie richte, wonach man
die gegebene ordre de bataille zu richten hat. Die Regimenter des ersten Treffens, im Fall sie nicht alle zur
Stelle wären, werden aus dem zweiten Treffen ersetzt. Man
lehnt seine beiden Flügel oder doch wenigstens einen an,
und zwar denjenigen, womit man seine grössten Anstrengungen machen will.

Die Schlachten in ebenem Felde müssen allgemein
sein; denn da der Feind alle seine Bewegungen frei hat,
so könnte er sich eines Corps, welches ihm zu seiner
Disposition gelassen, bedienen und Euch viel zu schaffen
machen. Auf den Fall, dass einer von den Flügeln nicht
angelehnt ist, ist es Schuldigkeit des Generals, welcher
das zweite Treffen Dragoner commandirt, es die erste
Linie debordiren zu lassen, ohne der Befehl dazu erst
abzuwarten; alsdann müssen die Husaren, welche die dritte

Linie machen, wieder die Dragoner debordiren. Dieses ist eine Hauptregel, und hier die Ursache, warum: Wenn der Feind ein Manöver macht, um Eure Cuirassiere vom ersten Treffen in die Flanke zu nehmen, so fallen ihm Eure Dragoner und Husaren auf seine Flanke, und Eure Cavallerie hat alsdann nichts zu besorgen. Der General, welcher die zweite Linie Infanterie commandirt, bleibt auf 300 Schritte von der ersten Linie. Wenn er in der ersten Linie Lücken bemerkt, so muss er dieselben sofort durch einige Bataillone aus der zweiten Linie füllen lassen. In den Ebenen muss stets eine Reserve von Cavallerie hinter der Mitte der Bataillone stehen; es wird aber erfordert, dass man einen tüchtigen Officier wähle, um diese Reserve zu commandiren. Er muss für sich selbst handeln; sieht er, dass einer der Flügel Succurs nöthig hat, so muss er mit seinen Leuten dahin eilen, und sieht er, dass derselbe geschlagen ist, so muss er dem verfolgenden Feinde in die Flanken fallen, und so der Cavallerie Zeit geben, sich wieder sammeln und aufstellen zu können. Die Cavallerie attakirt in vollem Galopp und engagirt die Affaire. Die Infanterie aber marschirt im Sturmschritt gegen den Feind. Die Bataillons-Commandeure müssen in den Feind brechen und diesen über den Haufen werfen, ohne sich eher des Feuers zu bedienen, als bis er ihnen den Rücken zeigt. Wenn die Soldaten aus eigenem Antriebe zu schiessen anfangen, so müssen sie dieselben das Gewehr wieder schultern und beständig avanciren lassen. Dagegen aber muss mit ganzen Bataillonen auf den Feind gefeuert werden, sobald er den Rücken gekehrt hat. Eine Schlacht, welche sich auf diese Weise engagirt, wird sehr rasch zu Ende sein.

Ich führe eine neue Schlachtordnung vor. Der Unterschied, welchen man gegen andere darin sieht, ist der, dass sich Corps von Infanterie auf den äussersten Flügeln der Cavallerie befinden. Es geschieht dies, um die Cavallerie zu unterstützen. Beim Beginn der Action muss die

Kanonade dieses Corps und der zweite Flügel Infanterie
gegen die feindliche Cavallerie gerichtet sein, damit die
unsrige ein besseres Spiel habe. Wenn ein Flügel der
Cavallerie zurückgeworfen würde, könnte er denselben
nicht verfolgen, weil er sich dadurch zwischen zwei Feuer
setzen würde. Ist inzwischen unsere Cavallerie dem Anscheine nach siegreich, so nähert sich die Infanterie der
des Feindes, und die Bataillone, welche in den Intervallen
beider Treffen stehen, schwenken sich und formiren dadurch Eure Flügel. Diese Bataillone nebst den Corps
Infanterie, welche auf den Flügeln waren, greifen alsdann
den Feind in der Flanke und dem Rücken an, dergestalt,
dass Ihr denselben bald wohlfeilen Kaufs los werdet.
Eure siegreiche Cavallerie muss der des Feindes keine
Zeit lassen, sich wieder zu sammeln, sondern dieselbe in
guter Ordnung verfolgen und, so viel sie nur immer kann,
von der Infanterie abschneiden. Wenn die Verwirrung bei
derselben vollständig ist, muss der General der Cavallerie
sie durch Husaren verfolgen, diese aber durch Cuirassiere
unterstützen lassen und zugleich Dragoner auf den Weg
schicken, welchen die Flüchtlinge der feindlichen Infanterie
nehmen, um sie abzuschneiden und eine grössere Anzahl
von Gefangenen zu machen.

Hier ein anderer Plan, welcher sich von den übrigen
dadurch unterscheidet, dass Schwadronen Dragoner unter
die Infanterie vom zweiten Treffen gemengt sind, und zwar
darum, weil ich bei allen Actionen mit den Oesterreichern
bemerkt, dass, wenn das Feuer der Infanterie eine Viertelstunde gedauert hatte, ihre Bataillone sich alsdann um
ihre Fahne herumwirbelten. Bei Friedeberg brach unsere
Cavallerie auf solche Wirbel ein und machte eine grosse
Anzahl davon gefangen. Wenn also Eure Dragoner sogleich
bei der Hand sind, so müsst Ihr dieselben gleich auf solche
detachiren, welche dadurch ganz gewiss zu Grunde gerichtet
werden. Man wird sagen, dass ich das Schiessen verbiete,

7*

und dass diese Disposition doch ganz auf das Feuer meiner
Infanterie berechnet sei. Ich antworte. dass von zwei
Dingen. die ich voraussehe, eins geschehen wird: entweder
wird meine Infanterie. ungeachtet dass es verboten ist.
schiessen, oder der Feind wird ihr, wenn sie meine Ordres
ausführt, dennoch den Rücken kehren. In dem einen wie
in dem andern Falle muss man die Cavallerie auf ihn
loslassen. sobald er in Verwirrung gerathen. Alsdann werden diese Leute, von einer Seite in die Flanke genommen,
von der andern Seite von vorne angefallen. und zugleich
durch die zweite Linie der Cavallerie von hinten abgeschnitten. fasst alle in Eure Hände fallen müssen. Dieses
wird keine Schlacht. sondern vielmehr die gänzliche Vernichtung Eurer Feinde sein. besonders wenn sich in
der Nähe kein Défilé befindet. welches deren Flucht begünstigt.

Ich schliesse diesen Artikel mit einer einzigen Betrachtung. Wenn Ihr in Linie in die Schlacht marschirt.
es sei nun rechts oder links. so müssen die Pelotons und
Bataillone sehr dichte aufeinanderfolgen. derart. dass.
wenn Ihr anfangt Euch zu entwickeln, sich alles auf das
Rascheste formiren könne. Marschirt Ihr aber in Front.
so müssen die Pelotons und Bataillone gut Distanz halten
und weder drängen, noch zu weit auseinander kommen.
damit Ihr Euch. sobald Ihr in Colonne abmarschirt, rascher
formiren könnt.

12. Von der Artillerie.

Ich unterscheide die schweren Geschütze von den
Feldstücken. die zu den Bataillonen gehören. Die schweren
Geschütze werden bei Anfang der Action auf die Höhen
gepflanzt. die leichten aber 50 Schritte vor der Front;
beide müssen zielen.und genau schiessen. Wenn man bis
500 Schritte an den Feind ist. werden die leichten Geschütze durch Menschen gezogen und können bei den

Bataillonen bleiben, auch beständig im Vorrücken schiessen.
Wenn der Feind fliehet, so avanciren die schweren Geschütze und geben ihm noch einige Déchargen, um ihm
glückliche Reise zu wünschen. Bei jedem Geschütz des
ersten Treffens müssen sechs Kanoniere und drei Zimmerleute von den Regimentern sein. Ich habe vergessen zu
sagen, dass die Kanonen auf 350 Schritte mit Kartätschen
schiessen müssen.

13. Was man bei den Verfolgungen be-obachten muss.

Wozu wird aber die Kunst zu siegen dienen, wenn
man nicht von seinen Vortheilen Nutzen zu ziehen weiss?
Das Blut der Soldaten ganz umsonst zu vergiessen, wäre
so nichts anderes, als sie unmenschlicherweise zur Schlachtbank führen; und in manchen Fällen den Feind nicht verfolgen, um seine Furcht zu vergrössern, oder mehr Gefangene zu machen, ist in gewissem Betracht nichts anderes,
als eine nur soeben erst entschiedene Sache auf's Neue
zur Untersuchung zu bringen. Indessen können Mangel
an Lebensmitteln und grosse Ermüdung eine Armee verhindern, die Ueberwundenen zu verfolgen. Was den Mangel
an Lebensmitteln betrifft, so liegt die Schuld davon an
dem Generale. Wenn er die Schlacht liefert, so hat er
einen Plan, und wenn er einen Plan hat, so muss er alles
zur Ausführung Erforderliche vorher in Stand setzen; mithin ist auf solchen Fall für acht oder zehn Tage Brod
oder Zwieback ganz fertig zu halten.

Was die Ermüdung betrifft, so muss man, im Falle
solche nicht übermässig gewesen, an ausserordentlichen
Tagen auch etwas Ausserordentliches thun. Ist der Sieg
erfochten, so fordere ich, dass man ein Detachement von
den Regimentern mache, welche am meisten gelitten haben,
alsdann für die Verwundeten sorge, und sie nach den Laza-
rethen bringen lasse, die man schon vorher hat in Stand

setzen lassen. Zuvörderst sorgt man für seine Verwundeten, vergisst aber auch die Menschlichkeit und das Mitleid bei denen des Feindes nicht. Unterdessen muss die Armee den Feind bis zum ersten Défilé verfolgen. Er wird in der ersten Bestürzung nicht Stand halten, wofern man ihm nur nicht Zeit lässt, wieder zu sich selbst zu kommen.

Wenn dies alles geschehen ist, so müsst Ihr dennoch die Armee nach den Regeln campiren und Euch durch Sicherheit nicht einschläfern lassen. Ist der Sieg ganz vollständig gewesen, so kann man detachiren, um entweder dem Feinde den Rückzug abzuschneiden, oder aber sich seiner Magazine zu bemächtigen, oder aber auch, um drei oder vier Städte auf einmal zu belagern. Ich kann hierüber keine allgemeinen Regeln geben, sondern man muss sich nach den Umständen richten. Daher setze ich nur noch hinzu, dass man sich niemals einbilden darf, alles gethan zu haben, wenn noch etwas zu thun übrig geblieben. Auch müsst Ihr Euch nicht vorstellen, dass Euer Feind, wenn er sonst gewandt ist, Eure Fehler nicht benutzen sollte, obgleich er geschlagen worden.

14. Von den kleinen Treffen.

Was bei den Armeen am Tage der Schlacht beobachtet wird, muss gleichfalls im Kleinen bei Treffen von Detachements beobachtet werden. Wenn sich die Detachements einen kleinen Succurs verschaffen können, welcher während der Action zu ihnen stösst, so entscheidet das gewöhnlich die Sache zu ihren Gunsten; denn der Feind, indem er solche Verstärkung ankommen sieht, stellt sich dieselbe dreimal stärker vor und verliert den Muth dadurch. Wenn unsere Infanterie es nur mit Husaren zu thun hat, so ordnet man sie oft in zwei Glieder, indem sie dadurch eine grössere Front präsentirt und mit mehr Bequemlichkeit feuert. Es geschieht den Husaren viel Ehre, wenn man ihnen ein Corps Infanterie von zwei Reihen präsentirt.

15. Von den Rückzügen geschlagener Corps.

Bei einer verlorenen Schlacht ist das Schlimmste nicht sowohl der Verlust an Truppen, als vielmehr die grosse Muthlosigkeit, die darauf folgt. Denn vier oder fünftausend Mann mehr oder weniger machen bei einer Armee von fünfzigtausend so sehr viel nicht aus, dass man alle Hoffnung dadurch aufgeben sollte. Ein General, der geschlagen worden, darf den Muth nicht sinken lassen; er muss sich bemühen, ihn auch bei seinen Officieren und Soldaten wieder herzustellen. In dieser Absicht darf er den erlittenen Verlust weder vergrössern noch verkleinern. Ich bitte den Himmel, dass die Preussen nie geschlagen werden mögen; und ich unterstehe mich zu behaupten, dass, so lange sie gut geführt und disciplinirt bleiben, ein solches Unglück nicht zu befürchten sein wird. — Sollte sich aber dennoch ein solcher Zufall ereignen, so wären nachstehende Regeln zu beobachten, um den Verlust zu ersetzen. Wenn Ihr seht dass eine Schlacht unwiederbringlich verloren ist, und dass Ihr die Bewegungen des Feindes nicht verhindern, noch ihnen widerstehen könnt, so müsst Ihr das zweite Treffen der Infanterie nehmen, und, wenn Ihr ein Défilé in der Nähe bemerkt, es nach der Disposition besetzen, welche ich oben, in dem Artikel von den Rückzügen, vorgeschrieben habe; auch so viele Kanonen, als Ihr nur immer könnt, dahin bringen lassen. Habt Ihr kein Défilé in der Nähe, so zieht Euer erstes Treffen durch die Infanterie des zweiten zurück, und lasst es 300 Schritte von da wieder formiren. Sammelt den Ueberrest Eurer Cavallerie und, wenn Ihr sonst wollt, so formirt ein Carré, um Euren Rückzug zu beschützen. In der Geschichte sind zwei Carrés berühmt; das eine, das des Generals von Schulenburg nach der Schlacht bei Fraustadt[1]), durch welches er sich bis zur Oder zu-

---

[1]) Am 7. November 1704.

rückzog, ohne dass Karl XII. ihn forciren konnte; das zweite, welches der Fürst von Anhalt machte, als Styrum die erste Schlacht bei Höchstädt ¹) verlor. Der Fürst marschirte eine Meile weit über eine Ebene, ohne dass die französische Cavallerie ihn anzugreifen wagte. Ich füge diesem allen noch hinzu, dass man, wenn man auch geschlagen wird, sich deswegen nicht zwanzig Meilen weit zurückziehen soll. Vielmehr muss man bei dem ersten guten Posten, den man findet, Halt machen, in seiner Fassung bleiben, die Armee wieder herstellen, und diejenigen Gemüther, welche durch das erlittene Unglück noch muthlos sind, beruhigen.

Artikel XXVI.

Warum und wie man Schlachten liefern soll.

Schlachten entscheiden das Schicksal eines Staates. Wenn man Krieg führt, so muss man allerdings zu entscheidenden Schritten kommen, entweder um sich aus der Verlegenheit zu ziehen, oder seinen Feind hinein zu setzen, oder auch um den Streit auszumachen, der sonst niemals zu Ende kommen würde. Ein vernünftiger Mann darf nie einen Schritt thun, ohne einen triftigen Grund dazu zu haben; und noch viel weniger darf der General einer Armee eine Schlacht liefern, ohne dass er einen wichtigen Zweck dadurch zu erreichen sucht. Wird er von dem Feinde dazu gezwungen, so hat er gewiss einige Fehler begangen, die ihn nöthigen, sich von seinem Feinde das stolze Gesetz einer Schlacht vorschreiben zu lassen. Ihr werdet sehen, dass ich bei dieser Gelegenheit mir selbst keine Lobrede halte. Denn unter den fünf Schlachten, welche meine Truppen dem Feinde geliefert, waren nur drei, die ich vorher beschlossen hatte; zu den beiden übrigen

¹) Am 10. September 1703.

bin ich gezwungen worden; nämlich zu der bei Mollwitz, weil die Oesterreicher sich zwischen meine Armee und Ohlau gesetzt hatten, wo meine Artillerie und meine Lebensmittel waren. Zu der bei Soor wurde ich genöthigt, weil die Oesterreicher mir den Weg nach Trautenau abschnitten, und ich also, ohne mein grösstes Verderben, nicht vermeiden konnte, mich in ein Gefecht einzulassen. Man sehe aber, was für ein Unterschied zwischen gezwungenen Schlachten und solchen, die man vorher beschlossen. Welchen glücklichen Erfolg hatten nicht die von Friedeberg und von Kesselsdorf, nicht weniger die von Czaslau, die uns den darauf folgenden Frieden brachte! Indem ich also hier Lehren gebe, die ich selbst aus Unvorsichtigkeit leider nicht immer befolgt habe, sollen alle meine Officiere aus meinen Fehlern Nutzen ziehen und zugleich wissen, dass ich darauf bedacht bin, mich zu bessern. Bisweilen haben beide Armeen Lust, sich zu schlagen; und alsdann ist die Sache bald abgemacht. Die besten Schlachten sind die, bei welchen man den Feind zwingt, dass er sich schlagen muss. Denn es ist eine zuverlässige Regel, dass man den Feind zu dem zwingen muss, wozu er gar keine Lust hat; und da nun Euer Interesse dem des Feindes gerade entgegengesetzt ist, so müsst Ihr alsdann dasjenige wollen, was der Feind nicht will. Die Ursachen also, weswegen man Schlachten liefern soll, sind folgende: Um den Feind zu zwingen, die Belagerung eines Eurer Plätze aufzuheben; um ihn aus einer Provinz zu jagen, deren er sich bemächtigt hatte; um in sein Land einzudringen, oder eine Belagerung zu unternehmen; und endlich um seine Hartnäckigkeit zu brechen, wenn er keinen Frieden machen will. Man nöthigt den Feind zum Schlagen, wenn man einen forcirten Marsch thut, wodurch man ihm in den Rücken kommt, und ihm von dem, was hinter ihm liegt, abschneidet; oder auch, wenn man eine Stadt bedroht, an deren Erhaltung ihm äusserst viel ge-

legen ist. Man nehme sich aber sehr in Acht, wenn man
solche Manöver machen will. und hüte sich auch, nicht in
dieselben Verlegenheiten zu gerathen, oder sich so zu postiren, dass man durch den Feind von seinen Magazinen
abgeschnitten werden kann. Die Gefechte. bei denen man
am wenigsten wagt, sind die der Arrièregarde. Man lagert
sich nahe bei dem Feinde; und wenn er sich dann zurückziehen will. um in Eurer Gegenwart einige Défilés zu
passiren, so fällt Ihr den Nachtrab seiner Armee an. Bei
einer solchen Action wagt man wenig, und kann viel gewinnen. Der Prinz von Lothringen hätte recht gut eine
solche Affaire mit uns engagiren können. wenn er, anstatt
nach Soor zu marschiren, abgewartet. bis wir das Trau-
tenauer Lager bezogen, und sich alsdann meiner Armee
gegenüber gelagert hätte. Der Marsch nach Schatzlar
wäre uns alsdann viel theurer geworden, und ich glaube
auch. dass der Prinz seinen Vortheil dabei gefunden hätte.
Man schlägt sich auch, um die Vereinigung der Feinde zu
verhüten. Dieser Grund ist triftig. Ein geschickter Feind
wird aber leicht Mittel finden. Euch entweder durch einen
forcirten Marsch zu entkommen. oder auch einen guten
Posten nach seiner Bequemlichkeit zu nehmen. Zuweilen
hat man nicht die Absicht, zur Action zu kommen. wird
aber durch die Fehler. welche der Feind macht. gleichsam
dazu eingeladen, und muss sie benutzen. um ihn dafür zu
bestrafen. Diesen Maximen füge ich noch hinzu. dass
unsere Kriege kurz und lebhaft sein müssen. Wir dürfen
die Sachen durchaus nicht in die Länge ziehen. Ein lang-
wieriger Krieg zerstört allmälig unsere vortreffliche Disciplin;
er entvölkert das Land und erschöpft unsere Hülfsquellen.
Diejenigen. die preussische Armeen commandiren, müssen
vorsichtig die Sache zu entscheiden suchen. und nicht so
denken. wie der Marschall von Luxemburg. Bei einem
Kriege in Flandern sagte einmal sein Sohn zu ihm:
„Mich dünkt. mein Vater, wir könnten noch die und die

Stadt nehmen," worauf der Marschall erwiderte: „Schweig
stille, kleiner Narr! Willst Du. dass wir nach Hause gehen
sollen, um bei uns Kohl zu pflanzen?" Kurz, in Betreff
der Schlachten muss man den Grundsatz des Sanhedrin
der Hebräer[1]) befolgen, dass es besser sei, dass ein Mensch
sterbe, als ein ganzes Volk.[2])

Artikel XXVII.

Von den ungefähren Zufällen, die sich im Kriege ereignen können.[3])

Die Generale sind mehr zu beklagen, als man meint;
die ganze Welt verurtheilt sie, ohne sie zu hören; und
die gedruckten Zeitungen opfern sie dem schlechtesten
Urtheile des Publikums. Unter vielen Tausend Personen ist
vielleicht nicht Einer, der so viel versteht, dass er das
geringste Detachement einer Armee commandiren könnte.
Ich will durchaus nicht den Generalen, welche Fehler
begehen, das Wort reden. Meinen eigenen Feldzug von
1744 will ich nicht entschuldigen und muss gestehen, dass
ich bei vielem Lehrgeld nur Einiges gut gemacht habe, wie
die Belagerung von Prag, den Rückzug und die

---

[1]) Ev. Johannis XI, 50.

[2]) In den „General-Principia": „Was endlich noch die Art
betrifft, einen Feind wegen seiner begangenen Fauten zu strafen, da
muss man Relationes von der Bataille von Seneffe lesen, wo der Prinz
von Condé eine Affaire von der Arrièregarde mit dem Prinzen von
Oranien oder Fürst Waldeck engagirte, weil dieser negligiret hatte,
an der Tête eines Défilé Truppen zu postiren, welches er passiren
musste, um seine Arrièregarde an sich zu ziehen. Man lese noch die
Relation von der Bataille von Leuze, so durch den Maréchal Luxem-
bourg gewonnen ward; desgleichen die Relation von der Bataille von
Rocoux etc."

[3]) In den „General-Principia": „Dieser Articul würde sehr
lang sein, wenn ich darin das Capitel aller Accidents, so einem General im Kriege arriviren können, abhandeln wollte; ich will mich
aber nur kurz einschränken, um zu zeigen, dass sowohl Geschicklichkeit, als auch Glück bei dem Kriege erfordert wird."

Vertheidigung von Kolin, und endlich den Rückzug nach Schlesien. Doch nichts weiter davon, sondern nur von den unglücklichen Ereignissen, gegen welche
weder die menschliche Vorsicht, noch reifliche Ueberlegung
etwas ausrichten kann: und da ich hier allein für meine
Generale schreibe, so will ich keine anderen Beispiele
anführen, als solche, die mir selbst begegnet sind. Als wir
bei Reichenbach standen, hatte ich den Plan, vermittelst eines
forcirten Marsches die Neisse zu gewinnen, mich zwischen die
Stadt dieses Namens und die Armee des Generals Neipperg
zu setzen, um die Oesterreicher abzuschneiden. Die ganze
Disposition ward dazu gemacht; es fiel aber ein anhaltender
Regen, welcher die Wege so grundlos machte, dass unsere
Avantgarde, welche die Pontons bei sich hatte, nicht vorrücken konnte. An dem Tage meines Marsches entstand ein
so dichter Nebel, dass die Wachen der Infanterie, welche in
den Dörfern gelegen hatten, sich verirrten, und ihre Regimenter nicht wiederfinden konnten. Dies ging so weit, dass
wir, anstatt des Morgens um vier Uhr zu marschiren, wie es
beschlossen war, nicht eher als gegen Mittag aufbrechen
konnten. Also war an einen forcirten Marsch nicht mehr
zu denken; der Feind kam uns zuvor und vernichtete
mein ganzes Project.

Eine schlechte Ernte in dem Lande, in welchem man
Krieg führen will, macht den ganzen Feldzug scheitern;
wenn während der Operationen Krankheiten unter den
Truppen ausbrechen, so wird man zur Defensive gezwungen,
wie es uns 1744 in Böhmen erging, und zwar wegen der
schlechten Nahrungsmittel, welche die Truppen hatten.[1]

---

[1] In der „Geschichte meiner Zeit" sagt der König: „Nie
beging wohl ein General mehr Fehler, als der König in diesem Feldzuge. Der erste von allen war gewiss der, dass er sich nicht hinlänglich mit Magazinen versehen hatte, um sich wenigstens sechs Monate
in Böhmen halten zu können. Es ist bekannt, dass, will man das Gebäude einer Armee aufführen, nicht vergessen darf, dass der Magen
das Fundament ist (Ilias XIX. Ges. 160—170). Wenn die Truppen

Während der Schlacht bei Friedeberg [1]) befahl ich einem meiner Flügel-Adjutanten, dem Markgrafen Karl zu sagen, dass er, als der älteste General, sich an die Spitze meines andern Treffens setzen solle, indem der General Kalckstein nach dem rechten Flügel gegen die Sachsen detachirt wäre. Dieser Adjutant machte ein Qui-pro-quo und bestellte an den Markgrafen Karl, dass er das zweite Treffen aus dem ersten formiren solle. Ich ward dieses Missverständniss noch zu rechter Zeit gewahr, und konnte demselben abhelfen. Man muss daher wohl auf seiner Hut sein und bedenken, dass ein verkehrt bestellter Auftrag alles verderben kann. Wenn ein General krank wird, oder das Unglück hat, an der Spitze eines Detachements von Wichtigkeit getödtet zu werden, so sind dadurch auf einmal viele Massregeln zerstört; denn es gehören gute Köpfe und tüchtige Generale dazu, um den Muth zu haben, offensiv zu verfahren; solche sind aber so selten, dass ich bei meiner Armee höchstens drei oder vier kenne. Wenn es, ungeachtet aller Vorsicht, dem Feinde gelingt, Euch einige Proviantzüge wegzunehmen, so sind dadurch wiederum alle Eure Massregeln gestört, Eure Absichten vereitelt, oder doch die Ausführung ist unterbrochen. Seid Ihr aus militärischen Gründen genöthigt, mit der Armee eine Bewegung rückwärts zu machen, so entmuthigt solches Eure Truppen. Ich bin so glücklich gewesen, mit meiner ganzen Armee dergleichen Erfahrung nie zu machen; ich habe aber in der Schlacht bei Mollwitz gesehen, wie viel Zeit dazu gehört, nur ein Corps, das den Muth verloren hat, wieder zu beruhigen; denn meine Cavallerie war damals so weit herunter, dass sie glaubte, ich lieferte sie zur Schlachtbank, wenn ich nur ein kleines Detachement

---

nicht Wunder der Tapferkeit gethan hätten, so wäre er schuld an ihrer Niederlage gewesen." Siehe Ausgew. Werke Friedrich's des Grossen I. 538.

[1]) Hohenfriedberg.

von ihr ausschickte, um sie an den Krieg zu gewöhnen. Erst die Schlacht bei **Friedeberg** [1]) kann man als den Zeitpunkt ihrer Umbildung betrachten. Geschieht es, dass der Feind einen Spion von Bedeutung, welchen Ihr in Eurem Lager habt, entdeckt, so ist Euer Kompass, wonach Ihr Euch gerichtet habt, verloren; und Ihr erfahrt von des Feindes Bewegungen weiter nichts, als was Ihr sehet.

Nachlässigkeit der Officiere, welche zum Recognosciren commandirt werden, kann Euch in die grösste Verlegenheit setzen. Feldmarschall Neipperg ward bei Mollwitz dadurch überfallen; denn der Husaren-Officier, den er auf Kundschaft ausgeschickt hatte, versäumte seine Pflicht, und wir waren ihm auf dem Halse, als er sich dessen am wenigsten versah. Ein Officier vom Zieten'schen Regimente patrouillirte schlecht am Ufer der Elbe, gerade in der Nacht [2]), als der Feind seine Brücke bei Selmitz schlug und die Bagage überfiel.

Lernet also hieraus, dass Ihr niemals die Sicherheit einer Armee der Wachsamkeit eines einzigen Officiers von niederem Range anvertrauen dürft. Es dürfen niemals dergleichen grosse und wichtige Sachen von einem einzigen Menschen oder von einem niedern Officier abhängen. Behaltet auch wohl, was ich in dem Artikel von der Ver-

---

[1]) Hohenfriedberg.

[2]) Vom 18. auf den 19. November 1744. Der König erzählt in der „Geschichte meiner Zeit": „Es muss sonderbar erscheinen, dass ein so erfahrener General, wie Herr von Neipperg war, sich überraschen liess; doch war er zu entschuldigen. Er hatte verschiedenen Husaren-Officieren Befehl ertheilt, auf Kundschaft auszugehen, besonders auf der Strasse nach Brieg zu. Aber sei es nun aus Trägheit, sei es aus Nachlässigkeit, genug, diese Officiere thaten ihre Schuldigkeit nicht, und so erhielt der Feldmarschall nicht eher Nachricht vom Anrücken des Königs, als bis er dessen Armee in Schlachtordnung seinen Quartieren gegenüber sah. Herr von Neipperg war also gezwungen, seine Truppen unter dem Feuer der preussischen Artillerie, welche schnell und gut bedient wurde, in Schlachtordnung zu stellen." Siehe „Ausgew. Werke Friedrich's des Grossen I., 349 und 350."

theidigung der Flüsse gesagt habe. Ueberhaupt müssen Commandos oder Patrouillen zum Recognosciren bloss als eine überflüssige Vorsichtsmassregel angesehen werden. Man darf sich niemals gänzlich darauf verlassen, sondern muss noch viele andere Vorsichtsmassregeln nehmen, die gründlicher und weit sicherer sind.

Verräthereien sind bei einer Armee das grösste Unglück von allen. Der Prinz Eugen wurde 1734 von dem General Stein verrathen, welchen die Franzosen bestochen hatten. Ich verlor Cosel durch die Verrätherei eines Officiers von der Garnison, welcher desertirte und den Feind hereinführte.

Kurz, aus dem allen, was ich hier gesagt, folgt, dass man auch mitten im Glücke niemals auf dasselbe bauen, noch durch die Siege stolz werden darf, sondern vielmehr denken muss, dass unsre geringe Klugheit und Vorsicht öfters ein Spiel des Zufalls und unvermutheter Ereignisse ist, wodurch es dem (ich weiss selbst nicht welchem) Schicksal gefällt, den Dünkel eingebildeter Menschen zu demüthigen.

Artikel XXVIII.

Ob es nöthig und rathsam sei, dass ein commandirender General Kriegsrath halte.

Der Prinz Eugen pflegte zu sagen, dass, wenn ein General keine Lust habe, etwas zu unternehmen, es kein besseres Mittel gebe, als Kriegsrath zu halten. Dies ist sehr wahr; denn die Erfahrung lehrt, dass die meisten Stimmen immer verneinend ausfallen. Ein General, dem der Fürst seine Truppen anvertraut, muss durch sich selbst handeln; und das Vertrauen, welches der Fürst in die Verdienste dieses Generals setzt, berechtigt ihn, dass er die Sache für sich, und nach seiner Einsicht, ausführe. Ausserdem wird das Geheimniss, das im Kriege noth-

wendig ist, niemals bei einem Kriegsrathe bewahrt. Indessen glaube ich, dass ein General auch den guten Rath
eines Subaltern-Officiers benutzen muss; denn ein recht-
schaffener Staatsbürger vergisst, wenn es auf das Wohl des
Vaterlandes ankommt, sich selbst, und kümmert sich nicht
darum, ob die Mittel dazu von ihm oder einem anderen
angegeben sind, wenn er nur seinen guten Endzweck dadurch erreichen kann.

Artikel XXIX.

Von den neuen Manövern der Armee.

Aus allen den Maximen, die ich in diesem Werke
festgesetzt, werdet Ihr ersehen haben, worauf sich die
Theorie der Evolutionen, welche ich bei meinen Truppen
eingeführt habe, eigentlich gründet. Der Zweck dieser
Manöver ist, bei allen Gelegenheiten Zeit zu gewinnen,
eine Affaire rascher zu entscheiden, als es bisher Gebrauch gewesen, und endlich, den Feind durch unsere
ungestümen Angriffe der Cavallerie zu werfen. Bei diesem
Ungestüm wird auch der Feige mit fortgerissen, so dass
er so gut wie der bravste Kerl seinen Dienst verrichten
muss, mithin kein einziger Reiter unnütz bleibt. Alles
kommt hierbei auf die Schnelligkeit des Angriffes an.

Ich schmeichle mir, dass alle Generale, welche von
der Nothwendigkeit und dem Nutzen dieser Disciplin überzeugt sind, danach streben werden, dieselbe zu erhalten
und zu vervollkommnen; und dieses sowohl in Kriegs-
als in Friedenszeiten. Ich werde niemals vergessen, was
Vegetius von den Römern sagt und gleichsam in einer Art
Enthusiasmus ausruft: „Endlich triumphirte die römische
„Disciplin über die Stärke der Gallier, über die List der
„Griechen, über die hohe Gestalt der Deutschen, und über
„die Menge der Barbaren; sie unterwarf sich den ganzen

„Erdboden, so weit derselbe damals bekannt war." [1]) So sehr hängt das Glück eines Staates von der Disciplin seiner Armee ab!

Artikel XXX.

Von den Winterquartieren.

Wenn der Feldzug zu Ende ist, denkt man an die Winterquartiere, welche man nach den Umständen, in welchen man sich befindet, einrichtet. Zuerst zieht man die Kette der Truppen, welche die Quartiere decken sollen. Diese werden auf dreierlei Art gemacht: 1) hinter einem Flusse, oder 2) durch Posten, welche vom Gebirge beschützt werden, oder aber 3) durch den Schutz einiger befestigten Städte. Im Winter von 1741 bis 1742 cantonirte das Corps meiner Truppen, das seine Winterquartiere in Böhmen hatte, hinter der Elbe. Die Kette, welche dasselbe deckte, ging von Brandeis auf Nimburg, Kolin, Podiebrad und Pardubitz, und endigte bei Königgrätz. Ich bemerke auch hierbei, dass man sich niemals auf die Flüsse verlassen muss, weil man dieselben, wenn sie zugefroren sind, überall passiren kann; ferner, dass es eine nöthige Vorsichtsmassregel ist, an alle solche Orte Husaren zu postiren, um auf alle Bewegungen des Feindes wachsam zu sein. Zu diesem Zwecke müssen sie unaufhörlich vorwärts patrouilliren, um zu erfahren, ob der Feind ruhig sei, oder ob derselbe irgendwo seine Truppen zusammenziehe. Ausserdem müssen von Distance zu Distance, ausser der Kette von der Infanterie, noch Brigaden von der Cavallerie und Infanterie bereit stehen, um gleich zum Succurs anrücken zu können, wo er etwa nöthig sein dürfte. [2])

---

[1]) Vegetius, De re militaria I. 1.
[2]) In den „General-Principia": „Ueberdem müssen von Distances zu Distances hinter der Chaine von der Infanterie noch Brigaden von Cavallerie und von Infanterie bereit sein, um gleich zum Succurs zu rücken, wenn und wo solcher nöthig sein dürfte."

Im Winter von 1744 auf 45 machten wir die Kette von unsern Quartieren längs der Berge, welche Böhmen und Schlesien von einander trennen, und beobachteten genau die Grenze der Quartiere, um Ruhe zu haben. Der General-Lieutenant Truchsess hatte die Front von der Lausitz bis nach der Grafschaft Glatz zu beobachten, das heisst, die Posten von Schmiedeberg bis Friedland, welches man durch Redouten befestigt hatte. Ausserdem waren einige kleine befestigte Posten an den Wegen von Schatzlar, Liebau und Silberberg. Truchsess hatte seine Reserve, um denjenigen dieser Posten zu unterstützen, welchen der Feind beunruhigen wollte. Alle diese Detachements waren durch Verhaue in den Holzungen gedeckt, und alle Strassen, welche nach Böhmen führten, wurden unbrauchbar gemacht. Auch hatte jeder Posten seine Husaren, um zu recognosciren. General Lehwaldt deckte die Grafschaft Glatz mit einem Detachement, und unter derselben Vorsichtsmassregel. Diese beiden Generale boten einander die Hände dergestalt, dass, wenn die Oesterreicher gegen den General Truchsess marschirten, General Lehwaldt nach Böhmen dem Feinde in den Rücken kam, und so vice versa. Die Städte Troppau und Jägerndorf waren unsre Têtes in Oberschlesien; ihre Communicationen gingen über Ziegenhals und Patschkau nach Glatz und über Neustadt nach Neisse. Ich erinnere hierbei, dass man sich niemals auf die Berge verlassen darf, sondern sich stets des Sprüchworts erinnern muss, welches sagt, wo eine Ziege passirt, auch ein Soldat passiren kann.

Was die Kette der Quartiere betrifft, welche durch Festungen unterstützt werden, so verweise ich Euch auf die Winterquartiere des Grafen von Sachsen; diese sind die besten, aber es hat nicht jeder freie Wahl, sondern man muss die Kette nach dem Terrain machen, welches man occupirt. Ich füge dem als Maxime hinzu, dass man nicht einer Stadt oder eines Postens wegen in den Winterquartieren eigensinnig sein müsse, wenn der Feind Euch von diesem Posten aus nicht viel Schaden zufügen kann; denn Ihr müsst hauptsächlich darauf achten, Euren Truppen in den Winterquartieren Ruhe zu verschaffen. Als zweite Maxime setze ich hinzu, dass es stets die beste Methode ist, die Regimenter brigadenweise in die Winterquartiere zu schicken, damit die Generale sie beständig unter Aufsicht haben. Unser Dienst erfordert auch, die Regimenter, so viel man kann, bei den Generalen, welche zugleich Chefs davon sind, zu placiren. Diese Regel leidet indessen Ausnahmen, und der Commandirende muss beurtheilen, wie weit eine solche stattfinden kann oder nicht.

Ich gebe jetzt die Regeln an, wie die Truppen in den Winterquartieren unterhalten werden müssen. Wenn es die Umstände erfordern, dass die Winterquartiere in meinem Lande genommen werden müssen, gebührt den Hauptleuten und Subaltern-Officieren eine verhältnissmässige Gratification, anstatt der gewöhnlichen Winterquartier-Zulage. Der gemeine Mann aber erhält Brod und Fleisch umsonst. Sind aber die Winterquartiere in des Feindes Land, so erhalten: der commandirende General der Armee 15,000 Fl., der von der Infanterie und Cavallerie 10,000 Fl.. die General-Lieutenants 7000 Fl., die General-Majore 5000 Fl., die Rittmeister und Hauptleute 2000 Fl., die Hauptleute von der Infanterie 1800 Fl., die Subaltern-Officiere 100 Dukaten. Der gemeine Soldat empfängt Fleisch, Brod, Bier, ohne Entgelt, welches das Land liefern muss. Er bekommt kein Geld; denn das Geld giebt Gelegenheit zur Desertion. Der commandirende General muss darauf halten, dass dies alles mit Ordnung geschehe; er darf auch keine Plünderung gestatten, dagegen muss er die Officiere, wegen etwaigen geringen Profit, den sie machen könnten, nicht chicaniren. Wenn die Armee in Feindes Land steht, so liegt es dem commandirenden General ob, für ihre Wiedercompletirung zu sorgen und die

8*

Kreise derart zu vertheilen, dass z. B. drei Regimenter auf diesen Kreis, vier Regimenter auf jenen Kreis angewiesen werden. Er theilt die Kreise ab, und assignirt dieselben, wie sonst bei den Enrollirungs-Kantonen geschieht. Wollen die Stände die Rekruten selbst liefern, desto besser; wo nicht, so braucht man Gewalt. Die Rekruten müssen bei Zeiten gestellt werden, damit die Officiere Zeit haben, sie zu exerciren und so weit zu bringen, dass sie in dem folgenden Frühjahr dienen können. Aber dessenungeachtet müssen die Hauptleute auf Werbung schicken. Der Commandirende muss sich um alle diese inneren und ökonomischen Angelegenheiten bekümmern, folglich auch dafür sorgen, dass die Artillerie-, Munitions- und Proviantpferde, welche das feindliche Land zu liefern schuldig ist, entweder in natura oder in Geld geliefert werden. Ferner muss der General ein wachsames Auge darauf haben, dass man die Contributionen zu der Feld-Kriegskasse auf das genaueste bezahlt. Uebrigens müssen auch alle Bagagewagen und was zur Ausrüstung einer Armee gehört, auf Kosten des feindlichen Landes wieder in guten Stand gesetzt werden. Der General muss darauf sehen, dass die Officiere der Cavallerie ihre Sättel, Zäume, Steigbügel, Stiefel repariren lassen, und dass die von der Infanterie Vorräthe von Schuhen, Strümpfen, Hemden und Stiefeletten zum künftigen Feldzuge anschaffen, ferner, dass die Zeltdecken und die Zelte selbst in Stand gesetzt werden, dass die Cavallerie ihre Degen scharf mache, die Infanterie aber ihre sämmtlichen Gewehre wieder in Stand setze, und die Artillerie eine Menge Patronen für die Infanterie im voraus verfertige. Ausserdem hat er dafür zu sorgen, dass die Truppen, welche die Ketten der Quartiere bilden, hinlänglich und überflüssig mit Pulver und Kugeln versehen seien, und dass es überhaupt bei der ganzen Armee an nichts fehle.

Wenn es die Zeit erlaubt, wird der commandirende

General wohl thun, selbst einige Quartiere zu visitiren, um den Zustand der Truppen zu erkennen, und versichert zu sein, dass die Officiere die Truppen einexerciren; denn nicht nur die Rekruten, sondern auch die alten Soldaten müssen exerciren, um in der Uebung zu bleiben.

Um die Zeit der Eröffnung des Feldzuges müssen die Cantonirungsquartiere geändert und nach der ordre de bataille formirt werden: die Cavallerie auf den Flügeln, die Infanterie aber in der Mitte. Diese Cantonnements haben ungefähr vier bis fünf Meilen in der Front, und sind bis an zwei Meilen breit. Gewöhnlich zieht man dieselben um die Zeit, in der man bald zu campiren gedenkt, etwas enger zusammen. Ich habe gefunden, dass es gut ist, die Truppen unter die Commandos von sechs Generalen der Cantonnements zu vertheilen, z. B. so, dass ein General davon die ganze Cavallerie des rechten, der andere des linken Flügels, ein dritter die Infanterie vom rechten Flügel des ersten Treffens, die zwei andern das zweite Treffen zu commandiren haben. Auf diese Art werden die Ordres viel geschwinder ausgeführt und die Truppen leichter in Colonnen gesetzt, um in das Lager einzurücken.

Bei Gelegenheit der Winterquartiere rathe ich noch, die Truppen niemals eher in dieselben zu verlegen, als bis man mit völliger Gewissheit weiss, dass die feindliche Armee ganz und gar auseinander gegangen ist.[1])

Artikel XXXI.
Von den Winterfeldzügen.

Winterfeldzüge richten die Truppen zu Grunde, theils weil sie Krankheiten verursachen, theils weil man die Truppen, da sie in beständiger Thätigkeit bleiben müssen,

---

[1]) In den „General-Principia": „Ich recommandire deshalb, dass man sich jederzeit dessen erinnere, was dem Kurfürst Friedrich Wilhelm dem Grossen widerfuhr, als der Maréchal de Turenne, über Thann und Belfort, in dessen Winterquartiere im Elsass einfiel."

weder rekrutiren, noch neu montiren, und auch das Fuhrwerk, sowohl für die Kriegsmunition als für das Proviant-
wesen, nicht wieder herstellen kann. Es ist gewiss, dass
auch die beste Armee von der Welt einen solchen Feldzug nicht lange aushalten wird; und aus dieser Ursache
müssen die Winterkriege, als die schädlichsten unter allen
Feldzügen, vermieden werden.

Es können dennoch Umstände eintreten, die einen
General zu solchen Feldzügen zwingen. Ich habe, glaube
ich, mehr Winterfeldzüge gemacht, als irgend ein General
in diesem Jahrhundert, und werde also nicht Unrecht
thun, wenn ich bei dieser Gelegenheit die Ursachen anzeige, welche uns dazu bewogen. Im Jahre 1740, als
Kaiser Karl VI. starb, waren nicht mehr als zwei österreichische Regimenter in Schlesien. Ich hatte beschlossen,
die Rechte meines Hauses auf dieses Herzogthum geltend
zu machen, und war folglich genöthigt, im Winter zu
agiren, um alles zu benutzen, was mir vortheilhaft sein
konnte, mithin mich der ganzen Provinz zu bemächtigen
und das eigentliche Kriegstheater an die Neisse zu verlegen. Hätte ich das Frühjahr abwarten wollen, so hätten
wir den Krieg zwischen Crossen und Glogau gehabt, und
würden erst nach drei oder vier schweren Feldzügen das
erhalten haben, was ich zu jener Zeit auf einmal durch
einen einfachen Marsch gewann. Dieser Grund war meines
Erachtens sehr triftig.

Im Jahre 1742 machte ich einen Winterfeldzug in
Mähren, um dadurch die bayerischen Länder zu befreien.
Dass er mir nicht gelang, lag an den Franzosen, welche un-
besonnen, und an den Sachsen, welche verrätherisch handelten.

Im Winter von 1744 bis 1745 machte ich den dritten
Feldzug. Die Oesterreicher drangen in Schlesien ein, und
ich war genöthigt, sie wieder herausziehen zu lassen.

Zu Anfang des Winters von 1745 bis 1746 wollten die
Oesterreicher und Sachsen in meine Erblande dringen, um

mit Feuer und Schwert zu wüthen; ich handelte nach meinem Princip, und kam ihnen derart zuvor, dass ich mitten im Winter in ihrem Lande Krieg führte. Sollten dergleichen Umstände sich jemals wieder ereignen, so würde ich immer ebenso verfahren, auch das Verhalten meiner Officiere billigen, wenn sie alsdann mein Beispiel befolgten. Ausserdem werde ich aber immer alle diejenigen tadeln, welche leichtsinniger Weise und ohne erhebliche Ursachen solche Winterkriege unternehmen.

Was nun die Einzelheiten betrifft, die bei Winterfeldzügen zu beobachten, so muss man die Truppen in ganz engen Cantonnements marschiren lassen, so dass immer zwei oder drei Regimenter, und zwar sogar Infanterie, in einem Dorfe, wenn es sonst gross ist, zu liegen kommen. Man legt auch wohl zu Zeiten die ganze Infanterie in eine Stadt, wie es der Fürst von Anhalt machte, als er nach Sachsen marschirte; er nahm in Eilenburg, Torgau, Meissen und noch zwei oder drei andern kleinen Orten, deren Namen ich vergessen, Quartiere, und lagerte sich alsdann.

Sobald man sich dem Feinde nähert, giebt man den Truppen Rendezvous, und marschirt in Colonnen, so wie es sonst gebräuchlich ist. Wenn es darauf zu entscheidenden Bewegungen kommt, nämlich dass man in die feindlichen Quartiere fallen, oder gegen den Feind marschiren will, um ihm eine Schlacht zu liefern, so muss man in Schlachtordnung campiren und die Truppen unter freiem Himmel bleiben lassen, wo dann jede Compagnie sich ein grosses Feuer macht und die Nacht bei demselben zubringt. Weil aber solche Beschwerden zu stark sind, als dass der menschliche Körper im Stande wäre, denselben längere Zeit zu widerstehen, so müssen derartige Unternehmungen mit Geschwindigkeit ausgeführt werden. Man darf, ohne die anscheinende Gefahr zu fürchten, nicht schwanken, sondern muss einen herzhaften Entschluss fassen, und ihn mit Standhaftigkeit ausführen.

Ueberhaupt bemerke ich hierbei, dass man niemals Winterfeldzüge in Ländern unternehmen soll, worin sich viele befestigte Plätze befinden. Denn da die Jahreszeit es nicht erlaubt, die grossen Festungen zu belagern, diese sich aber nicht durch Ueberfälle nehmen lassen, so kann man im voraus versichert sein, dass ein solches Vorhaben Schiffbruch leiden wird, weil es ganz und gar gegen alle Möglichkeit läuft. Man muss, wenn man die Wahl hat, während des Winters den Truppen so viel Ruhe geben, als man nur kann; aber diese Zeit auch benutzen, um die Armee wieder herzustellen, damit man alsdann in dem folgenden Frühjahre dem Feinde mit der Eröffnung des Feldzuges zuvorkommen könne.

Dies sind ungefähr die Hauptpunkte bei den grossen Manövern im Kriege. Ich habe die Grundsätze derselben, so viel ich gekonnt, entwickelt, und es mir besonders angelegen sein lassen, klar und verständlich zu sein. Solltet Ihr aber dennoch über den einen oder den andern Punkt Zweifel hegen, so werde ich es gern sehen, wenn Ihr sie mir vorlegt, damit ich alsdann entweder meine Gründe ausführlicher auseinandersetzen, oder, falls ich hier und da gefehlt haben sollte, mich nach Eurer Meinung richten könne. Bei meiner geringen Erfahrung habe ich bemerkt, dass die Kriegskunst nicht auszulernen ist, und dass, wenn man sich mit Ernst darauf legt, man beständig Neues entdecken kann. Ich werde glauben, meine Zeit nicht übel angewendet zu haben, wenn dieses Werk meine Officiere dahin bringt, dass sie über ein Handwerk nachdenken, welches ihnen die glänzendste Laufbahn eröffnet, sich Ehre zu erwerben, ihre Namen der Vergessenheit zu entreissen, und sich durch ihre Arbeit unsterblichen Ruhm zu erwerben. Dixi.

(Potsdam) 2. April 1748.   Friedrich.

Betrachtungen

über die Taktik und einzelne Theile des Krieges,

oder

Betrachtungen

über einige Veränderungen in der Art, Krieg zu führen.

Betrachtungen
über die Taktik und einzelne Theile des Krieges,
oder
Betrachtungen
über einige Veränderungen in der Art, Krieg zu führen.

———

Was nutzt das Leben, wenn es weiter nichts ist, als
ein Pflanzenleben! Wozu nutzt es, Dinge zu sehen, wenn
man sie nur sieht, um sein Gedächtniss damit anzufüllen!
Mit einem Worte, was hilft Erfahrung, wenn sie nicht mit
Nachdenken verbunden wird?

Vegetius sagt: Der Krieg müsse ein Studium und der
Friede eine Uebung sein; und er hat Recht.

Die Erfahrung muss genau untersucht werden; erst
nach gründlicher Prüfung gelangt der Künstler zur Er-
kenntniss der Grundbedingungen, und in den Mussestunden,
in den Zeiten der Ruhe, werden neue Stoffe für die Erfahrung vorbereitet. Diese Untersuchungen sind das Er-
zeugniss eines strebsamen Geistes. Aber wie selten ist ein
solches Streben; und wie oft sieht man nicht im Gegentheil Menschen, die alle ihre Glieder verbraucht haben,
ohne jemals in ihrem Leben von ihrem Verstande Gebrauch
gemacht zu haben! Nur das Denken, oder um mich rich-
tiger auszudrücken, die Fähigkeit, seine Begriffe zu ordnen,
unterscheidet den Menschen vom Lastthiere. Ein Maulthier,
wenn es auch zehn Feldzüge unter dem Prinzen Eugen mit-
gemacht hätte, würde darum doch kein besserer Taktiker

sein; und man muss zur Schande der Menschheit gestehen, dass in Folge dieser trägen Dummheit viele alte Officiere um nichts besser sind, als jenes Maulthier.

Dem hergebrachten Schlendrian des Dienstes folgen, sich nach seinen Bedürfnissen und nach einem guten Tische umsehen, marschiren, wenn marschirt wird, sich lagern, wenn gelagert wird, sich schlagen, wenn sich alles schlägt: das heisst bei den meisten, Feldzüge gemacht haben, unter den Waffen grau geworden sein. Daher kommt diese Menge der an kleinlichen Dingen hängenden und in grober Unwissenheit verrosteten Militärs, die, anstatt sich im Geiste kühn bis zu den Wolken zu erheben, nur methodisch im Staube zu kriechen vermögen, und sich niemals um die Ursachen ihrer Siege und Niederlagen bekümmern, obgleich diese Ursachen doch sehr wesentlich sind.

Jener strenge Kritiker, der scharfsinnige und kluge Feuquières [1]), hat uns alle Fehler, welche die Generale seiner Zeit begangen, auseinandergesetzt; er hat die Feldzüge, denen er beigewohnt, sozusagen anatomisch untersucht, indem er die Gründe ihrer Erfolge und Misserfolge deutlich nachwies. Er hat uns den Weg zu unserer Aufklärung vorgezeichnet und uns gezeigt, wie man jene Grundwahrheiten entdeckt, welche das Leben der Künste bilden.

Seit seinem Jahrhundert ist der Krieg mit bedeutend grösserer Kunst geführt worden; neue mörderische Einrichtungen haben die Schwierigkeiten vergrössert. Diese müssen wir auseinandersetzen, um bei der Untersuchung des Systems unserer Feinde und der Schwierigkeiten, die sie uns entgegenstellen, auch die besten Mittel zu finden, sie zu besiegen.

Ich will Sie nicht mit den Entwürfen unserer Feinde unterhalten, die sie auf die Anzahl und die Macht ihrer

---

[1]) Mémoires de M. le marquis de Feuquières, contenant ses maximes sur la guerre, et l'application des exemples aux maximes, Amsterdam, 1731.

Bundesgenossen gründeten, deren Menge hinreichend war,
nicht allein Preussen, sondern auch die Kräfte eines der
mächtigsten europäischen Fürsten, der dieser Fluth hätte
Widerstand leisten wollen, zu zermalmen. Auch ist es
unnöthig, ihres allgemein angenommenen Grundsatzes zu
erwähnen, unsere Stärke durch Diversionen auf eine Seite
zu ziehen, und auf der anderen ohne grossen Widerstand
einen desto grösseren Streich auszuführen; gegen ein
Corps, welches ihnen die Spitze zu bieten im Stande ist,
vertheidigend zu Werke zu gehen, und gegen den mit
Nachdruck zu agiren, der ihnen aus Schwäche weichen muss.

Ich übergehe die Methode, der ich mich bediente, um
mich gegen den Koloss zu stemmen, der mich zermalmen
wollte. Eine Methode, die nur durch die Fehler meiner
Feinde, durch ihre Trägheit, die meiner Thätigkeit zu
Statten kam, sowie durch die Vernachlässigung ihrer Vortheile anwendbar wurde, darf nicht als Muster aufgestellt
werden.

Das gebieterische Gesetz der Nothwendigkeit hat mich
gezwungen, vieles dem Zufall zu überlassen. Ein Steuer-
mann, der mehr den Launen des Windes als der Richtung
des Kompasses folgt, kann nie als Muster dienen.

Es kommt hier darauf an, sich einen richtigen Begriff
von dem System zu machen, dem die Oesterreicher in diesem
Kriege folgen. Ich beschäftige mich bloss mit diesen
Feinden, die es am weitesten in der Kriegskunst gebracht
haben. Die Franzosen übergehe ich mit Stillschweigen,
obgleich sie klug und geschickt sind; denn durch Unbe-
dachtsamkeit und Leichtsinn vernichten sie immer wieder
die Vortheile, die ihnen ihre Geschicklichkeit verschaffen
könnte. Was die Russen betrifft, so sind sie in dieser
Hinsicht so roh und ungeschickt, dass sie nicht einmal
genannt zu werden verdienen.

Als bedeutendste Veränderungen in dem Verfahren der
österreichischen Generale in diesem Kriege fielen mir vor

Allem ihre Lager, ihre Märsche und die ungeheure Artillerie in die Augen; denn diese dürfte allein, ohne von
Truppen unterstützt zu werden, fast im Stande sein, ein an-
greifendes Heer zu Grunde zu richten. Denkt nicht, dass
mir die guten Lager, welche die geschickten Generale ehemals wählten und inne hatten, unbekannt sind, z. B. die
des Herrn von Mercy bei Freiburg und Nördlingen, oder
das des Prinzen Eugen bei Mantua, wodurch er die Fortschritte der Franzosen während des ganzen Feldzuges
hemmte; ferner das Lager von Heilbronn, das den Prinzen
von Baden berühmt machte, und in Flandern das bei Sierk,
und viele andere, die ich nicht anführen will.

Was die modernen Oesterreicher besonders auszeichnet,
das ist die Kunst, womit sie stets ein vortheilhaftes Terrain für die Lage ihrer Positionen zu wählen verstehen,
sowie die gegen früher geschicktere Benutzung der Oert-
lichkeitshindernisse und die Aufstellung ihrer Truppen. Man
frage sich nur, ob jemals Generale so bedeutende Schlachtordnungen gebildet haben, wie es heut zu Tage die Oesterreicher thun. Wo hat man vierhundert Kanonen auf Anhöhen, derart in verschiedenen Batterien vertheilt angelegt
gesehen, dass sie, ausser der entfernten Wirkung, zugleich
ein nahe verheerendes Feuer unterhalten konnten?

Die Front eines österreichischen Lagers ist furchtbar;
aber nicht hierauf allein beschränkt sich seine Vertheidigung; sein Rücken ist durch Verschanzungslinien und
wahre Hinterhalte gedeckt. Freilich muss man gestehen,
dass die grosse Ueberlegenheit ihrer Armee den Generalen,
die sie commandirt, ausserdem gestattet, sich in mehrere
Linien auszudehnen, ohne befürchten zu müssen, überflügelt zu werden; sie haben Truppen genug, um jedes
Terrain, das ihnen passend erscheint, leicht besetzen zu
können.

Wenn wir uns noch weiter in's Umständliche einlassen,
so werden Sie finden, dass die Grundsätze, nach welchen

die österreichischen Generale den Krieg führen, Folgen
einer reiflichen Ueberlegung sind. Ihre Taktik ist sehr
kunstgerecht; in der Auswahl ihrer Feldlager herrscht
eine ausserordentliche Vorsicht und grosse Kenntniss des
Terrains, bei guten Anordnungen und einer klugen Vorsicht, nichts zu unternehmen, ohne die im Kriege mögliche Gewissheit eines guten Erfolges für sich zu haben.
Sich niemals zur Schlacht zwingen zu lassen, ist Regel
eines jeden Generals; darauf gründet sich ihr System, und
daher auch ihre ausgesuchten festen Lager auf Anhöhen
und Gebirgen. Uebrigens haben die Oesterreicher in der
Auswahl ihrer Posten nichts Besonderes, ausser dass man
sie fast nie in einer übeln Stellung, sondern fast immer
so postirt findet, dass sie nicht anzugreifen sind. Ihre
Flanken lehnen sich stets an Hohlwege, Abgründe, Sümpfe,
Flüsse oder Städte. Besonders aber unterscheiden sie sich
von den Alten durch die geschickte Vertheidigung ihrer
Truppen, und dadurch, dass sie die Vortheile des Terrains
benutzen. Mit der äussersten Sorgfalt bringen sie jedes Kriegs-
werkzeug an die ihm angemessene Stelle. Ausser der Kunst
gebrauchen sie noch Kriegslisten und lassen zuweilen, um
den feindlichen General zu falschen Massregeln zu verleiten, einzelne Corps Cavallerie vorrücken. Doch ist es,
wie ich oft bemerkte, ihr Ernst nicht, sich zu schlagen,
wenn sie die Cavallerie in einer vollen Linie aufmarschiren
lassen; stellt sie sich aber en échiquier, so darf man eher
auf einen Angriff rechnen. Bemerkt man ferner, dass die
Cavallerie, sobald man sie angreift, sich zurückzieht, so
steht zu befürchten, dass man bei der Verfolgung in einen
Hinterhalt von Infanterie geräth, wo man übel ankommt.
Man muss also, wenn man diesen Feind in einem Posten
angreift, anfangs seine Cavallerie zurückhalten, und wo
möglich sie gar nicht in's Feuer lassen, damit man sie
später desto besser gebrauchen kann, entweder um das
Treffen zu erneuern oder bei der Verfolgung des Feindes.

Die österreichische Armee war in diesem Kriege immer in drei Treffen gestellt, und von ihrer ungeheuer grossen Artillerie unterstützt. Sie formirt ihr erstes Treffen am Fusse der Anhöhen, wo das Terrain etwas ebener ist, gleich einem Glacis, sanft abwärts geht, und nach der Seite hin, von wo der Feind herkommt. Es ist dies eine sehr gute Methode, die auf der Erfahrung beruht, dass ein rasirendes Feuer mehr Wirkung thut, als ein hoch herabstürzendes. Ausserdem hat der Soldat auf seinem Glacis alle Vortheile der Höhe, ohne ihre Nachtheile zu empfinden. Der Angreifende ist ihm blossgestellt, und wer von unten nach oben vorgeht, kann ihm nicht schaden. Wenn er seine Waffen zu gebrauchen versteht, wird er den vordringenden Feind, bevor er sich ihm nähern kann, vernichten. Wenn er die Attake zurückschlägt, kann er den Feind verfolgen, unterstützt von dem Terrain, das die verschiedenen Bewegungen begünstigt. Stände die Infanterie hingegen auf einer zu hohen oder zu steilen Anhöhe, so könnte sie sich nicht herunterwagen, ohne in Unordnung zu kommen; und da das Feuer von einer solchen Höhe den angreifenden Feind nicht überall erreichen würde, so könnte sich dieser sehr bald durch einen starken Marsch unter den Kanonen und dem kleinen Gewehr befinden.

Die Oesterreicher haben die Vortheile und Nachtheile dieser verschiedenen Positionen wohl untersucht, derart, dass sie in ihren Lagern die Höhen amphitheaterartig für das zweite Treffen behalten, welches, wie das erste, viele Batterien zwischen sich hat. Dieses zweite Treffen, welches einige Corps Cavallerie enthält, ist dazu bestimmt, das erste zu unterstützen. Weicht der angreifende Feind zurück, so kann ihn die Cavallerie verfolgen. Weicht hingegen die erste Linie zurück, so findet der vorrückende Feind nach einem Infanterietreffen einen neuen fürchterlichen Posten, den er auf's Neue angreifen muss. Er ist durch die vorigen Angriffe schon ermüdet, und findet sich genöthigt, auf frische, gut aufgestellte und durch ihr Terrain unterstützte Leute loszugehen.

· Das dritte Treffen, welches ihnen zur Reserve dient, ist dazu bestimmt, diejenigen Stellen zu verstärken, wo der Feind durchzubrechen scheint. Ihre Flanken sind besetzt, wie eine Citadelle. Sie benutzen jede kleine Anhöhe, Stücke darauf zu pflanzen, die seitwärts streichen, um ein desto grösseres Kreuzfeuer zu geben. Auf diese Art ist es einerlei, ob man eine noch mit Werken versehene Festung bestürmt, oder eine in ihrem Terrain so fest postirte Armee angreift.

Nicht zufrieden mit so vielen Vorkehrungen, suchen die Oesterreicher noch ausserdem die Front durch Moräste — hohle, tiefe und unbrauchbare Wege — durch Flüsse oder Engpässe zu decken; und ausser den Bedeckungen ihrer Flanken haben sie noch grosse Detachements zur Rechten und Linken, die etwa zweitausend Schritte von den Flügeln in unersteigbaren Terrains campiren, um den Feind zu beobachten, und ihm, wenn er etwa die grosse Armee unvorsichtig angreifen sollte, kräftig in den Rücken oder in die Flanke zu fallen, und ihn zum Rückzuge zu zwingen.

Man kann sich eine Vorstellung von der Wirkung machen, welche eine solche Diversion auf Truppen ausüben müsste, welche damit beschäftigt sind, den Feind anzugreifen, und sich nun plötzlich in den Flanken und im Rücken angegriffen sähen. Der Anfang des Kampfes wäre auch dessen Ende und nur Verwirrung und Flucht.

Wie kann man nun, werden Sie sagen, mit einem solchen auf seiner Hut stehenden Feinde sich in einen Kampf einlassen? Sollten diese so oft geschlagenen Truppen unüberwindlich geworden sein? Keineswegs! Das werde ich niemals zugestehen; doch rathe ich keinem, einen über-

eilten Entschluss zu fassen, und eine mit so grossen Vortheilen versehene Armee anzugreifen.

Ist es jedoch für die Dauer unmöglich, dass während
eines Feldzuges alles Terrain gleich vortheilhaft sei, und
dass diejenigen, welche die Postirung der Truppen zu besorgen haben, nicht einen oder den andern Fehler begehen sollten, so bin ich der Ansicht, dass man diese
Gelegenheit benutze, ohne eben auf die Stärke der Truppen
zu sehen, wenn man nur etwas über die Hälfte im Ver-
gleiche mit dem Feinde hat.

Fehler, aus denen man Nutzen ziehen kann, sind z. B.
wenn der Feind eine Anhöhe vor oder auf der Seite seines
Lagers unbesetzt lässt; wenn seine Flanken nicht gut gedeckt sind; wenn er seine Cavallerie nicht in die erste
Linie stellt; wenn er das Corps, das einen Flügel decken
soll, zu weit vorrücken lässt; wenn die Anhöhen, auf
welchen er sich postirt hat, nicht hoch sind, und besonders, wenn der Zugang nicht durch ein Défilé ver-
sperrt ist. Für diesen Fall rathe ich, dass man solche
Anhöhen sogleich besetze, und so viele Kanonen darauf
pflanze, als möglich. Ich habe bei mancher Gelegenheit
bemerkt, dass weder die österreichische Cavallerie noch
Infanterie das Artilleriefeuer aushält, wenn man nur
unbedeutende Anhöhen oder eine Ebene vor sich hat,
deren man sich bedienen kann: denn weder die Feuerschlünde, noch das kleine Gewehr können von unten aufwärts einige Wirkung thun. Den Feind ohne die Vortheile
des Geschützes angreifen zu wollen, wäre ebenso thöricht,
als mit Stöcken sich gegen Gewehre zu vertheidigen; denn
das ist unmöglich.

Ich komme wieder auf den Angriff zurück. Mein Rath
ist: man wähle sich einen Punkt, um seine Macht dagegen
zu gebrauchen. Man setze sich in verschiedene Linien, um,
im Falle die ersten Truppen zurückgeschlagen werden,
Unterstützung zu haben. Die Hauptangriffe widerrathe ich,

weil sie gefährlich sind; wenn man hingegen nur einen Flügel oder einen Theil der Armee in's Treffen bringt, und für den Fall, dass er geschlagen wird, immer das Hauptcorps übrig behält, um seinen Rückzug zu decken, so kann man niemals gänzlich vernichtet werden.

Hierzu kommt noch, dass man nicht so viele Leute verliert, wenn man nur einen Theil der feindlichen Armee angreift, als wenn man ein allgemeines Gefecht beginnt; und wenn es gelingt, kann man gleichwohl den Feind gänzlich über den Haufen werfen, besonders wenn er nicht einen Engpass nahe beim Schlachtfelde oder noch übriggebliebene Corps bei der Hand hat, um seinen Rückzug zu decken.

Hierbei kann man denjenigen Theil seiner Truppen, den man nicht vorrücken lässt, dem Feinde unter die Augen stellen, und verschiedene Bewegungen gegen ihn machen lassen, um ihn zu verhindern, seinen Posten zu verlassen, und den, wo man durchbrechen will, zu verstärken, wodurch ihm ein Theil seiner Armee, den man in Respect hält, unbrauchbar gemacht wird. Es kann auch vorkommen, dass der Feind sich auf der einen Seite schwächt, um der anderen zu Hülfe zu kommen.

Hat man Truppen genug, so darf man keinen Augenblick verlieren, um aus diesen Bewegungen, wenn man sie nur zeitig genug erfährt, Nutzen zu ziehen.

Uebrigens wollen wir, ohne uns zu schämen, das Gute in der Methode unserer Feinde nachahmen. Die Römer wurden dadurch, dass sie sich der vortheilhaften Waffen ihrer Feinde bedienten, unüberwindlich. Dies vorausgesetzt, muss man sich die Art der Oesterreicher, sich zu lagern, durchaus zu eigen machen, sich allenfalls auf eine engere Front einschränken, um desto mehr in der Höhe, oder in der Zahl der Glieder zu gewinnen, und auf die gute Stellung und Befestigung der Flanke seine grösste Sorgfalt richten.

9*

Das System einer stärkeren Artillerie muss man, so belästigend es auch ist, durchaus annehmen. Ich habe die meinige beträchtlich vermehrt. Sie soll mir in der Folge die Infanterie, die, je länger der Krieg dauert und je mörderischer er geführt wird, sich immer mehr vermindern muss, ersetzen. Wenn man so mit Ueberlegung seine Massregeln nimmt, befolgt man den alten Grundsatz, sich niemals wider seinen Willen in eine Schlacht einzulassen.

Bei so vielen Schwierigkeiten, den Feind in seinen Posten anzugreifen, kommt man auf den Gedanken, aus seinem Aufbruche Nutzen zu ziehen, und mit der Arrièregarde anzubinden, wie es z. B. bei Leuse und bei Senef geschah. Aber auch dagegen haben die Oesterreicher Vorkehrungen getroffen, indem sie nur in Ländern Krieg führen, die von Gebirgen, Flüssen, Sümpfen und Gehölzen durchzogen sind, und indem sie ihre Wege, die sie vorher ausbessern lassen, entweder durch Wälder oder durch morastige Terrains, oder längs den Thälern hinter den Bergen nehmen, die sie vorher mit grossen Detachements besetzen. Ihre leichten Truppen, die sie in grosser Menge haben, und die sich sodann auf den Gipfeln der Berge und in den Wäldern postiren, decken ihren Marsch, maskiren ihre Bewegungen, und verschaffen ihnen vollkommene Sicherheit, bis sie wieder ein neues ebenso vortheilhaftes Lager erreicht haben, wie dasjenige, welches sie soeben verliessen, und wo man sie vernünftigerweise nicht angreifen kann.

Ich muss hier noch die Bemerkung hinzufügen, dass unsere Feinde das Terrain, welches sie besetzen wollen, vorher durch Feldingenieurs untersuchen und aufnehmen lassen, und dieses nicht eher einnehmen, als bis sie es nach einer reifen Ueberlegung gewählt, und die Befestigung geordnet haben.

Die Detachements der Oesterreicher sind stark, und sie schicken deren viele aus; die kleinsten niemals unter dreitausend Mann. Ich zählte zuweilen fünf oder sechs Detachements zu gleicher Zeit im Felde. Ihre ungarischen Truppen sind sehr zahlreich. Wenn sie beisammen wären, würden sie eine starke Armee ausmachen. Man hat sich daher immer mit schweren und leichten Truppen zugleich zu schlagen. Die Officiere, die diese Detachements anführen, besitzen eine gründliche Erfahrung, besonders in Betreff des Terrains. Sie campiren zuweilen ganz nahe bei unserer Armeen, postiren sich aber behutsam entweder auf den Gipfeln der Berge, oder in dichten Wäldern, oder hinter doppelten und sogar dreifachen Défilés. Aus dieser Art von Wolfshöhlen schicken sie Parteien, welche die Gelegenheit wahrnehmen, und sich nicht eher sehen lassen, als bis sie den günstigen Augenblick finden, einen Coup zu machen. Ihrer Stärke wegen können diese Detachements sich leicht unseren Armeen nähern, sie sogar umzingeln; und es ist keineswegs angenehm, ihnen nicht ebenso viele Truppen entgegenstellen zu können. Unsere aus Deserteurs formirten, zusammengerafften und schwachen Freibataillons dürfen sich kaum vor ihnen sehen lassen. [1]) Aus Furcht, sie zu verlieren, tragen unsere Generale Bedenken, sie auszusenden, und dieses giebt unseren Feinden Gelegenheit, ganz nahe an unsere Lager zu kommen und uns Tag und Nacht zu beunruhigen. Unsere Officiere gewöhnen sich endlich an die kleinen Scharmützel, achten sie nicht und verfallen allmählich in jene unglückliche Sicherheit, die uns bei Hochkirchen so hoch zu stehen kam; damals hielten die Meisten die Attake der ganzen österreichischen Armee auf unseren rechten Flügel für ein Scharmützel der leichten und irregulären Truppen. Indessen glaube ich doch, um Ihnen nichts zu verhehlen, dass Daun seine ungarische Armee noch weit besser benutzen

---

[1]) Der König errichtete Freitruppen zum leichten Dienst; zuerst ein Bataillon, später ganze Regimenter. 1762 gab es deren acht, und vier Freibataillone nebst mehreren anderen Corps.

könnte, als er thut; denn sie schadet uns bei weitem nicht
so viel, als sie es könnte. Warum unternahmen diese detachirten Generale niemals etwas gegen unsere Fourageurs?
Warum nahmen sie nicht kleine Städte weg, wo wir unsere
Lebensmittel hatten? Warum suchten sie uns nicht unsere
Zufuhr abzuschneiden? Warum griffen sie nicht unsere
Lager mit Macht an oder fielen unserer zweiten Linie in
den Rücken, anstatt sie Nachts durch kleine Detachements
zu beunruhigen? Dies hätte ihnen viel beträchtlichere,
wichtigere und für den Ausgang des Krieges entscheiden-
dere Vortheile verschafft. Ohne Zweifel fehlt es den
Oesterreichern, wie uns, an unternehmenden Officieren,
die, überall so selten, neben der Zahl derer, die sich ohne
Beruf und Talent den Waffen widmen, die einzigen sind,
die zur Würde eines Generals zu gelangen verdienen.

Dies ist der kurze Inbegriff der Grundsätze, nach
denen die Oesterreicher den jetzigen Krieg führen. Sie
haben vieles verbessert, und doch ist es leicht möglich,
über sie die Oberhand zu gewinnen. Ihre eigene mit so
vieler Geschicklichkeit verbundene Vertheidigungsart giebt
uns die Mittel an die Hand, sie mit Erfolg anzugreifen.
Zu den Gedanken, die ich über die Art und Weise, mit
ihnen sich in einen Kampf einzulassen, zu äussern gewagt
habe, gehören noch folgende zwei Bemerkungen. 1) Das
angreifende Corps muss gut gedeckt sein, und darf nicht
der Gefahr ausgesetzt werden, statt dem Feinde in die
Flanke zu kommen, die seinige zu verlieren. 2) Die Befehlshaber müssen alle Aufmerksamkeit darauf verwenden,
dass ihre Truppen, wenn sie den Feind werfen, geschlossen
bleiben. Denn wenn sie bei solchen Gelegenheiten in Unordnung gerathen, können sie leicht durch ein kleines
Corps Cavallerie, das über sie herfällt, zu Grunde gerichtet
werden. So behutsam aber auch ein Feldherr sein mag,
so muss er doch vieles, sowohl beim Angriffe der festen
Posten, als in den Schlachten, dem Zufall überlassen.

Die beste Infanterie der Welt kann zurückgetrieben und geschlagen werden, wenn sie gegen das Terrain, gegen den Feind und gegen die Artillerie zugleich zu kämpfen hat. Die unsrige ist jetzt durch öftere Verluste schlechter geworden, und zu schwereren Unternehmungen nicht besonders brauchbar. Ihr innerer Werth ist sehr gesunken, und es wäre eine zu harte Probe für sie, wenn man sie zu Angriffen, die unerschütterlichen Muth und Standhaftigkeit erfordern, gebrauchen wollte.

Das Schicksal eines Staates hängt oft von einer einzigen entscheidenden Schlacht ab; findet man seinen Vortheil dabei, so lasse man sich darauf ein; ist aber die Gefahr grösser als der Nutzen, den man davon zu erwarten hat, so ist es besser, sie zu vermeiden. Es führen verschiedene Wege zu einem Ziele, und man muss meiner Ansicht nach den Feind im einzelnen zu vernichten suchen. Die Mittel dazu sind gleichgiltig, wenn man nur die Oberhand behält.

Der Feind schickt viele Detachements aus. Die Generale aber, die sie führen, können nicht alle gleich klug und behutsam sein. Man muss daher sie einzeln aufzureiben suchen; um diesen Zweck zu erreichen, darf man die Sache nicht wie eine Kleinigkeit angreifen, sondern man muss mit Macht auf sie losgehen, und diese kleinen Gefechte ebenso ernstlich, wie entscheidende Schlachten, behandeln. Der Vortheil hiervon wird sein, dass man durch einen zweimaligen Sieg über solche einzelne Corps den Feind nöthigen wird, sie zu vertheidigen; er wird sie sorgfältig an sich ziehen, und vielleicht eine Gelegenheit darbieten, etwas gegen die grosse Armee selbst mit gutem Erfolge unternehmen zu können.

Ich könnte noch Verschiedenes sagen; doch in den Zeiten, da ich die Macht von ganz Europa auf dem Halse habe und eilen muss, um bald eine Grenze zu decken, bald eine Provinz zu retten, sind wir gezwungen, von unseren

Feinden Gesetze anzunehmen, statt sie ihnen zu geben, und unsere Operationen nach den ihrigen einzurichten.

Da indessen gewaltsame Lagen selten lange dauern, und ein einziger Zufall grosse Veränderungen bewirken kann, so will ich über die Art, wie das Kriegstheater eingeleitet werden müsse, Einiges sagen.

So lange wir den Feind nicht in die Ebene locken können, haben wir keine grossen Vortheile über ihn zu erwarten, können wir ihm aber seine Berge, Waldungen und coupirten Terrains nehmen, so können seine Truppen den unsrigen nicht widerstehen.

Wo befinden sich aber solche Ebenen? werden Sie fragen. Giebt es deren in Mähren, in Böhmen, bei Görlitz, Zittau, Freiberg? Freilich nicht, antworte ich; wohl aber in Niederschlesien; und bei der unersättlichen Begierde des Wiener Hofs, dieses Herzogthum wieder zu haben, wird er früher oder später seine Truppen dahin schicken. Alsdann werden sie ihre Posten verlassen müssen, und weder die Stärke ihrer Stellungen, noch ihrer Artillerie wird ihnen viel nutzen; denn, wagen sich die Oesterreicher gleich im Anfange des Feldzuges in die Ebenen, so kann diese Verwegenheit ihr Verderben nach sich ziehen, und die Operationen der preussischen Armee in Böhmen und Mähren werden desto leichter gelingen.

Es ist zwar, ich gesteh' es, nicht angenehm, den Feind in sein Land zu locken; aber die Natur hat einmal Böhmen und Mähren mit Bergen und Wäldern besetzt, und dies giebt uns das einzige Mittel in die Hand, ihm beizukommen.

Wir können also weiter nichts thun, als das vortheilhafte Terrain da nehmen, wo es ist, ohne uns im Uebrigen um etwas zu bekümmern.

Die Taktik der Oesterreicher ist lobenswerth; ihre Unternehmungspläne aber, und ihr Benehmen im Ganzen ist tadelhaft. Diese überwiegenden Kräfte, diese Völkermassen, die sie aus allen vier Welttheilen auf uns gestürzt, was haben sie ausgerichtet? Ist es wohl erlaubt, mit so vielen Mitteln, so vielen Kräften, so vielen Armeen so wenig zu leisten? Ist es nicht klar, dass bei gehörigem Zusammenwirken aller dieser Armeen zu gleicher Zeit, dieselben unsere Corps, eines nach dem andern, zermalmt haben würden, und, stets nach dem Centrum vordringend, unsere Truppen einzig auf die Vertheidigung der Hauptstadt beschränken konnten? Aber gerade ihre Masse war ihnen schädlich; es hat sich der Eine auf den Anderen verlassen: der Reichs-General auf den österreichischen, der österreichische auf den russischen, der russische auf den schwedischen, und dieser wieder auf den französischen. Daher auch diese Indolenz in ihren Bewegungen, diese Langsamkeit bei der Ausführung ihrer Pläne. Sich mit schmeichelhaften Hoffnungen und in der Sicherheit zukünftiger Erfolge selbst einschläfernd, haben sie die Zeit als ihr Eigenthum betrachtet. Wie viele gute Gelegenheiten haben sie nicht vorbeigehen lassen! Ungeheure Fehler haben sie begangen, denen wir bis jetzt unsere Rettung verdanken.

Dies sind die Früchte, die ich in dem letzten Feldzuge gesammelt habe. Der noch lebhafte Eindruck desselben hat mich veranlasst, einige Betrachtungen darüber anzustellen. Ich habe nicht alles erschöpft. Es blieben noch viele Dinge zu sagen, wovon jedes einzelne eine besondere Untersuchung verdiente. Aber unglücklich, wer beim Schreiben nicht zu endigen weiss! Ich ziehe es vor, den Schacht der Betrachtungen zu öffnen, als ihn allein zu füllen, und diejenigen, die dies lesen, zu neuen Gedanken anzuregen, die, wenn die Leser ihren Verstand dabei benutzen, mehr werth sind, als diese leicht und eilig hingeworfenen Ideen.

Berlin, 27. December 1758.

Verhaltungsmassregeln

bei den Märschen der Armeen.

Verhaltungsmassregeln
bei den Märschen der Armeen.

───────

Was bei den Märschen einer Armee zu beobachten ist.

Sie wollen wissen, welche Regeln man befolgen müsse, um die Märsche der Armeen gehörig zu ordnen. Dies ist ein sehr grosses Feld, und man muss dabei sehr in's Einzelne gehen, je nach den verschiedenen Zwecken des Marschirens, nach der Nähe oder Entfernung des Feindes, nach der Jahreszeit, in der man operirt; es giebt Cantonirungsmärsche, Colonnenmärsche, Tagesmärsche, Nachtmärsche, Bewegungen der Armee, Bewegungen detachirter Corps. Jede dieser Arten erfordert verschiedene Beachtung. Das Wesentlichste zum guten Ordnen ist eine ausgedehnte und möglichst genaue Kenntniss des Landes, wo man agiren will, weil der geschickte Mann und verständige Krieger seine Dispositionen nach dem Terrain einrichtet; er muss sie der Oertlichkeit anpassen; denn das Terrain wird sich demselben nicht nach den Dispositionen bequemen, die sich nicht fügen. Diese Kenntniss ist also die Grundlage alles dessen, was man im Kriege vornehmen will; ohne sie entscheidet nur der Zufall. — Um nun diesen Stoff in einer gewissen Ordnung zu behandeln, befolge ich in diesem Versuche die gewöhnliche Reihe der Märsche, welche im Feldzuge vorkommen.

Nach geschehener Kriegserklärung der betheiligten Mächte zieht jede ihre Truppen zusammen, um Armeen zu bilden, und dieses geschieht durch Cantonnements-Märsche.

Von den Cantonnements-Märschen.

I. Man richtet die Truppen zu Grunde, wenn man diejenigen, welche aus langer Ruhe kommen, zu starke Märsche machen lässt. In den ersten Tagen dürfen sie höchstens drei deutsche Meilen machen.

II. Man bildet aus Truppen verschiedener Provinzen Colonnen, welche so weit als möglich in der Breite marschiren, so dass jedes Bataillon oder jedes Regiment sein Dorf oder Städtchen zum Nachtlager finde. Man muss wissen, wie stark die Dörfer sind, um nach der Zahl der Bewohner die Truppen zu vertheilen. Geschehen solche Märsche im Frühjahre oder vor der Ernte, so bedient man sich der Scheunen, um Soldaten hineinzulegen, und dann kann ein mässiges Dorf leicht ein Bataillon aufnehmen. Nach drei Marschtagen ist ein Rasttag nöthig.

III. Sobald man in's feindliche Land einrückt, muss der General eine Avantgarde bilden, welche campirt, und welche er vorschiebt, damit sie dem Zuge der Armee vorangehe, ihm von Allem Nachricht gebe, und damit man, falls der Feind versammelt ist, Zeit gewinne, seine Truppen zusammenzuziehen und als Armeecorps zu formiren.

IV. Wenn man vom Feind entfernt ist, kann man noch weiter cantoniren; aber man rückt die Truppen doch näher an einander, und lässt sie nach Linien und en ordre de bataille cantoniren. Bei drei Märschen Entfernung vom Feinde muss man nach den Regeln lagern und in gewohnter Ordnung marschiren.

V. Man würde durch Trennung zu viel wagen; der Feind würde aus solcher Nachlässigkeit Nutzen ziehen, über Ihre Truppen herfallen, Ihnen ganze Quartiere wegnehmen, und vielleicht, wenn er rasch handelte, Euch im

Einzelnen schlagen und gleich im Anfange des Feldzuges
zu einem schimpflichen Rückzuge nöthigen, welcher gänzliches Verderben zur Folge hätte.

Was bei den Vormärschen zu beobachten ist.

I. Der General muss einen bestimmten Operationsplan
haben; er hat also einen vortheilhaften Ort ermittelt,
wohin er vorrückt, um sein Lager zu nehmen. Nur muss
man alle Wege recognosciren lassen, um die Colonnen zu
ordnen; aber man darf nicht mehr Colonnen bilden, als
Wege da sind, welche in den neuen Lagerplatz auslaufen;
denn solche Wege, die man wieder verlassen muss, um
als Queue einer andern sich anzuschliessen, bringen keinen
Zeitgewinn und veranlassen nur Verwirrung.

II. Man suche besonders die Dörfer zu umgehen;
keine Colonne gehe durch dieselben, es wäre denn, dass
Sümpfe jeden andern Weg ungangbar machten, oder im
Dorfe eine Brücke wäre, über welche man müsste. In
einer Ebene kann man in acht Colonnen marschiren: zwei
Colonnen Cavallerie auf den Flügeln und sechs Colonnen
Infanterie im Centrum.

III. Vor der Armee muss immer ein Vortrab ziehen;
auf flachem Terrain mehr Cavallerie, auf durchschnittenem
mehr Infanterie. Der Vortrab muss eine Viertelmeile
voraus sein, um der Armee von Allem Bericht zu geben,
und um das Terrain, über welches man muss, zu untersuchen und zu säubern.

IV. Das Gepäck muss der Armee folgen, zu gleichen
Theilen hinter den sechs Infanterie-Colonnen vertheilt;
der Nachtrab, welcher den Cavallerie-Colonnen folgt, muss
dasselbe decken, und ein Corps dem Fuhrwerke nachfolgen. Dies ist die gewöhnliche Ordnung in den grossen
Bewegungen der Heere.

Von Lagern dem Feinde gegenüber, wobei man rechts oder links marschirt.

Die Märsche in der Nähe der Feinde sind die schwierigsten und erfordern die meiste Vorsicht; denn bei der Voraussetzung, dass ein aufmerksamer Feind einen Heeresaufbruch benutzen wollte, muss man sehr vorsichtig sein, um nicht auf dem Marsche geschlagen zu werden. Zuerst von den Märschen rechts oder links.

I. Ehe man sie vornimmt, muss man aus dem Hauptquartiere Officiere ausschicken, um die Oerter und Wege, das zu nehmende Lager, die Zahl der anzubringenden Colonnen und besonders die Posten, welche man im Falle eines feindlichen Angriffs während des Marsches besetzen könnte, mit kleinen Patrouillen zu recognosciren. Nach diesen recht genauen Vorbegriffen geschieht die Disposition.

II. Das grosse Gepäck sendet man vorher zwei Meilen hinter das Lager, welches man zu nehmen beabsichtigt. Dieses Gepäck muss in so vielen Colonnen ziehen, als das Terrain zulässt.

Angenommen man wollte eine Position links vom Feinde nehmen:

III. Alsdann muss man am Abend vor dem Aufbruche, bei eintretender Dunkelheit hinsenden und die wichtigsten Posten, die man im Falle eines Angriffes während des Marsches einnehmen könnte, besetzen. Die Corps müssen sich nach den Regeln formiren, und ihre Stellung nicht eher verlassen, als bis die Armee an ihnen vorüber ist; sie werden also alle rechts aufgestellt, zwischen dem Feinde und den Colonnen, deren Nachtrab sie bilden, wenn alles ruhig abläuft.

IV. Wie viele Wege auch da sein mögen, so marschirt die Armee doch nur in zwei Treffen links; und alle sonstigen Wege auf der linken Seite benutzt man für das kleine Gepäck und die Packpferde. Man lässt bei solcher

Gelegenheit alle diese Pferde bei Seite, um dieser Last los zu sein, die nur hindern kann, wenn die Armee sich vielleicht schlagen muss.

V. Wenn der Feind ein Treffen beginnen will, so nimmt die erste Linie den Posten ein, wo die deckenden Detachements stehen, und die zweite zieht nach. Alles formirt sich. Die Cavallerie steht an den Flügeln, wo man sie entweder lassen oder nach Umständen ein drittes Treffen aus ihr bilden kann. Die detachirten Corps dienen als Rückhalt, oder werden auf die Flanken der Armee oder hinter das zweite Treffen, rechts oder links, wo sie etwa nöthig sein dürften, gestellt. So befindet man sich in einer Lage, in welcher man vom Feinde nichts zu befürchten hat, und ihn sogar besiegen kann. Wenn der Marsch nicht gestört wird, bilden die detachirten Corps den Nachtrab; die Truppen ziehen wieder in ihr Lager ein, und man lässt das grosse Gepäck sicher hinkommen. — Auf dieselbe Weise geschieht der Marsch rechts.

Von einem Rückzugsmarsche vor dem Feinde.

I. Wenn man sich vor dem Feinde zurückziehen will, ist Folgendes zu beobachten: Man entledigt sich zunächst alles grossen Gepäcks, indem man dasselbe nach dem zu nehmenden Lager zurückschickt. Es muss frühzeitig abgehen, um den Weg der Colonnen frei zu lassen, damit die Truppen auf dem Marsche nicht aufgehalten werden.

II. Wenn man einen feindlichen Angriff auf den Nachtrab befürchtet, so muss man so viele Colonnen als möglich machen, damit die Armee in Masse aus dem Lager ziehe und durch Schnelligkeit bewirke, dass der Feind sie nicht einhole. Wenn dann auch im Laufe des Marsches zwei Colonnen irgendwo sich wieder vereinigen müssten, so hätte man nicht darauf zu achten, weil die Hauptsache ist, schnell abzuziehen, um jedem Gefechte auszuweichen.

III. Die Armee formirt einen starken Nachtrab, welcher so gestellt wird, dass er die Colonnen deckt. Man kann auch vor Tage aufbrechen, damit schon bei Tagesanbruch auch der Nachtrab vom Lager entfernt sei. Einige Bataillone und Schwadronen der Queue müssen bestimmt sein, sich entweder hinter Défilés oder auf Anhöhen, oder neben Wälder aufzustellen, um den Nachtrab zu decken und seinen Rückzug zu sichern. Diese Massregeln halten wohl den Marsch auf, aber sie verschaffen Sicherheit. Wenn der Prinz von Oranien dieses Verfahren beim Rückzuge von Senef beobachtet hätte, so wäre er nicht von Condé geschlagen worden. Dies lehrt uns, dass wir nie von den Regeln abweichen dürfen, sondern sie überall streng beobachten müssen, um nicht unversehens überrumpelt zu werden.

IV. Wenn der Feind den Nachtrab scharf angreift, muss die Armee Halt machen und nöthigenfalls eine Stellung nehmen, um den Nachtrab zu unterstützen und an sich zu ziehen, wenn sie solchen Beistandes bedarf. Wird sie nicht beunruhigt, so geht die Armee ihren Weg und lagert sich an dem ihr bezeichneten Orte.

Von den Märschen zum Angriffe.

Vor Allem muss hier die Stellung der Feinde beachtet werden. Nachdem man die Lage seines Lagers und seiner Vertheidigungswerke recognoscirt hat, macht man die Disposition. Die Marschwendung wird nach dem Angriffsplane eingerichtet, sowohl in Betreff des Flügels, der agiren soll, als desjenigen, den man zurückhalten will. Das grosse Gepäck muss vorher zurückgesendet werden, damit man nicht belästigt sei, und das kleine Gepäck muss der Armee, von einer leichten Escorte gedeckt, folgen, wenn man, was vorzuziehen wäre, es nicht im Lager lassen kann. Wenn das feindliche Lager so liegt, dass man rechts oder links marschiren muss, so darf die Armee nur

drei Colonnen bilden, eine als erstes, die andere als zweites
Treffen, die dritte als Rückhalt. Die Packpferde bilden
eine vierte und fünfte Linie. Wenn man gerade auf den
Angriffsort losgehen muss, so ist ein starker Vortrab erforderlich, der nur eine kleine Viertelmeile voranzieht.
Man stellt sich dann in so viele Colonnen auf, als Wege
nach dem Orte gehen, wo man sich aufstellen will; die
Adjutanten stecken die Distancen ab, und dann formirt
man sich nach dem von dem General gegebenen Angriffs-
plan. Schlägt man den Feind, so verfolgt man ihn auf
den Wegen, wo er flieht. Im Falle der angreifende Flügel
zurückgeworfen wird, muss der andere noch ganze Flügel
den Rückzug decken und als Nachtrab dienen, und man
nimmt auf denselben Wegen, die zum Feinde führten, das
Lager wieder ein.

Von Nachtmärschen.

Wenn die Lage der Dinge und die Verhältnisse es
erheischen, Nachts zu marschiren, so ist hauptsächlich
Folgendes zu beobachten:

I. Die Wege müssen von denen, welche die Colonnen
führen sollen, vorher recognoscirt sein, damit man sich in
der Dunkelheit nicht verirre, und besonders, damit sich
die Colonnen nicht durchkreuzen, was die grösste Verwirrung verursachen könnte.

II. Hin und wieder müssen Flügeladjutanten von
einer Colonne zur andern geschickt werden, um sich gegenseitig zu benachrichtigen.

III. Man stellt sich in der neuen Position so gut
man kann, und achtet, so weit die Nacht es zulässt, auf
das Terrain und auf die Vortheile, die sich daraus ziehen
lassen.

IV. Damit der Feind den Aufbruch nicht bemerkt,
lässt man im Lager, das man verlässt, die Feuer brennen;
einige Husaren müssen: Werda! rufen und sich, sobald die

Armee in Sicherheit ist, auf ein ihnen gegebenes Zeichen zurückziehen.

Von den Nachtmärschen zum Ueberfalle.

Manchmal schickt der Feind, um seinen Rücken zu decken, Detachements nach der rechten oder linken Seite hin, welche zu vernichten zur Ausführung grösserer Pläne von Wichtigkeit sein kann. Um solche Corps zu überfallen, muss man unbedingt des Nachts marschiren. Dabei ist dann Folgendes zu beachten:

Man darf nicht in zu vielen Colonnen marschiren, um nicht in Verwirrung zu gerathen. Vor jeder Colonne dürfen höchstens zwanzig Husaren sprengen, um zu berichten. Auf dem Marsche muss die tiefste Stille herrschen. Sowie man die vorderen leichten Truppen anfällt, muss man rasch zuschlagen und eilen, um schnell zu dem Hauptcorps zu gelangen, welches man vernichten will. Alles kommt hier auf Kühnheit an, denn der Erfolg hängt hier von der Schnelligkeit ab, und alles muss abgethan sein, bevor die Armee des Feindes diesem detachirten Corps zu Hülfe kommen kann. Misslingt der Anschlag, so muss man sich sogleich entweder nach einem Gehölze oder nach einem schwierigen Terrain zurückziehen, um, dadurch geschützt, zum Gros der Armee zu kommen. Bei solchen Ueberfällen muss man alles auf der Stelle niederhauen, nicht aber verfolgen, weil das geschlagene Corps von der Hauptarmee Hülfe erwarten muss, und man bei zu hitziger Verfolgung leicht verlieren kann, was bei dem Ueberfalle gewonnen worden ist.

Von den Märschen in gebirgigen Gegenden.

In Gebirgsgegenden sind wenig Strassen. Es ist schon viel, wenn man für jeden Marsch deren drei findet, zwei für die Colonnen und eine für das Gepäck. Sind deren nur zwei, so folgt die Bagage, getheilt in zwei Colonnen, von einem guten Nachtrab gedeckt. Nehmen wir also an, es seien nur zwei Wege, so muss vor jeder Colonne ein Vortrab, grossentheils aus Infanterie und einigen Hundert Husaren zum Auskundschaften bestehend, voranziehen. Ist man nur um zwei Märsche vom Feinde entfernt, so muss der Marsch ohne die geringste Vernachlässigung und immer mit Ordnung geschehen, d. h. der Vortrab muss, wenn Défilés sich vorfinden, die Höhen bis zur Ankunft der Armee auf beiden Seiten besetzt halten, dann wieder vorausziehen, um etwaige andere Défilés zu decken, oder diejenigen Höhen zu besetzen, von welchen aus der Feind, wenn er früher dahin käme, den Marsch beunruhigen könnte. Die Infanterie muss Patrouillen von Infanterie zur Seite haben, wovon kleine Detachements stets die Spitzen der Anhöhen besetzt halten. Diese Vorsichtsmassregeln beschützen den Marsch, und wenn man hierin nichts vernachlässigt, so machen sie es dem Feinde unmöglich, etwas zu unternehmen. Wenn es möglich ist, müssen Vor- und Nachtrab alle Tage wechseln, damit die Truppen nicht allzusehr angestrengt werden. Wenn neben den Strassen, wo die Colonnen ziehen, Gehölze sind, muss zuvor Infanterie hineingelegt werden. Ist der Feind entfernter, so zieht man zwar mit Vor- und Nachtrab, strengt jedoch die Truppen nicht an, dadurch, dass man Posten besetzt, wo man gewiss ist, dass Niemand hinkommen kann.

Von Rückzügen im Gebirge.

Berge sind denen, welche sich zurückziehen müssen, sehr nützlich, weil man überall Posten findet; dadurch kann der Nachtrab stets auf gut postirte Truppen stossen, welche ihn unterstützen. In solchen Fällen muss man sich jeden Hügel zu Nutzen machen, damit der Nachtrab sich immer auf solche Corps zurückziehen könne, die ihn beschützen, bis man an ein gutes Défilé gelangt, welches man in besagter Art besetzt, und das den Feind von

weiterer Verfolgung abhält. Hierbei ist die Cavallerie besonders lästig; man muss auf solchem Terrain es so einrichten, dass sie immer vor der Infanterie die Défilés
passirt, um dieser Sicherheit zu verschaffen in den Gegenden, wo sie nicht agiren kann. Ich wiederhole hier nicht,
was ich bereits gesagt, dass das Gepäck bei allen Rückzügen vorausgeschickt werden muss. Die Armee hat genug
zu thun, wenn sie bei solchen Bewegungen sich vor dem
Feinde erhalten will, und darf in Hohlwegen und Défilés,
wo sie sich leicht und ohne Belästigung bewegen muss,
nicht noch mit Wagen zu schaffen haben.

Von den Märschen über Dämme und in sumpfigen Gegenden.

Holland, und das mehr nach dem Meere zu gelegene
Flandern, sind diejenigen Länder, in welchen sich die
meisten Dämme befinden. Einige haben auch wir an der
Oder und Warthe: viele giebt es in der Lombardei, welche
noch dazu von Bewässerungsgräben begrenzt oder durch-
schnitten werden. In solchen Ländern kann eine Armee
nur auf so vielen Dämmen marschiren, als zu dem Orte
führen, wohin sie sich begeben will. Der Marschall von
Sachsen war, als er die Gegend von Mechelen und Antwerpen
verliess, um über Tongeren nach Mastricht zu marschiren,
genöthigt, sich der grossen Chaussée zu bedienen, wo seine
ganze Armee in einer Colonne marschirte, um bei Laeffeld
den Alliirten eine Schlacht zu liefern; aber das Corps des
Herrn von Estrées war zu Tongeren, deckte seinen Zug
und hatte das Ende der Chaussée besetzt. In solchen
Fällen muss man sich mit den Chausséen begnügen, die
man vorfindet. Der General muss vor jeder Colonne einen
kleinen Vortrab Infanterie haben, um von den Bewegungen
und dem Anrücken des Feindes Nachricht zu erhalten.
Er muss vor jeder Colonne einige Colonnenbrücken haben,
um, falls der Feind anrückt, dieselben über die den Damm

begrenzenden Gräben werfen und ihm eine Fronte bieten
zu können, welche seinen Angriff abzuweisen im Stande
ist. In solchem Terrain, wo die Cavallerie ganz unnütz ist,
muss sie hinter den Infanteriecolonnen ziehen, weil man sie
nicht eher brauchen kann, als bis man über die Chausséen
hinaus auf minder durchschnittenes Terrain gelangt ist.
Wenn man voraus wissen kann, dass man solche Märsche
zu machen haben werde, so muss man nothwendigerweise
ein Corps über die Chaussée hinaus vorschieben, um die
Armee zu decken und vor einem Angriffe auf einem Boden,
wo sie nur mit Mühe sich schlagen könnte, zu wahren.
Wenn es möglich ist, wenn auch nur mittelst eines Um-
weges von einigen Meilen, solche Dämme zu meiden, so
würde ich dazu rathen; denn wenn der Feind flink und
verständig ist, die Spitze der Chausséen erreicht und sie
mit Geschütz besetzt, so kann er die Colonnen bestreichen
und darin beträchtlichen Schaden anrichten, ohne dass man
auf dem durchschnittenen Terrain ihm gleichen Schaden
zufügen kann.

Von den Märschen im Frühjahre und Herbst,
wenn die Wege sehr verdorben sind.

Zwei Gründe fordern, in diesen Jahreszeiten die Märsche
abzukürzen: Die Wege sind verdorben und kothig und die
Tage kurz. Eine Armee kann täglich nur drei Meilen
machen. Die Mühe, das Geschütz und Gepäck durch den
Schlamm zu führen, nimmt beträchtlich viel Zeit weg, und
man würde Menschen und Pferde allzusehr anstrengen,
wenn man stärkere Strecken machen wollte. Findet man
bessere Wege, die aber ein wenig länger sind, als die
geraden, so muss man gleichwohl sie vorziehen und die
Artillerie hinter die Colonne bringen, welche auf dem
festeren Boden marschirt. Schickt man Detachements zu
irgend einem Zweck, von der Armee einigermassen entfernt, so darf man ihnen keine Zwölfpfünder mitgeben;

Sechspfünder reichen für sie hin, und sie werden doch Mühe haben, sie mit der Ammunition und sonstigem Zubehör fortzubringen.

Von den Märschen, welche einen Anschlag verdecken sollen, der erst beim Zusammentreffen der Armee und bei Eröffnung des Feldzuges veröffentlicht wird.

Man studire den Marsch des Marschalls von Sachsen, als er 1746 Mastricht zu berennen beabsichtigte; man sehe die Bewegungen, welche er ein Truppencorps machen liess, um Brüssel zu belagern; man lese die Dispositionen des Marschalls von Turenne, als er seine Armee in Lothringen sammelte, mit welcher er dann über Thann und Belfort in das Elsass einbrach, und die Verbündeten aus Colmar verjagte; man folge dem Prinzen Eugen auf seinem Zuge nach Turin, wo er die französischen Schanzen angriff und forcirte. Minder vollkommen, aber ähnlich, war der Marsch unserer Truppen im Jahre 1757 aus Sachsen, der Lausitz und Schlesien, um bei Prag zusammen zu stossen. Solche Pläne wollen studirt und so genau überdacht sein, dass alles übereinstimmt, und dass der Feind aus den verschiedenen Bewegungen der Truppen nicht errathen kann, was der commandirende General eigentlich beabsichtigt. Um solche Pläne zu machen und auszuführen, muss man das Land kennen, wo man zu operiren beabsichtigt, die Märsche der verschiedenen Corps zusammenstellen, damit keines zu früh oder zu spät ankomme, und damit diese plötzlichen und verschiedenen Bewegungen den Feind in Staunen und Verlegenheit setzen. Freilich kann es kommen, dass bei der sorgfältigsten Berechnung dieser Märsche eine dieser Colonnen auf ein feindliches Corps stiesse und genöthigt wäre, sich mit demselben zu schlagen; aber dies lässt sich nicht vorhersehen und wird auch niemals den einmal gemachten

Plan zerstören. Es ist überflüssig zu bemerken, dass man bei solchen Märschen im Sommer stets campirt, nicht cantonirt.

Von den Märschen der Corps von einer Armee zur andern, um Succurs zu leisten.

Diese Art von Märschen kann man cantonirend machen, weil die Armee, aus der ein Corps abzieht, dieses deckt, weil man ferner cantonirend schneller fortkommt als in Colonnen und zugleich Lebensmittel spart. Truppen, welche in Colonnen marschiren, werden den Tag über höchstens vier Meilen zurücklegen; diejenigen aber, welche in Cantonnements marschiren, können wohl fünf zurücklegen, ohne so ermüdet zu sein wie jene. Wenn man in die Nähe der Armee kommt, zu welcher man stossen will, marschirt man in Colonnen und campirt zur grössern Sicherheit auf den letzten zwei Märschen. Wenn man kann, sucht man dem Feinde seine Vereinigung mit der Armee zu verbergen, damit er bei der Nachricht davon desto mehr überrascht sei; auch erleichtert dies die Mittel zur Ausführung eines entscheidenden Streiches.

Auf diese Art haben wir im letzten Kriege alle Verbindungsmärsche gemacht.

Von den Märschen, um Winterquartiere zu beziehen.

Wenn die vorgerückte Jahreszeit nicht erlaubt, im Felde zu bleiben, muss man darauf bedacht sein, den Truppen in Winterquartieren Ruhe zu verschaffen. Man ordnet erst den Cordon, welcher diese Quartiere decken soll, und legt die dazu bestimmte Zahl Truppen dahin. Der übrige Theil der Armee bezieht ein eng begrenztes Cantonirungsquartier; und je nachdem der Feind sich zurückzieht, thut man seinerseits dasselbe, und verschafft seinen Truppen mehr Raum, je weiter sie zurückgehen,

und lässt sie mehr Dörfer besetzen, bis sie zu den ihnen
bestimmten Quartieren gelangen, wo sie es ganz bequem
haben müssen. Es giebt noch eine andere Art, die Truppen
in Winterquartiere zu legen, nämlich dass man ihnen einen
Mittelpunkt ihrer Quartiere als Sammelplatz giebt, wo diejenigen, welche die äussersten Enden besetzt hatten, gleichzeitig eintreffen. Bei einer solchen Anordnung muss jedem
Regiment der Weg, den es zu nehmen hat, um zu seiner
Brigade zu stossen, gleich anfangs gegeben werden, und
ebenso jeder Brigade der Weg vorgeschrieben sein, den
sie zu nehmen hat, um in kürzester Zeit zur Armee zu
stossen.

Von den Winter-Märschen und -Feldzügen.

Solche Unternehmungen müssen mit vieler Klugheit
ausgeführt werden, wenn man nicht seine Armee fast ohne
Gefecht zu Grunde gehen sehen will. Man macht Winterfeldzüge, entweder um ein Land zu besetzen, in welchem
der Feind nicht viel Truppen hat, oder um seine Winterquartiere zu überfallen. Von der ersteren Art waren 1740
bis 1741 unsere Züge nach Schlesien und Mähren. Wir
marschirten nach Schlesien in zwei Colonnen, eine an dem
Gebirge hin, die andere längs der Oder, um das Land zu
säubern und die Festungen entweder zu nehmen oder zu
blokiren. Dies ward ausgeführt, sobald der Marsch beider
Colonnen so geordnet war, dass sie, stets auf gleicher
Höhe bleibend, einander gegenseitig beistehen konnten.
Die Festungen blieben bis zum Frühling blokirt. Glogau
ward überrumpelt, bald darauf auch Breslau; Brieg ward
nach der Schlacht bei Mollwitz genommen, und Neisse fiel
am Ende des Feldzuges. Im Jahre 1741 rückten wir in
Mähren mit einer Colonne ein, welche sich Olmütz' bemeisterte; man blokirte bloss Brünn, welches die Sachsen
im Frühlinge 1742 belagern sollten. Allein dieser Feldzug
missglückte durch den Abzug der Sachsen und die Un-

thätigkeit der Franzosen. Wir zogen, nachdem wir in Oesterreich bis Stockerau vorgerückt waren und einen Insurgentenhaufen, welchen der Hof in unserem Rücken agiren lassen wollte, in Ungarn aufgehoben hatten, aus Mähren wieder ab. — Solche Feldzüge erfordern alle mögliche Wachsamkeit, um nicht überfallen zu werden; daher hatten wir stets ein Corps vor der Front, eines rechts und eines links, durch deren Patrouillen wir von allen Bewegungen des Feindes Nachricht hatten. Dabei waren die Cantonirungsquartiere enge geschlossen; zwei bis drei Bataillone mussten sich mit einem einzigen Dorfe begnügen, und ihre Bagage ward draussen gelagert und von einer Redoute beschützt. Es stiess uns auch kein Unfall zu. Am Schlusse des Jahres 1745 unternahm der Herzog von Lothringen einen ähnlichen Zug; im Monat December wollte er aus Böhmen über die Lausitz in's Brandenburgische eindringen. Er machte aber folgende Fehler: 1) marschirte er ohne Vortrab und ohne an der schlesischen Grenze hin Cavallerie ziehen zu lassen, die ihm von den Bewegungen der Preussen hätte Nachricht geben können; 2) hatte er zu viel Gepäck bei sich; 3) nahmen seine Cantonirungsquartiere eine Breite und Tiefe von drei Meilen ein, indem die Truppen nicht nahe genug bei einander waren; er musste mehr auf deren Sicherheit achten; 4) obgleich nahe an unseren Grenzen, bildete er weder Colonnen noch auch eine Marschordnung. Wir zogen natürlich daraus Nutzen, gingen über die Queis, überfielen seine Quartiere bei Katholisch-Hennersdorf, und hoben 4000 Mann auf. Unsere Armee campirte dort, und Herzog Karl, welcher Gefahr lief, hintergangen zu werden, war genöthigt, sich auf eine Weise nach Böhmen zurückzuziehen, dass es eher einer Flucht als einem Rückzuge glich. Er verlor dabei sein Gepäck und zwanzig Kanonen.

Der Zug des Marschalls von Sachsen auf Brüssel geschah im März. Er überfiel die Quartiere der Verbündeten,

zersprengte sie, belagerte und eroberte Brüssel. Er liess
die meisten seiner Truppen campiren und versäumte auch
nicht, starke Detachements zwischen sich und dem Feinde
zu haben, um von den geringsten Bewegungen des letzteren
Kenntniss zu erhalten. Ohne Zweifel hat jeder General,
der die Regeln der Klugheit und Vorsicht nicht ausser
Augen lässt, fast immer glücklichen Erfolg, während unbesonnene Unternehmungen nur durch den grössten Zufall
gelingen können, weil gewöhnlich der Unbesonnene zu
Grunde geht bei Gelegenheiten, in denen das Unternehmen
des Klugen gelingt.

Am Schlusse des Jahres 1744[1]), als der Fürst von
Anhalt die Oesterreicher aus Oberschlesien jagte, war es
übermässig kalt; aber dennoch versammelte er alle Morgen
die Armee zur Schlachtordnung und marschirte in Colonnen,
um zu schlagen; durch seine Klugheit und Vorsicht zwang
er nicht bloss die Feinde, die Provinz zu räumen, sondern
vernichtete noch einen Theil ihrer Truppen, und nahm
an den Orten, welche sie verlassen hatten, seine Winterquartiere.[2])

Wie die verschiedenen Märsche zu ordnen.

Der Plan der Unternehmung eines Generals dient als
Grundlage für die zu treffenden Dispositionen. Ist man im

---

[1]) Ende Januar 1745.

[2]) In der „Geschichte meiner Zeit‟ berichtet der König:
„Der Fürst von Anhalt zog bei Neisse ein starkes Corps zusammen.
Am 7. Januar ging er über den Fluss und marschirte gerade auf den
Feind los; seine Truppen versammelten sich bei Tagesanbruch, und die
Nacht brachten sie in nahe zusammenliegenden Cantonirungsquartieren
zu. Bei seiner Annäherung verliess Traun den Posten bei Neustadt und
nahm wieder seinen Weg nach Mähren. Auf diesem Rückzuge lagen
die Oesterreicher fünf Nächte im Schnee; viele wurden vom Froste
hingerafft und viele desertirten. Der Fürst von Anhalt konnte nur
einen Theil ihres Nachtrabs angreifen, von welchem er einige Gefangene
machte, worauf er sich bei Jägerndorf und Troppau festsetzte.‟ Siehe
Ausgew. Werke Friedrich's des Grossen I. 541.

eigenen Lande, so hat man allen möglichen Beistand, theils durch Specialkarten, theils durch die Einwohner, welche die nöthige Auskunft zu geben bereit sind; dann ist die Sache leicht. Man hat die ordre de bataille; beim Marsch in Cantonnements behält man diese bei. jede Brigade wird bei der andern so nahe wie möglich, jede Linie nach den Regeln aufgestellt. Ist man weit vom Feinde, so erhält jedes Regiment seine Marschroute. und der Brigade-General nicht blos die Route seiner Regimenter, sondern auch das Verzeichniss der Dörfer, wo sie cantoniren. Im feindlichen Lande wird dies schwieriger. Man hat nicht immer ausführliche Karten vom Lande, man kennt nur ungenau die Stärke der Dörfer. Um also diesem Mangel abzuhelfen. muss der Vortrab Leute aus den Städten, Flecken, Weilern zusammenbringen und zum General-Quartiermeister schicken. damit er durch ihre Mitwirkung die Marschdisposition. welche er nach der blossen Karte entworfen hat. berichtige. Campirt die Armee, so muss man sogleich nach dem Einrücken in's Lager alle Wege, die dahin führen, recognosciren lassen. Verweilt man, so muss man mit den Patrouillen Quartiermeister und Zeichner ausschicken, um Wege und die Landeslage aufzunehmen; damit man nicht blindlings verfahre. und im voraus die nöthige Auskunft erhalte. Auf diese Weise kann man schon vorher die Lager, in welche man bei Gelegenheit die Armee bringen möchte, recognosciren. Mit Hülfe solcher Skizzen kann man sogar die zu nehmende Position zeichnen. die freilich noch durch Selbstanschauung berichtigt werden muss, wie ich in meiner Abhandlung über Kriegskunst und Taktik [1]) gelehrt habe. — Dieses Recognosciren wird allerdings, wenn die Armeen einander nahe sind. schwieriger, weil auch der Feind Detachements und leichte Truppen im Felde hat. die uns nicht an die Oerter

---

[1]) Siehe „Generalprincipien des Krieges": Artikel XVII. 4.

kommen lassen, welche man recognosciren will. Oefters
will man seine Pläne verstecken, und dies macht solche
kleine Auszüge noch schwieriger. Dann bleibt nichts
weiter zu thun, als den Feind von mehreren Seiten zugleich
zu drängen, und selbst Oerter aufnehmen zu lassen, wo
man gar nicht hin will, um ihm so den eigentlichen Plan
zu verbergen; und da man ihn aus verschiedenen Posten
verdrängt, so müssen die besten Quartiermeister an den
Orten gebraucht werden, wo man ernstlich zu agiren beabsichtigt. Denn der verständige Mann überlässt niemals
dem Zufalle, was er durch Klugheit erlangen kann. Besonders darf ein General nie seine Armee in Bewegung
setzen, ohne den Ort gut zu kennen, wohin er sie führt,
und zu wissen, wie er sie sicher auf das Terrain bringen
kann, wo er seinen Anschlag ausführen will.

Von der im feindlichen Lande nöthigen
Vorsicht, um Führer zu erhalten und deren
sicher zu sein.

Im Jahre 1760 bedurften wir, als wir durch die Lausitz
nach Schlesien zogen, der Führer. Man suchte solche
in vandalischen Dörfern, und als man sie herbeibrachte,
stellten sie sich, als verständen sie kein Deutsch, was
uns sehr in Verlegenheit setzte; sobald man aber versuchte, sie zu schlagen, zeigte es sich, dass sie ganz gut
Deutsch sprechen konnten. Man muss daher in Betreff
der Führer, die man im feindlichen Lande annimmt, vorsichtig sein; man darf ihnen nicht trauen, muss vielmehr
diejenigen, welche die Truppen führen, binden und ihnen
Belohnungen versprechen, wenn sie dieselben den besten
und kürzesten Weg dahin führen, wohin man will; aber
man muss ihnen auch bestimmt sagen, dass sie ohne Gnade
gehenkt werden, wenn sie irre führen. Nur mit Strenge
und Gewalt kann man die Mähren und Böhmen dahin
bringen, solche Dienste zu leisten. In diesen Ländern

findet man Bewohner in Städten, die Dörfer aber stehen leer, weil die Bauern sich mit ihrem Vieh und ihren besten Sachen in die Wälder flüchten, und ihre Wohnungen stehen lassen. Dieses Fliehen verursacht grosse Verlegenheit. Wie will man Führer finden, ausser von Dorf zu Dorf? Da muss man sich an die Städte halten, einige Postillons, oder, wenn solche nicht zu haben sind, Metzger zu erhalten suchen, welche auf dem Lande herum zu wandern pflegen und die Wege kennen. Man muss auch die Bürgermeister zwingen, Führer herbeizuschaffen, und ihnen androhen, die Stadt zu verbrennen, wenn sie nicht gehörig dafür sorgen. Man kann auch Jäger, welche im Dienste der Grossen stehen, und denen die Gegend bekannt ist, gebrauchen. Aber alle Arten der Führer muss man durch Furcht im Zaume halten, und ihnen das Schlimmste androhen, wenn sie ihren Auftrag nicht gut ausrichten. Es giebt noch ein sicheres Mittel. sich von einem Lande Kenntniss zu verschaffen, wenn man nämlich in Friedenszeit Einwohner desselben in Dienst nimmt, welche es genau kennen. Diese sind zuverlässig, und durch sie kann man beim Einrücken in's Land andere Leute gewinnen, welche durch ihre Kunde von einzelnen Lokalitäten alles erleichtern. Die Karten sind für Ebenen meist genau genug, wenn man auch darauf hin und wieder ein Dorf oder einen Weiler vermisst; aber die wichtigste Kenntniss ist die von den Gehölzen, Défilés, Bergen, durchwatbaren oder sumpfigen Bächen. durchwatbaren Flüssen, und davon muss man ebenso genau Kunde haben, wie von Wiesen, sandigem und sumpfigem Boden. Dabei muss man auch die Jahreszeiten im Auge haben, welche bald durch Nässe, bald durch Dürre das Terrain ändern; denn es hängt oft davon ab, dass man sich hierin nicht irre. Die Quartiermeister müssen auch bei den Angaben des gemeinen Volkes auf der Hut sein; manche meinen es ehrlich, täuschen aber aus Unwissenheit, weil sie Wege und Oerter nur nach dem Gebrauche beurtheilen, den sie davon machen, und weil sie aus Unkunde in militärischen Sachen nicht wissen, wie der Krieger das Terrain benutzen kann. Im Jahre 1745, als nach der Schlacht bei S o o r die preussische Armee sich nach Schlesien zurückziehen wollte, liess ich Leute aus Trautenau und Schatzlar kommen und befragte sie über die Wege, welche ich die Colonnen nehmen lassen wollte; sie sagten ganz ehrlich, die Wege seien vortrefflich, sie kämen ganz gut mit ihren Wagen durch, und viele Fuhrleute beführen sie ebenfalls. Einige Tage später marchirte dort die Armee. Ich war genöthigt, meine Dispositionen zum Rückzuge an diesen Orten zu treffen. Unser Nachtrab ward lebhaft angegriffen, aber durch meine Vorsichtsmassregeln verloren wir nichts. Die Wege waren in militärischem Sinne sehr schlecht; allein diejenigen, die ich befragte, hatten davon nichts verstanden, und was sie gesagt hatten, war ganz ehrlich gemeint; sie wollten mich nicht täuschen. Man darf sich aber auf Berichte von Unwissenden nicht verlassen, sondern mit der Karte in der Hand muss man sie über jede Gestalt des Terrains befragen, alles bemerken, und dann sehen, ob man auf Papier eine Skizze entwerfen kann, welche einen bestimmteren Begriff von den Wegen giebt, als die Karte.

Von den Eigenschaften eines Quartiermeisters.

Der Fehler, welcher die meisten Irrungen erzeugt, ist, dass die Leute sich mit unbestimmten Begriffen begnügen und nicht bemühen, von den Dingen, die sie zu besorgen haben, klare Begriffe zu erlangen. Je mehr besondere Kenntniss man z. B. vom Terrain hat, worauf man agiren will, desto besser wählt man die Oerter zum Lagern, und desto leichter ordnet man den Marsch der Colonnen. Das Gegentheil findet Statt, wenn man von dem Terrain verworrene Begriffe hat. Um diesem Uebelstande abzuhelfen, muss man sich die besten Karten von dem Lande, wo der Krieg muthmasslich geführt wird, verschaffen. Wenn man unter allerlei Vorwänden dahin Reisen machen kann, um die Berge, Gehölze, Défilés und schwierigen Wege zu untersuchen, genau zu beobachten und deren Lage sich einzuprägen, so muss man sie unternehmen. Ein Edelmann, der sich diesem Stande widmet, muss viel natürliche Thätigkeit besitzen, damit ihm keine Anstrengung schwer falle. In jedem Lager muss er selbst bei der Hand sein, die Umgegend mittelst kleiner Patrouillen so weit, als es der Feind zulässt, zu recognosciren, damit, wenn der commandirende General eine Bewegung zu machen beschlossen hat, die Gegenden und Wege so bekannt als möglich seien, er die zum Lagern der Truppen geeigneten Orte bereits untersucht habe, und durch Fleiss in seinem Geschäfte dem General die grösseren Operationen erleichtere, welche dieser, sei es zum Marschiren, sei es zum Lagern, projectirt hat. Er muss sich bemühen, Leute aus dem Lande zusammenzubringen, um von ihnen die nöthige Auskunft zu erhalten, aber auch dabei, wie ich im vorigen Artikel gesagt habe, beachten, dass ein Bauer oder ein Metzger eben kein Soldat ist, und dass ein Landwirth ein Land anders beschreibt, als ein Fuhrmann, ein Jäger oder ein Soldat. Wenn er also solche Leute befragt, muss er immer bedenken, dass sie keine Soldaten sind, und deren Aussagen erst durch genauere Untersuchung der einzelnen auf der Karte bemerkten Oerter, besonders in Beziehung auf die Wege, auf welchen die Armee marschiren soll, berichtigt werden müssen. Man hat ferner zu beachten, dass man bei Anordnung der Truppenmärsche sich hüte, nie mehr als eine Viertelmeile Zwischenraum zwischen jeder Colonne zu lassen, besonders in der Nähe des Feindes, damit die Truppen immer im Stande, sich gegenseitig zu unterstützen. Auch müssen die Quartiermeister in der Nähe des Feindes doppelt sorgfältig und genau zu Werke gehen, damit der

General durch ihre Arbeit mindestens einen Entwurf von
dem Lande erhalte, in welchem er manövriren will, um entweder Dispositionen zur Sicherheit der Märsche, oder für die
Lager, die er nehmen will, oder zum Angriffe des Feindes
im voraus zu treffen. Officiere, welche sich hierin aus-
zeichnen, werden sicher ihr Glück machen; denn sie erlernen
praktisch alle die Kenntnisse von den verschiedenen Arten
in allen vorkommenden Fällen gute Dispositionen zu treffen,
welche ein General besitzen muss, mit Ausnahme des Feld-
zugsplanes, dessen Ausführung sie jedoch sehen, und der
ihnen endlich auch gelingen wird, wenn sie verständig,
richtig und klug denken, und fortwährend sich bemühen,
zu erkennen, wie man der Macht, gegen welche man Krieg
führt, den empfindlichsten und entscheidendsten Nachtheil
zufügen könne.

Dies ist ungefähr alles, was ich über die Märsche zu
sagen habe: doch muss ich hinzufügen, dass die Kriegskunst so vielumfassend ist, dass man sie nie ganz er-
schöpfen wird, und dass die Erfahrung späterer Zeiten
immer noch neue Kenntnisse zu denen hinzufügen wird,
welche uns überliefert wurden, und zu denen, welche wir
in unseren Tagen gesammelt haben.

Instruction

für die

General-Majors von der Infanterie.

11*

Instruction

für die

General-Majors von der Infanterie.

———

Weil ich bishero zu Meinem besonderen Missvergnügen gesehen habe, dass die Generale nicht allemal dasjenige prästiret, was Ich von ihnen erwartet habe, so bin Ich dadurch endlich vollkommen überzeuget worden, dass die Schuld an Mir gelegen, weil es ihnen an meiner Instruction gefehlet hat und es ohnmöglich ist, dass ein Mensch des andern Gedanken errathen kann, wenn sie ihm nicht expliciret werden. Dieses nun hat Mich bewogen, gegenwärtige Instruction für sie aufzusetzen, von welcher Ich Mir sowohl in Kriegs- als in Friedenszeiten viel Gutes verspreche.

Das Wort General bedeutet einen Officier, der mehr wie die Subalternen, auch mehr wie die Obersten zu befehlen hat, der in das Grosse vom Kriege entriret, dem mehr wie Anderen anvertrauet wird und der sich also in allen Sachen, so zum Dienst gehören, diejenige Auctorität geben muss, die ihm bei seinem Character anständig ist.

Bei Friedenszeiten und in Garnisonen ist der General eigentlich nur Oberst; es werden Mir jedoch allemal diejenigen zum angesehensten sein, welche sich auf alle kleine Details befleissigen, indem es besser ist, dass ein Officier bei seinem Handwerke bleibet; denn lässet er solches aus den Augen, so verlernet er es ganz und gar, und kann er nicht eine Compagnie oder ein Bataillon exerciren und abmarschiren lassen, wie will er mit einer Brigade oder mit einem Corps zurecht kommen? In Städten aber, wo grosse Garnisonen liegen, oder aber wo Corps d'armée zusammenkommen, da muss der Oberst bei Seite gesetzet und nur an den General gedacht werden.

Weil aber dieses alles in den Felddienst einschläget, so werde Ich es unter eine Rubrik setzen.

I. Von dem Dienste im Felde.

Wenn die Armee im Felde stehet, so bekommt ein jeder General seine Brigade, die sei nun von vier, sechs oder mehreren Bataillons. Ein jeder General nun, der solche Brigade bekommt, muss sich vorstellen, dass er für solche ebenso responsable ist, als wie er es für sein eigenes Regiment sein muss, denn der König oder der Chef von der Armee hält sich deshalb an ihn, so wie sich ein Oberst an seine Capitains hält, und muss sich der General die Conversation seiner Brigade auf das äusserste angelegen sein lassen; weswegen denn auch ein jeder General bei seiner Brigade campiren und auf alles Nachstehende mit vieler Attention Acht haben muss, nämlich auf die Ordnung im Exerciren, und zwar sowohl der alten Leute als der Rekruten, im gleichen dass auf den Wachen alles alerte und vigilant ist, dass die Officiere nicht spielen, nicht sonder Urlaub aus ihren Brigaden gehen, auch dass die Bursche nicht ausser den Bataillons, noch ausser den Regimentern laufen, als wodurch nichts wie Unordnung entsteht.

Es ist ein essentielles Devoir von einem jeden General, welcher ein separirtes Corps oder Detachement commandiret, dass er der Desertion vorbeuge. Dieses geschiehet nun, wenn man 1) evitiret nahe an einem Walde oder grossen Holze zu campiren, wofern man sonst nicht wegen der Kriegs-Raison dazu obligiret ist; 2) wenn man die Bursche öfters in ihren Zelten visitiren lässet; 3) dass man Husaren-patrouillen rund um das Lager gehen lässet; 4) wenn man des Nachts Jäger in das Getreide postiret, und gegen den Abend die Feldposten von der Cavallerie doubliren lässet, damit die Chaine von solchen um so viel dichter zusammen-komme; 5) wenn man nicht leidet, dass der Soldat sich debandiret, sondern dass man die Officiere obligiret, wenn Stroh oder Wasser geholet wird, ihre Leute allemal in Reihen und Gliedern zu führen; 6) wenn das Marodiren sehr ernstlich bestrafet wird, als welches die Quelle von den grössesten Désordres ist; 7) wenn an den Marschtagen die Wachen in den Dörfern nicht eher zurückgezogen wer-den, bis das Corps sich schon völlig formiret hat; 8) wenn man des Nachts nicht marschiret, es sei denn, dass eine importante Ursache solches erfordert; 9) wenn rigoureux verboten wird, dass bei Marschtagen kein Soldat sein Peloton verlassen darf; 10) dass man seitwärts Husaren-patrouillen gehen lässet, wenn die Infanterie durch ein Holz passiret; 11) dass, wenn Défilés zu passiren sind, man alsdann am Ein- und Ausgang der Défilés Officiere placiret, welche die Truppen gleich wieder formiren müssen; 12) dass, wenn man sich obligiret siehet, mit den Truppen ein Mouvement rückwärts zu machen, man ihnen solches sorgfältig cachiret, oder es doch mit einem solchen Prätexte bekleidet, welcher den Soldaten Plaisir machet; 13) wenn man jederzeit aufmerksam ist, damit es den Truppen an keinem Nöthigen fehle, es sei an Brod, Fleisch, Brand-wein, Stroh oder dergleichen mehr; 14) dass man sogleich die Ursachen examiniret, wenn die Desertion bei einem Regimente oder bei einer Compagnie einreissen will, um zu wissen, ob der Soldat seine Löhnung und andere ihm ausgemachte Douceurs richtig bekommt, oder ob sein Capitain Malversationes darunter begehet.[1])

---

[1]) Dies sind dieselben vierzehn Regeln, welche sich auch in den „Generalprincipien des Krieges", S. 4 und 5, befinden.

Auf dem Marsche muss der General das Auge darauf haben, dass die Officiere, Regimenter und Bataillons, so ihm untergeben sind, ordentliche Distances halten, derowegen er seine Attention auf alles richten, insonderheit aber, wenn durch Défilés und Wälder marschiret wird, alle ersinnliche Précaution wegen der Desertion haben muss.

Wenn in das Lager gerückt wird, so muss er exakt darauf halten, dass allen Ordres wegen Stroh- und Wasserholen und wegen Verhütung des Plünderns genau und strikte nachgelebet werde. Ist es noch Tag, so muss er sogleich das Terrain um das Lager besehen und herumreiten, damit er wisse, was er für ein Terrain bekommet, wenn es mit dem Feinde was zu thun geben sollte.

Was der General, so du jour ist, zu thun hat, stehet im Reglement.[1]

Wenn eine Armee gegen den Feind marschiret, um sich zu formiren, so wird der Commandeur der Armee befehlen, wie die Flügel stehen sollen und wie die Position genommen werden muss. Dieses ist alsdann eine der vornehmsten Schuldigkeiten des Generals, solche zu formiren, wie es sich gebühret, auch alerte dabei zu sein.

NB. Hierauf müssen sich die Generale bei den General-Revues üben.

Es ist bis Dato ein Fehler bei der Armee gewesen, dass zwar die Regimenter bei dem Formiren gut nach dem rechten Flügel gesehen, aber nicht dieselbe Attention auf den linken Flügel gehabt haben. Da Ich nun besonders darauf arbeite, alles bei der Armee einzuführen, was vor dem Feinde nöthig ist, und dass solches accurat und geschwinde executiret werde, so wird es Mir zu besonders gnädigem Gefallen gereichen, wenn sich die Generale auf das Formiren wohl üben werden; denn es kommt bei einer Bataille viel darauf an, dass man zum geschwindesten for-

---

[1] „Reglement vor die Königl. Preussische Infanterie, 1743."

miret sei, und wenn der Chef von der Armee was Rechtes dabei thun soll, so muss sich die Armee so formiren, wie er es den Umständen nach zum vortheilhaftesten findet, es sei nun, dass er mit der ganzen Linie auf einmal atta-quiren wolle, oder nur mit dem rechten oder dem linken Flügel und den andern Flügel refusiren wolle. Es kommt deswegen bei einer Bataille viel darauf an, wie die Armee formiret wird, weil dieses der Zuschnitt davon ist.

Eine Armee formiret sich auf dreierlei Art. Sie mar-schiret linienweise rechts ab; sodann müssen die Pelotons ordentliche Distancen halten und nicht zu nahe und nicht zu weit auseinander sein, worauf ein jeder General bei seiner Brigade halten muss. Wenn es dann an das Auf-marschiren gehet, so wird von dem Chef der Armee das Alignement gegeben; dieses muss in währendem Marschiren genommen werden, damit, wenn die Armee aufmarschiret, kein Bataillon mehr nöthig hat vorzurücken.

Wenn der rechte Flügel zuerst attaquiren soll, so muss ein jeder Zug drei bis vier Rotten den Unter-Officier vom Vorderzug überflügeln; so kommt der linke Flügel von der Linie gewiss zurück, wobei zu erinnern ist, wie es besser ist, dass derselbe zu weit zurückstehe, als zu weit vor, denn man kann ihn mit einem Worte avanciren machen, aber vor dem Feinde sich zurück zu ziehen gehet nicht wohl an. Dieses ist eben dasselbige, wenn eine Armee linienweise links aufmarschiret. Soll alsdann der rechte Flügel zurück sein, so muss ein jeder Zug vier Rotten links über dem andern marschiren.

Die dritte Art eine Armee zu formiren ist, mit ganzen Colonnen vorwärts; alsdann halten die Züge ganz enge Distancen, die Bataillons marschiren dicht auf einander und bleiben in der Ordnung bis dass der Chef der Armee deployiren will. Die Generale, so die Colonnen führen, müssen wohl Acht haben, dass die Colonnen nach der Zahl der Bataillons und Escadrons, so sie in sich halten, aus einander bleiben, zu sagen, dass, wenn dreissig Escadrons Cavallerie in der Colonne Cavallerie sind, die in das erste Treffen gehöret, so muss die erste Colonne Infanterie, wenn sie bald an den Platz kommet, wo sie sich deployiren soll, so marschiren, dass sie von dreissig Escadrons aufzumarschiren, zwischen ihrer Tête und der von der Cavallerie frei lässet. Die zweite Colonne Infanterie lässet desgleichen so viel Distance zwischen der ersten von der Infanterie und zwischen ihr, als wie Bataillons davon in das erste Treffen hereinkommen, und dergestalt auch die andern.

Wenn mit Divisions aufmarschiret wird, so ziehen sich alle Bataillons der Colonnen, so zum ersten Treffen gehören, links, bis auf die Tête, welche gerade aus marschiret. Dabei muss wohl observiret werden, dass die linken Flügel der Divisions nicht vorlaufen, und muss der Officier, so bricht, auf den linken Flügel seines Pelotons wohl Acht haben, damit solches nicht vorlaufe. Die Generale müssen insonderheit Acht haben, dass die Armee dergestalt ordentlich aufmarschire.

Alsdann wird commandiret mit halben Bataillons aufzumarschiren; sodann ziehen sich die Bataillons immer mehr links, da dann wieder bei allen den Sections der Bataillons observiret werden muss, dass der linke Flügel zurückbleibe. Dann wird mit ganzen Bataillons aufmarschiret, und die Armee formiret sich en bataille. So lange als mit Divisions und mit halben Bataillons marschiret wird, bleiben die Divisions fünf Rotten hinter dem linken Flügel der Division, so ihr vor ist, damit sie nicht eher aufmarschiren, als man es nöthig findet. Die halben Bataillons bleiben ingleichen sechs Rotten hinter dem linken Flügel des Bataillons, welches ihnen vor ist. Endlich muss bei dem Aufmarsche das Aligniren sehr wohl observiret werden, auch dass die Bursche den rechten Arm vor haben und nicht so gedrängt stehen, dass sie weder ordentlich avanciren, noch mit dem Gewehre umgehen können.

Wenn die Bataille wirklich angehet, so werden sich diejenigen Generale am meisten recommandiren, die den Feind mit geschultertem Gewehre attaquiren, und die, wenn auch die Leute zu schiessen anfangen, sie wieder stille kriegen, dagegen mit den Baionette auf den Feind gehen und nicht eher schiessen lassen, bis dass der Feind ihnen den Rücken zukehret.

Wenn sich etwa Dörfer oder Häuser auf dem Wahlplatze finden, so müssen die Häuser niemalen besetzet werden, sondern es müssen die Bataillons sich auswärts herumziehen, dergestalt, dass sie die Häuser im Rücken haben, und sowie die Linie herankommt, so marschiren die Bataillons mit der Linie vorwärts.

Wenn die feindliche Cavallerie von einem Flügel des Feindes weggeschlagen worden, so können die Bataillons, so zwischen beiden Treffen die Flanke decken, oder auch einige aus dem zweiten Treffen vorgenommen werden, um dem Feinde damit in die Flanken zu kommen.

Wenn in dem ersten Treffen Lücken werden sollten, so müssen die Generale aus dem zweiten Treffen, ohne einmal Ordre dazu zu erwarten, in das erste Treffen einrücken lassen.

In Summa, darum heissen sie Generale, damit, wenn sie eine Sache gut überleget haben, sie solche auf ihre Hörner nehmen, denn der Chef kann nicht überall gegenwärtig sein und von den andern Generalen können welche todt geschossen sein.

Findet es sich, dass die feindliche Armee schon postiret stehet, so müssen Berge bestiegen und durch Verhacke oder durch Wälder marschiret werden, um an den Feind heran zu kommen. Weil solches nun nicht anders als mit Confusion geschehen kann, so müssen die Generale, wenn ihre Brigade den Berg herauf, oder durch den Wald passiret ist, solche erst wieder formiren und alsdann mit der ganzen Brigade in Ordnung auf den Feind avanciren.

Wenn die Bataille vorbei ist, so müssen die Generale sowohl für die Kranken und Blessirten von ihren Brigaden, als auch für die verlornen Montirungs-Stücke sorgen.

II. Von Detachements.

Es werden bei gewissen Gelegenheiten den General-Majors Detachements anvertrauet. Weil nun dergleichen Corps von Cavallerie, von Infanterie, oder auch von Husaren componiret sind, so erhellet daraus, wie ohnumgänglich nöthig es der Person eines Generals ist, den Dienst und die Verpflegung, auch die Conservation von den differenten Truppen zu verstehen; dahero denn diejenigen sich bei Mir am besten recommandiren, welche sich gleichfalls auf den Dienst der Cavallerie appliciren werden. Bei solchem Commando wird mehrentheils dem Chef die Verpflegung seines Corps aufgetragen, weshalb er denn in allen Proviant-sachen, die zur Conservation solches Corps gehören, läufig sein muss. Je besser er nun den Burschen zu leben schaffen wird, und je besser seine unterhabenden Pferde ausgefüttert sein werden, je mehr wird er sich bei Mir recommandiren.

Bei Detachements ist vornehmlich auf vortheilhafte Läger zu sehen, und eine solche avantageuse Position zu nehmen, damit man von einem starken Feinde, weder von der Fronte, noch in den Flanken etwas zu besorgen hat; desgleichen muss auch gegen Husaren und Panduren der Rücken gedecket sein, jedoch so, dass man allemal aus dem Lager frei und sicher zur Haupt-Armee oder auch zu der festen Stadt, aus welcher man detachirt ist, kommen kann.

Feste Läger sind diejenigen, wenn man nämlich starke Défilés vor sich hat, oder dass man auf steilen Bergen campiret, oder hinter Flüssen stehet, wo der Feind sonder Brücken nicht herüber kommen kann.

Wenn man nur Bäche oder kleine Wässer vor sich

hat, so muss man solche oberwärts stauen lassen, damit selbige anlaufen und eine Art von Inondation machen. Wo Gués oder Oerter sind, da man durchreiten kann, da schmeisset man grosse Bäume mit ihren Aesten hinein, um das Durchkommen zu verhindern. Wenn man die Flanken mit nichts decken kann, so lässet man Redouten aufwerfen, und zwar nach der Stärke des Corps auf zwei oder mehrere Grenadier-Compagnien. Bleibet man in dem Lager stehen, so pallisadirt man die Redouten und lässet en quinconce Wolfsgruben vor dem Graben machen.

NB. Das Lager, welches man nimmt, muss jeder Zeit zweihundert Schritt, auch wohl mehr, hinter dem Posten sein, wo man sich vorgenommen hat sich zu stellen, wenn der Feind ohnvermuthet kommen sollte.

Uebrigens muss ein General, der ein solches Corps commandiret, sich drei oder vier starke Läger ausgesehen haben, damit, wenn er etwa das eine verlassen müsste, er jederzeit schon zum voraus andre wisse, wohin er seine Retraite nehmen kann.

Die Detachements geschehen:

1. Um Convois zu decken. Bei dergleichen Detachement muss man dem Convoi, wenn solches ankommen will, entgegenschicken, insonderheit aber muss man durch die Husaren fleissig patrouilliren lassen, um Nachricht zu bekommen, ob der Feind etwas darauf intendiren möchte. Wo Plaine ist, da schicket man den Convois viele Cavallerie entgegen; sind aber Défilés, so muss man keine Cavallerie, sondern vielmehr Infanterie schicken. Bekommt ein detachirtes Corps Nachricht, dass sich ein feindliches Corps zu sehr nähert, so muss man es recognosciren lassen, darauf des Nachts marschiren und solches bei Anbruch des Tages überfallen: denn es ist allemal eine Hauptregel, dass, wenn man dem Feinde nichts zu thun machet, so machet er einem gewiss alle Hände voll zu thun, wird er aber oft beunruhigt, so denkt er an sich, verfällt auf die

Defensive und lässet also den andern zufrieden. Es ist
hierbei aber nöthig, dass man zuvor wohl informiret sei,
mit wie viel Leuten man wohl zu thun haben wird, auch,
ob der Feind nicht noch eine Reserve hat, die ihm zum
Succurs kommen kann; denn dergleichen Expeditiones
wohl überleget werden müssen.

2. Detachirt man seitwärts der feindlichen Armee,
um selbiger in ihre Convois zu fallen, oder auch ihr das
Fouragiren schwer zu machen. Bei solcher Commission
muss man fast gar keine Bagage mit sich nehmen; dabei
müssen die Husaren gut patrouilliren, um Nachricht vom
Feinde zu bringen, und wenn ein Coup zu machen ist, so
muss das Défilé, durch welches das Corps Husaren oder
Cavallerie den Feind attaquiren soll, beständig mit Infanterie besetzet sein, damit selbiges sicher wieder zurückkommen könne.

Dasjenige Corps, welches von dem Detachement detachiret wird, muss jederzeit zwei Wege haben, um wieder
zurückkommen zu können. Es ist auch nöthig, dass, wenn
man dergleichen Project hat, solches auf das äusserste
verschwiegen gehalten werde, damit der Feind nichts
davon zu erfahren bekommen könne. Die Partien, welche
was Gutes ausrichten wollen, müssen des Nachts ausgehen
und frühe gegen den Tag ihren Coup machen, auch sodann
wiederum zurückeilen.

Ist man gewiss, dass ein starkes feindliches Corps auf
das Detachement zukommet, welches dasselbe von dem
grossen Corps d'armée, oder aber von der Festung, woher
es gekommen ist, abschneiden kann, so muss das Detachement des Nachts zurückmarschiren. Es müssen deshalb
die Generale sich alle Wege und Situationes wohl bekannt
machen, damit sie überall durchzukommen wissen. Demjenigen Officier, welcher nicht das Terrain kennet, noch
von einer Anhöhe, von hohlen Wegen, von Morästen und
von Wäldern zu profitiren weiss, demselben kann niemals

ein detachirtes Corps anvertrauet werden. Ueberhaupt, da das detachirte Corps eben so wie des Generals sein eigenes Regiment anzusehen ist, so muss derselbe auch auf selbige Art dafür sorgen.

3. Von Detachements auf Postirungen. Die Postirungen werden des Winters gegen den Feind gemachet, und der General, so dazu commandiret, muss immer mit einem Corps, welches auch zugleich zur Reserve dienet, etwas hinter seinem avancirten Posten liegen, damit er überall im Stande sei, sowohl seine Ordres zu geben, als auch, auf den Fall, dass sein Posten attaquiret wird, solchem zugleich mit seiner Reserve secundiren zu können. Die Husaren muss er dabei zu accuratem Patrouillen anhalten und die Officiere, so sich darunter negligiren, nach der grössten Rigueur bestrafen. Er muss ferner in seiner Brigade beständig darauf sehen, dass den gegebenen Ordres strikte nachgelebet werden müsse.

Bei den Husaren-Patrouillen ist zu observiren, dass wo guéable Wässer sind, alsdann die Husaren dicht an dem Ufer oft und von Viertelstunde zu Viertelstunde patrouilliren müssen. Diese Patrouillen dürfen nicht stark sein, indem sie nur patrouilliren um den Feind zu observiren, und gar nicht um sich zu schlagen.

Alle Berichte, so von einem Generale an den König oder an den Chef der Armee gehen, müssen mit Fundament und mit Vorsichtigkeit abgefasst sein, damit ein General nicht solche ohnzuverlässige Rapporte erstatte, als zum öftern die Husaren thun. Alles was passiret und was sie gehöret und in Erfahrung gebracht haben, können sie als Zeitungen schreiben, jedennoch aber müssen sie am Ende des Berichtes ihr Raisonnement und ihre Meinung darüber beifügen, was ihnen nämlich davon wahrscheinlich vorkommet, oder aber was ihnen ihre Spione Lügenhaftes berichtet haben möchten; insbesondere aber müssen sie attent sein zu erfahren, wo die grossen Magasins des Feindes errichtet werden, indem man daraus am füglichsten seine Desseins errathen kann.

Wenn die Armee im Frühjahre in das Feld rücket, so werden sich diejenigen Generale sehr bei dem Könige recommandiren, die ihre Brigaden oder Detachements in gutem Stande und Ordnung demselben vorführen, und die allen gegebenen Ordres am besten werden nachgelebet haben.

Potsdam, den 14. August 1748.

          (L. S.)   F c h.

Instruction

für die

General-Majors von der Cavallerie.

Instruction

für die

General-Majors von der Cavallerie.

———

Nachdem Ich bisher zu Meinem besondern Missvergnügen gefunden, dass die Generale nicht allemal dasjenige prästiret, was Ich von ihnen erwartet habe, so bin
Ich endlich vollkommen überzeuget worden, dass die
Schuld in gewisser Masse an Mir gelegen, weil es ihnen
an Meiner Instruction gefehlet hat, es aber ohnmöglich
ist, dass ein Mensch des andern Gedanken errathen kann,
wenn sie ihm nicht expliciret werden. So hat Mich dieses
bewogen, gegenwärtige Instruction für sie aufzusetzen, von
welcher Ich Mir, sowohl in Kriegs- als Friedenszeiten, viel
Gutes verspreche.

Das Wort General bedeutet einen Officier, der mehr
wie die Subalternen, auch mehr wie die Obersten zu befehlen hat, der in das Grosse vom Kriege entriret, dem
mehr wie andern anvertrauet wird, und der sich also in
allen Sachen, so zum Dienst gehören, diejenige Auctorität
geben muss, die ihm bei seinem Character anständig ist.

Bei Friedenszeiten und in Garnisonen thun die General-
Majors von der Cavallerie eigentlich nur Obersten-Dienste.
jedennoch haben sie auch in Friedenszeiten Gelegenheit
sich zu distinguiren, wenn sie nämlich ihre Regimenter in
sehr guter Ordnung halten, wenn sie dafür sorgen, dass
das Regiment mit keinen andern als recht tüchtigen und
guten Pferden remontiret werde, wenn sie das Auge darauf

12*

haben, dass die Pferde vom Regiment beständig in dienst-
barem Stande erhalten werden müssen und von Kräften
und Vigueur sind, doch aber, dass solche gut ausgefüttert
und dabei in Athem sind und nicht pusten, wenn die Attaque gemachet ist. Es distinguiret sich ferner ein Regiment
durch die Munterkeit seiner Officiere, wenn dieselben alerte
sind, ihre Züge wohl führen, wohl commandiren, und wenn
sie einen hurtigen und leichten Begriff von den Manoeuvres
haben, welche man ihnen zu machen aufgiebet und welche
gegen den Feind vorkommen können.

Wenn Campements zu Revue formiret werden, so
müssen die General-Majors ihre Dienste wie Generale verrichten und kommt ihnen alsdann zu, die Feldwachen aus-
zusetzen, wobei denn zu observiren ist, dass, wenn das
Campement vor der Ernte zusammengezogen wird, alsdann
bei Setzung der Feldwachen das noch im Felde stehende
Getreide allerdings menagiret werden muss; ist aber das
Campement nach der Ernte, so müssen die Feldwachen
nach allen Regeln des Krieges dergestalt, wie es im Reglement vorgeschrieben ist, ausgesetzet werden, zu sagen, dass
vor allen Dingen das Lager gut besetzet werde, auch dass
die Posten verdeckt stehen, die Vedettes aber auf den
Höhen. In Formirung der Linie bei den General-Revues
müssen die Generale eben dasselbige observiren, als wenn
wirklich gegen den Feind aufmarschiret würde, so wie Ich
es gleich mit mehrerm expliciren werde.

Was die General-Majors von der Cavallerie im Felde zu thun haben.

Sobald als wie die Armee zusammengezogen wird und
en rang de bannière campiret, so werden die Regimenter
in Brigaden eingetheilet. Ein jeder General-Major, welchem eine Brigade übergeben wird, muss solche so als
wie sein eigenes Regiment ansehen, und da ein Rittmeister

seinem ihm vorgesetzten Obersten wegen seiner Compagnie
allemal responsable sein muss, so bleibet ebenmässig der
General-Major wegen seiner Brigade dem Könige responsable, dergestalt, dass er bei sothauer Brigade auf die
Ordnung in den Regimentern derselben, auf die Subordination der Officiere und Gemeinen, auf den guten Zustand der Pferde, auf die Observirung der Ordres in allen
und jeden Stücken Acht haben muss, exempli gratia, dass
die Leute unter Aufsicht gewisser dazu commandirter
Officiere ordentlich nach dem Wasser reiten müssen, dass
keiner für seinen Kopf fouragiren reiten darf, dass die
Wachen ordentlich aufziehen, in Summa, der General-
Major von der Brigade muss auf alle und jede Stücke, so
der Dienst erfordert, ein sehr wachsames Auge haben und
dafür respondiren, dass alles mit Exactitude geschehe.

(Folgen wiederum die 14 Artikel wegen der Desertion.)

Auf Märschen muss der General seine unterhabenden
Officiere wohl anhalten, dass dieselben bei Passirung von
hohlen Wegen, Défilés, absonderlich wenn durch Wälder
marschiret wird, keinen Kerl aus den Zügen und Gliedern
abstreifen lassen, auch dass die Escadrons und die Regimenter ordentlich und wie eine Kette aneinander zusammen-
hangen. Erlaubet es das Terrain, dass die Regimenter
und Escadrons mit Zügen marschiren können, so müssen
jederzeit die Züge ihre Distances so halten, damit sie sich
allemal schwenken können; die Unterofficiere müssen nach
den Officieren, welche die Züge führen, sehen, damit
solche nicht zu weit zurück, aber auch nicht zu weit auf
selbige zureiten; ferner, dass von den Rittmeistern oder
Commandeurs der Escadrons einer gegen die Mitte reite,
hergegen, dass die Commandeurs der Regimenter sich
allerwegen, wo sie nöthig sind, finden lassen, die Generale
aber an solchen Orten, von dar sie ihre Brigaden übersehen können. Wenn Défilés zu passiren sind, so bleiben
die Obersten und Commandeurs der Escadrons bei dem

Défilé halten, und zwar die Commandeurs der Escadrons, bis ihre Escadron das Défilé durchpassiret ist, die Obersten aber, bis ihr Regiment das Défilé passiret hat, und die Generale, bis ihre Brigade durch ist; sollte die Tête zu geschwinde oder zu langsam marschiren, so muss der General dahin schicken und davon avertiren lassen.

Wenn die Armee in das Lager rückt, so setzet der General-Major du jour die Feldwachen aus. Bei den Feldwachen ist zu observiren, dass man des Tages wenig Vedettes aussetzet, solche aber gut postiret, denn den Tag über können wenig Leute so gut wie viele avertiren, wenn sie sonst nur gut postiret sind; des Nachts aber müssen mehr Posten ausgesetzet werden, um die Desertion um so mehr zu verhüten, oder auch zu präcaviren, dass sich kein Spion in das Lager schleichen kann. Was die andern Generale betrifft, so müssen selbige, dafern es nur noch etwas Tag ist, sogleich vor und seitwärts des Lagers reiten, um sich sogleich das Terrain bekannt zu machen, so weit als es nur des Feindes leichte Truppen zulassen werden; denn die Kenntniss des Terrains ist eines der Hauptstücke, welche von einem Generale erfordert werden, und die öfters am Tage einer Action die Bataille decidiret.

Wenn die Armee marschiret in der Intention, mit dem Feinde zu schlagen, alsdann geschiehet der Marsch beständig mit Zügen, und muss alles dabei sehr genau observiret werden, was deshalb vorhin erinnert worden ist.

Man formiret sich auf dreierlei Art gegen den Feind, nämlich man marschiret

1) linienweise rechts ab, oder

2) linienweise links ab, oder

3) mit Colonnen en front.

Wenn linienweise rechts abmarschiret wird, da wird von dem Chef der Armee die Position gegeben, wornach sich ein jeder Flügel zu aligniren hat, alsdann die Gene-

rale, so die Brigaden commandiren, wohl Acht zu geben
haben, dass alles exakt geschehe. Ich setze den Fall, es
sei ein Dorf mit Infanterie besetzet, an welchem der eine
Flügel zu stehen kommt, so ist es besser, die Cavallerie
lässet das Dorf auf dem rechten Flügel funfzig Schritt
vor sich, bis sie sich formiret hat, alsdann sie vorrücket.
Ist eine Höhe vor dem Orte, wo der rechte Flügel ist, so
muss der General, der den Flügel Cavallerie commandiret,
solche Höhe gewinnen, und den Feind zu überflügeln suchen.
Ist das erste Treffen nicht stark genug, so nimmt nur gedachter General aus dem zweiten Treffen so viel vor, als
wie er nöthig hat. Kann der Flügel Cavallerie sich nicht
appuyiren und sind weder Teiche, Moräste, Wässer oder
dergleichen, so ihn decken, oder finden sich sonst einige
Schwierigkeiten im Terrain, so muss der General-Major
vom zweiten Treffen sofort das erste mit zwei oder drei
Escadrons überflügeln, die Husaren aber, so im dritten
Treffen stehen, müssen dergestalt hinwiederum das zweite
Treffen überflügeln.

NB. Dieses muss bei allen Aufmärschen gegen den
Feind mit vieler Exactitude beobachtet werden.

Marschiret die Armee linienweise links ab, so ist eben
dasselbe dabei zu observiren. Ich setze nur noch hinzu,
dass von einer jeden Escadron ein Officier vorjagen muss,
um das Terrain zu recognosciren, ob Gräben, Löcher,
Brücher, Teiche oder dergleichen vor ihrer Fronte sind,
auf dass ein jeder Officier bei Zeiten wisse, was er für
ein Terrain zur Attaque hat, und dass er seine Leute von
allem avertiren könne.

Wenn mit Colonnen gerade gegen den Feind marschiret wird, so müssen 1) die General-Majors auf ihre
Distance wohl Acht haben, und die Têten der Colonnen
müssen in gerader Linie sein. Wenn mit Escadrons marschiret wird, so ziehet sich die Tête rechts, und alle andern
Escadrons, so in das erste Treffen kommen, links, des-

gleichen die Tête vom zweiten Treffen rechts, die andern Escadrons aber ebenmässig links. Die linken Flügel von einer jeden Escadron müssen wohl zurückgehalten werden, damit sie nicht vor dem rechten Flügel vorbeugen; die Escadrons bleiben eine jede sechs Rotten hinter der Escadron, die ihnen vor ist, damit sie nicht zu zeitig aufmarschiren. Die Generale müssen sowohl nach der Position des rechten als des linken Flügels sehen, damit die Armee kein falsches Alignement bekomme. Wenn in einer Plaine aufmarschiret wird, so müssen die Escadrons, desgleichen die Regimenter des ersten Treffens, ganz enge Distances haben, die aber im zweiten Treffen stehen, geben weite Intervallen. Die Escadrons des zweiten Treffens, welche das erste Treffen überflügeln, können, wenn etwas zu besorgen stehet, auf der Flanke hundertfunfzig Schritt von dem ersten Treffen gezogen werden; das zweite Treffen bleibet nicht weiter als dreihundert Schritt von dem ersten zurück, die Husaren im dritten Treffen bleiben zweihundert Schritt von dem zweiten zurück und geben ebenmässig grosse Intervallen. Was vorher wegen des Terrains ist erwähnet worden, muss hier gleichergestalt observiret werden, damit sich die Cavallerie aller der Vortheile bediene, welcher dieselbe sich gegen den Feind gebrauchen kann. Bei allen diesen Manoeuvres müssen die Generale alerte und agissant sein. In Friedenszeiten werden dieselben Gelegenheit haben, sich bei den General-Revues darin zu üben, und wird der König an denjenigen ein besonderes Wohlgefallen finden, welche sich alle diese Sachen am meisten werden angelegen sein lassen.

Was bei den Bataillen zu observiren.

So viele differente Terrains sich finden, so viele sind auch differente Bataillen; es ist also ohnmöglich vorauszusagen, was bei einer jeden Bataille vorkommen kann. Ich attachire Mich demnach hierunter nur an die General-

Regeln. um solche nebst meinen Ordres den Generalen zu imprimiren; bei differenten Vorfallenheiten kommt es auf die Habileté und Présence d'esprit eines jeden Generals an.

Bei allen Bataillen im freien Felde muss die Cavallerie gleich auf den Feind losgehen und ihn attaquiren; dieses ist eine Hauptregel und Mein ernstlichster Befehl. Dieserwegen wird eben auf das geschwinde Formiren der Armee so sehr gehalten, damit man immer eher fertig sei wie der Feind und dass man von solchem nicht surpreniret werden könne. Ist unsere Cavallerie formiret, und die feindliche sodann noch mit Aufmarschiren beschäftiget. so haben unsere Leute nur halbe Arbeit, wenn sie in solcher Bewegung attaquiren.

Die Attaque von der Cavallerie geschiehet zuerst im Trabe, darnach im Galopp und dann in voller Carriere. Hierbei muss wohl und als eine Sache, die sehr wichtig bei der Attaque ist, observiret werden, dass die ganze Linie mit gesammter Macht dem Feinde auf einmal auf den Hals falle. und nicht truppweise oder ein Regiment nach dem andern. Um solches zu bewerkstelligen, so müssen die Commandeurs der Escadrons zugleich antraben, zugleich in Galopp fallen, auch die ganze Linie zugleich an den Feind heranjagen. Wenn dergestalt die grosse Mauer geschlossen und mit Impetuosität auf einmal an den Feind herankommet, so kann ihr ohnmöglich etwas Widerstand thun. Sollte etwa im ersten Treffen eine Escadron, es sei wegen eines Grabens oder dergleichen, in Confusion gekommen sein, so muss sofort die nächste Escadron vom zweiten Treffen hereinrücken, sollte es etwa auch an einem oder anderen Orte des ersten Treffens schwer halten, so muss das zweite Treffen, sonder Befehl noch Ordre dazu zu erwarten. sogleich secundiren. Wenn die erste Attaque vorbei ist, so muss ein jeder General mit seiner Brigade, auch wohl ein jeder Rittmeister mit

seiner Escadron das, was von dem Feinde noch vor ihm
hält, attaquiren und wegjagen; die Escadrons sowohl als
die Regimenter müssen sich einander getreulichst beistehen
und secundiren, bis sie den Feind völlig in die Flucht
haben.

Wenn die feindliche Cavallerie bis über das nächste
Défilé getrieben worden ist, alsdann gebühret der Cavallerie zwei Sachen zu thun, nämlich dass etwas von ihr
detachiret werden muss, damit die feindliche Cavallerie
nicht wieder zurückkommen darf, und dass das Uebrige
sodann sich der feindlichen Infanterie in den Rücken setze,
um ihr die Retraite abzuschneiden. Will man auch des
Feindes Infanterie in die Flanke und in das zweite Treffen
fallen, so ist solches sehr gut; nur muss alsdann ein Officier nach unserer Infanterie geschicket werden, damit
solche davon avertiret werde und nicht auf die Infanterie
vom Feinde schiesse, wenn unsere Cavallerie solche attaquiren will, als wodurch unsere Cavallerie sonst leicht in
Confusion gebracht werden könnte.

Wenn man eine Bataille in bergigen und difficilen
Gegenden hat, so ist es nicht möglich, dass die grosse
Attaque zugleich geschehen kann, sondern es muss alsdann ein jeder General das Beste bei seiner Brigade thun,
denn das Terrain ist an solchen Orten sehr unterschiedlich,
und wenn da nicht ein jeder General sein Terrain zu
judiciren und von der geringsten Gelegenheit, welche sich
äussert, zu profitiren weiss, so kann es nicht gut gehen.
Wo Gräben sind, da schreit der Commandeur der Escadron:
Graben! Alsdann setzet das erste Glied herüber, das zweite
und dritte Glied öffnen sich und setzen geöffnet herüber,
schliessen aber sodann gleich wieder auf das erste Glied;
alsdann die Attaque prosequiret wird.

Bei dergleichen Affairen müssen die Generale sowohl
vor- als seitwärts sehen, um ihre Nachbaren bei Zeiten
zu secundiren, jedoch müssen sie den Feind so scharf und

so frisch attaquiren, als es nur immer möglich ist. Attaquiren sie stark und geschlossen, so können sich die Escadrons nicht meliren und ist also zu vermuthen, dass
der Feind sonder grossen Widerstand zum Weichen gezwungen werden wird; attaquiren sie aber nicht recht geschlossen, so können sich die Escadrons meliren, und alsdann deciditet der gemeine Mann die Sache. Weil dieses
aber journalier ist, so müssen die Escadrons so geschlossen
attaquiren, als es sich nur immer thun lässet, weshalb das
erste Treffen fast ohne Intervallen bleiben muss, damit
der Feind von keiner Flanke einer Escadron profitiren möge.

Wenn die ganze feindliche Cavallerie dergestalt weg-
gesprenget ist, alsdann kann an die feindliche Infanterie
gedacht werden, auf die Art, wie schon vorhin erwähnet
worden ist. Ich erinnere nur dieses noch dabei, dass die
Attaque auf die Flanke der beiden feindlichen Treffen die
sicherste und kürzeste ist, indem sodann die Linien wie
ein Kartenhaus übern Haufen gehen.

Bei gewissen Gelegenheiten, wenn Posten oder retran-
chirte Oerter attaquiret werden müssen, so kommt die
Cavallerie in das zweite oder dritte Treffen; alsdann
kann sie nicht eher gebrauchet werden, bis die Infanterie
den Posten gewonnen hat. Ist die feindliche Infanterie
geschlagen, so pfleget alsdann in solchen Gelegenheiten
die feindliche Cavallerie erstere gern bedecken zu wollen,
wo wieder unsererseits sodann die Cavallerie durch die
Lücken der Infanterie gezogen werden muss. Wenn nun
feindliche Cavallerie gegen sie stehet, so müssen sich die
Brigaden erst ordentlich formiren, bevor sie darauf losgehen; wäre es aber, wie es auch öfters in Bataillen zu
arriviren pfleget, dass die feindliche Infanterie allein da
wäre, so kann die Cavallerie selbige ohne alle Complimente
attaquiren, so wie das Baireuthsche Regiment bei H o h e n -
f r i e d e b e r g davon ein Exempel gegeben hat. Die Attaquen
von der Cavallerie sind bei dergleichen Gelegenheiten ganz

sicher: wenn die feindliche Infanterie zu kräuseln anfängt,
alsdann darf die Cavallerie nur gerade darauf zu jagen,
sich so viel wie möglich ausbreiten und die Tête der
Flüchtlinge gewinnen, wodurch sodann alles, was zwischen
unserer Infanterie und Cavallerie sich befindet, gewiss
unser ist.

Die Cavallerie muss niemals zu nahe an grosse Wälder
verfolgen, auch nicht über Défilés gehen, wohl aber bis
ganz dicht an das Défilé poussiren.

Vom Fouragiren.

Die Fouragirungen geschehen entweder um grüne oder
um trockene Fourage zu bekommen. Bei den Fouragirungen
von grüner Fourage müssen Escortes von Cavallerie und
von Infanterie gegeben werden. Geschiehet solches in der
Plaine, so marschiret die Cavallerie zuerst, alsdann ein
Theil von der Infanterie, darauf die Fourageurs und dann
die Arrièregarde; geschiehet die Fouragirung aber wo
Berge, Wälder und Défilés zu passiren sind, so muss die
Infanterie die Tête von der Bedeckung der Fourageurs
machen und die Cavallerie bei der Arrièregarde sein.

Wenn das Feld ausgesehen ist, wo fouragirt werden
soll, so werden die Posten rings herum ausgestellet, und
müssen zwischen zwei oder drei Escadrons von allen Seiten
herum Bataillons postiret werden, wo etwas von dem Feinde
zu besorgen ist; die Escadrons müssen jedoch ein solches
Terrain haben, damit sie den Feind attaquiren können,
und woselbst keine Gräben vor ihnen sind. Wenn es die
Gelegenheit zulässet, so kann man die Infanterie entweder
in hohle Wege legen, oder hinter Zäune verdecken; überdem muss jederzeit ein Bataillon und etwas Cavallerie zur
Reserve in der Mitte der Fourage bleiben, welche Reserve
man an denjenigen Orten gebrauchen kann, wo etwa der
Feind am stärksten angreifen möchte. Wenn auf so viele
Tage Fourage gebunden ist, als fouragiret werden soll,

so gehen die Fourageurs nach dem Lager und die Escorte
bedeckt solche, wie oben schon gesaget worden.

Wenn trockene Fourage aus den Dörfern fouragiret
werden soll, so ist alsdann die Cavallerie-Escorte nur dazu,
um die Fourageurs auf dem Wege zu bedecken. Dasjenige
Dorf, so fouragiret werden soll, muss mit Infanterie besetzet
werden, die Husaren aber müssen rings um die Gegend
patrouilliren. Wo etwa eine Anhöhe oder ein Ort ist, der
solches Dorf decket, nämlich auf beiden Flügeln und gegen
die Seite, woselbst sich der Feind sehen lässet, da setzet
man die Cavallerie hin; wobei jedennoch eine Reserve-
Cavallerie und Infanterie gemachet werden muss, um den
Feind, der etwa an einem oder dem andern Orte scharf
attaquiren möchte, damit abzuweisen. Nahe an Wäldern
muss keine Cavallerie postiret werden, denn sonsten die
feindliche Infanterie sich in solche Wälder ziehen und
aus solchen auf die Cavallerie schiessen kann, ohne dass
diese sich zu wehren im Stande ist. Sind es aber helle
Wälder, so darf sich die Cavallerie davor nicht scheuen,
denn sie kann durch solche, obschon etwas geöffnet, attaquiren. Sind mehrere Dörfer zu fouragiren, so observirt
man dasselbe, und bei dem Rückmarsche decidiret das
Terrain, wie schon vorhin gesagt worden ist, ob Cavallerie
oder Infanterie die Retraite schliessen muss. Bei Fouragirungen kann die Cavallerie dann und wann rottenweise
gegen die Husaren ausfallen und feuern lassen.

Von den Detachements.

Ein General von der Cavallerie, der ein Detachement
commandiren will, muss nicht allein den Dienst der Cavallerie, sondern auch den von der Infanterie verstehen,
und vice versa.

Es werden dannenhero diejenigen Generale sich bei
Mir am meisten recommandiren, welche sich auf den einen
Dienst sowohl, als auf den andern appliciren. Es werden

besondere Qualitäten von demjenigen erfordert, welcher das Commando über ein Detachement führen will; ein solcher General muss

1) sich aller Nahrungssorgen wegen seines unterhabenden Detachements annehmen, sie mögen Namen haben wie sie wollen, und seine Anstalten so gut machen, dass seinem Corps nichts, was nur möglich ist, abgehe. Das Corps, es mag nun Infanterie oder Cavallerie sein, ist dem Generale so aufgetragen, als wie sein eigenes Regiment, folglich ist es für dessen Conservation, guten Stand, Ordnung und Nachlebung der Ordres schlechterdings ebenso responsable, als wie er solches für sein eigenes Regiment sein muss; derowegen er sich gegen die Officiere die Auctorität, so ihm zukommt, geben und dahin sehen muss, dass alles, was die gute Ordnung erfordert, mit der äussersten Accuratesse beobachtet werden müsse, dass die Pferde von der Cavallerie in gutem Stande seien und dass die Infanterie nicht verloddern müsse, dass das Corps gut genähret werde, dass keine Desertion einreisse und in Summa, dass alles und jedes observiret werde, was das Reglement und des Königs Ordres mit sich bringen.

Die Connaissance vom Lande ist der zweite Artikel, welchen ein solcher General wohl inne haben muss, und ist dieser Artikel ihm eben so important als die vorgemeldeten Qualitäten, denn die mehresten Detachements geschehen entweder um Convois zu decken, oder aber dem Feinde in seinen Mouvements, Convois und Fouragirungen hinderlich zu sein. Die vornehmsten Regeln bei Detachements sind, sich mit avantagensen Lägern zu versehen, damit, wenn auch etwas Starkes vom Feind auf das Detachement käme, solches davon nichts zu befürchten habe. Es ist demnach bei Detachements vornehmlich auf vortheilhafte Läger zu sehen und eine solche avantageuse Position zu nehmen, auf dass man von einem starken Feinde weder von der Fronte, noch in den Flanken etwas zu besorgen habe. Ingleichen muss auch gegen Husaren und Panduren der Rücken gedeckt sein, jedoch so, dass man allemal aus dem Lager frei und sicher zur Haupt-Armee, oder auch zu der festen Stadt, aus welcher man detachiret ist, kommen könne. Feste Läger sind diejenigen, wenn man nämlich starke Défilés vor sich hat, oder dass man auf steilen Bergen campiret oder hinter Flüssen stehet, wo der Feind sonder Brücken nicht herüber kommen kann. Wenn man nur kleine Bäche oder kleine Wässer vor sich hat, so muss man solche oberwärts¹) stauen lassen, damit selbige anlaufen und eine Art von Inondation machen. Wo Gués oder Oerter sind, da man durchreiten kann, da schmeisset man grosse Bäume mit ihren Aesten hinein, um das Durchkommen zu verhindern. Wenn man die Flanken mit nichts decken kann, so lässet man Redouten aufwerfen, und zwar auf zwei oder mehrere Grenadier-Compagnien, nachdem nämlich das Corps stark ist. Bleibet man in dem Lager stehen, so pallisadiret man die Redouten und lässet en quinconce Wolfsgruben vor den Gräben machen.

NB. Das Lager, welches man nimmt, muss jederzeit zwei hundert Schritt, auch wohl mehr, hinter dem Posten sein, wo man sich vorgenommen hat sich zu stellen, wenn der Feind ohnvermuthet kommen sollte.

Uebrigens muss ein General, der ein solches Corps commandiret, sich drei oder vier starke Läger ausgesehen haben, damit, wenn er etwa das eine verlassen müsste, er jederzeit schon zum voraus andere wisse, wohin er seine Retraite nehmen kann.

Die Detachements geschehen:

1) Um Convois zu decken. Bei dergleichen Detachements muss man dem Convoi, wenn solches ankommen will, entgegen schicken, insonderheit aber muss man durch die Husaren fleissig patrouilliren lassen, um Nachricht zu

¹) abwärts.

bekommen, ob der Feind etwas darauf intendiren möchte. Wo Plaine ist, da schicket man den Convois viele Cavallerie entgegen; sind aber Défilés, so muss man keine Cavallerie, sondern vielmehr Infanterie schicken. Bekommt ein deta-chirtes Corps Nachricht, dass sich ein feindliches Corps zu sehr nähert, so muss man es recognosciren lassen, darauf des Nachts marschiren und solches bei Anbruch des Tages überfallen; denn es ist allemal eine Hauptregel, dass, wenn man dem Feinde nichts zu thun machet, so machet er einem gewiss alle Hände voll zu thun, wird er aber oft beunruhiget, so denkt er an sich, verfällt auf die Defen-sive und lässet also den andern zufrieden. Es ist hierbei aber nöthig, dass man zuvor wohl informiret sei, mit wie viel Leuten man zu thun haben werde, auch, ob der Feind nicht noch eine Reserve hat, die ihm zum Succurs kommen kann; dass also dergleichen Expeditiones wohl überlegt werden müssen.

2) Detachiret man seitwärts der feindlichen Armee, um selbiger in ihre Convois zu fallen, oder auch um ihr das Fouragiren schwer zu machen. Bei solcher Commission muss man fast gar keine Bagage mit sich nehmen; dabei müssen die Husaren gut patrouilliren, um Nachricht vom Feinde zu bringen. Wenn nun ein Coup zu machen ist, so muss das Défilé, durch welches das Corps Husaren oder Cavallerie den Feind attaquiren soll, beständig mit Infanterie besetzet sein, damit ersteres sicher wieder zurück-kommen könne.

Dasjenige Corps, welches von dem Detachement deta-chiret wird, muss jederzeit zwei Wege haben, um wieder zurückkommen zu können. Es ist auch nöthig, dass, wenn man dergleichen Project hat, solches auf das äusserste ver-schwiegen gehalten werde, damit der Feind nichts davon zu erfahren bekommen könne. Die Partien, welche was Gutes ausrichten wollen, müssen des Nachts ausgehen und frühe gegen den Tag ihren Coup machen, auch sodann gleich wiederum zurückeilen. Ist man gewiss, dass ein starkes feindliches Corps auf das Detachement zukommet, welches dasselbe von dem grossen Corps d'armée, oder aber von der Festung, woher es gekommen ist, abschneiden kann, so muss das Detachement des Nachts zurückmarschiren. Es müssen deshalb die Generale sich alle Wege und Situationes wohl bekannt machen, damit sie überall durchzukommen wissen. Demjenigen Officier, welcher nicht das Terrain kennet, noch von einer Anhöhe, von hohlen Wegen, von Morästen und von Wäldern, zu profitiren weiss, demselben kann nie ein detachirtes Corps anvertrauet werden. Ueberhaupt, da das detachirte Corps eben so wie des Generals sein eigenes Regiment anzusehen ist, so muss derselbe auch auf selbige Art dafür sorgen.

Bei allen dergleichen Expeditionen und überhaupt bei allem, was die Krieg-Operationes angehet, wird das Secret und die Verschwiegenheit auf das alleräusserste recommandiret, denn wenn der Feind von demjenigen Nachricht bekommen sollte, was man auf ihn intendiret, so muss der Coup ganz gewiss fehlschlagen; überhaupt aber wäre es sehr schlecht und verächtlich, wenn es unter Meinen Generalen dergleichen Personen geben sollte, die nicht mehr als Weiber schweigen könnten.

Uebrigens recommandire Ich den Generalen vor allen Dingen, dass sie jederzeit die Infanterie sowohl als die Cavallerie so gebrauchen sollen, wie es ihr Dienst ist gebrauchet zu werden; ferner, dass, wenn Marches geschehen, Arrièregarden gemachet, Escorten und Partien geschicket werden, sie alsdann die Cavallerie allemal so stellen sollen, dass dieselbe Terrain hat, ihre Attaques zu machen; die Infanterie hergegen kann gebrauchet werden wie man will, nur verbiete Ich auf das allerernstlichste, dass solche niemals in Häuser gesteckt werde, als woraus nichts anders wie Unglück erfolgen kann. Dieselbe hinter Zäune zu legen, solches gehet an; doch muss man alsdann

solche Wege machen, damit es hinten offen sei und dass
man ihr leicht Succurs schicken könne. Im Uebrigen ist
das Genie von unsern Soldaten zu attaquiren, es ist solches
auch schon ganz recht; sollte es aber nicht möglich sein
zu attaquiren und hätte man von einer grössern Uebermacht des Feindes was zu besorgen, so ist es besser, dass
man sich bei Zeiten ab- und zurückziehe.

3) Von Detachements auf Postirungen. Die Postirungen
werden des Winters gegen den Feind gemachet, und der
General, so dazu commandiret, muss immer mit einem
Corps, welches zugleich zur Reserve dienet, etwas hinter
seinem avancirten Posten liegen, damit er überall im Stande
sei sowohl seine Ordres zu geben, als auch auf den Fall,
dass einer seiner Vorposten attaquiret wird, solchen sogleich mit seiner Reserve secundiren zu können. Die
Husaren muss er zu accuratem Patrouilliren anhalten
und die Officiere, so sich darunter negligiren, nach der
grössesten Rigueur bestrafen. Er muss ferner in seiner
Brigade beständig darauf sehen, dass den gegebenen
Ordres stricte nachgelebet werden müsse.

Bei den Husaren-Patrouillen ist zu observiren, dass,
wo guéable Wässer sind, alsdann die Husaren dicht an
dem Ufer oft und von Viertelstunde zu Viertelstunde
patrouilliren müssen. Diese Patrouillen dürfen nicht stark
sein, indem sie nur patrouilliren, um den Feind zu observiren und gar nicht um sich zu schlagen.

Die Generale müssen im Felde sowohl als bei allen
andern Gelegenheiten darauf halten und ein wachsames
Auge haben, dass nicht so viele Montirungs-Stücke lieder-
licherweise verquistet werden und verloren gehen. Nach
der Erfahrung, so Ich von den vorigen Zeiten gehabt
habe, ist es schändlich gewesen zu sehen, was für eine
Menge von Sätteln, Halftern, Pistolen und Schabracken
verloren gegangen sind. Wenn meine Generale von der
Cavallerie darauf nur einige Attention gehabt hätten, so

würden sie selbst gefunden haben, dass es eine wahre
Unmöglichkeit, so viel von dergleichen Sachen wiederum
anzuschaffen, als davon mehrentheils leichtsinnigerweise
verloren gegangen ist; dahero Ich ihnen mehrere Attention darauf zu haben, als bisher geschehen ist, bestens
recommandire.

Uebrigens ist Meine Methode, den Cuirassieren, so
viel nur immer möglich ist, des Winters Ruhe zu geben,
weil alsdann die Pferde gut ausgefüttert, die jungen Leute
und Rekruten aber, wie auch die jungen Pferde gut dressirt werden müssen.

Alle Berichte, so von einem Generale an den König
oder an den Chef der Armee gehen, müssen mit Fundament
und mit Vorsichtigkeit abgefasset sein, damit ein General
nicht solche ohnzuverlässige Rapporte erstatte, als zum
öftern die Husaren thun. Alles, was passiret und was sie
gehöret und in Erfahrung gebracht haben, können sie als
Zeitungen schreiben, jedennoch aber müssen sie am Ende
des Berichtes ihr Raisonnement und ihre Meinung darüber
beifügen, was ihnen nämlich davon wahrscheinlich vorkommet, oder aber was ihnen ihre Spione Lügenhaftes
berichtet haben möchten; insbesondere müssen sie attent
sein zu erfahren, wo die grossen Magasins des Feindes errichtet werden, indem man daraus am füglichsten dessen
Desseins errathen kann.

Wenn die Armee im Frühjahr in das Feld rücket,
so werden sich diejenigen Generale sehr bei mir recommandiren, die ihre Brigaden oder Detachements in gutem
Stande und Ordnung vorführen und die allen gegebenen
Ordres am besten werden nachgelebet haben.

Potsdam, den 14. August 1748.

(L. S.)   F c h.

Instruction

für die Artillerie.

Instruction
für die Artillerie.

Die Eintheilung der Artillerie bei der Armee ist per Bataillon im ersten Treffen zwei sechspfündige Bataillons-Kanonen, eine siebenpfündige Haubitze und per Bataillon der zweiten Linie zwei dreipfündige schwere lange Kanonen; per Brigade, so aus fünf Bataillons besteht, zehn zwölfpfündige Kanonen, sowohl in der ersten als zweiten Linie, und die schwersten zwölfpfündigen Batterie-Kanonen, zu sagen Brummer [1]), auf die Flügel der Linien, sowohl ersten als zweiten Treffens. Bei der Reserve und Artillerie-Train, so der Armee folgt, müssen noch vorräthige Kanonen und was zur Reserve gehöret fahren, und müssen bei einer Armee von ohngefähr sechzigtausend Mann vierzig zehnpfündige Haubitzen sein. Wenn die Armee sich in Marsch setzt, und entweder links oder rechts abmarschiret, und deployiret, so muss die Artillerie folgendergestalt fahren:

1) Wenn die Armee rechts abmarschiret, so hat vor der Batterie, so auf dem rechten Flügel steht, ein Ba-

---

[1]) Diesen Namen hat der König den, auf des Generals von Retzow Rath, zur Schlacht bei Leuthen in Glogau bespannten zwanzig zwei und zwanzig Kaliber langen, neun und zwanzig Centner schweren Zwölfpfündern gegeben, welche seitdem bis 1793 als Feldgeschütze beibehalten worden sind. Siehe (von Retzow) Charakteristik der wichtigsten Ereignisse des siebenjährigen Krieges, Berlin, 1802, Band I., S. 238 und 239, und L. von Malinowsky und R. von Bonin Geschichte der brandenburgisch - preussischen Artillerie, Band I. S. 294 und Band III., S. 627 und 630.

taillon die Tête und marschiret solches vor der Batterie, worauf die andern vier Bataillons der Brigade folgen; die übrigen Batterien aber fahren vor dem ersten Bataillon bei der Brigade, wo sie eingetheilet sind. Die Bataillons-Kanonen fahren zwischen den Intervallen der Bataillons, wo die Tambours und Zimmerleute marschiren. Auf eben diese Art fährt die Artillerie in der zweiten Linie. Wenn die Wege breit sind, so müssen zwei, auch wohl drei Kanonen neben einander fahren, damit die Linie nicht zu lang wird. Wenn nun die Armee auf das Terrain kommt, wo sie gegen den Feind in der Plaine links aufmarschiren soll, so müssen die Batterien, da die Armee in der Plaine, während des Marsches fünf und fünf Kanonen jeder Brigade hinter einander fahren, und in der dritten Linie die Munitions-Wagen. Sowie die Armee auf das Terrain kommt und die Points de vue zum Aufmarsch gegeben sind, müssen (wenn, wie erwähnt, die Armee rechts abmarschiret ist) die Batterien, deren jede aus zehn Kanonen besteht, links der ersten Linie oder ersten Treffens ohngefähr dreissig Schritt herausfahren; die Bataillons-Kanonen aber fahren zwischen den Intervallen in einer Linie, damit, sowie die Linie einschwenkt, solche gleich zwischen die Intervallen sich auch mit einschwenken müssen. Die Munitions-Wagen aber fahren rechts heraus.

Wenn die Points de vue zum Aufmarsch gegeben, so müssen sich die Artillerie-Officiere, so die Batterien commandiren, gleich bei der Brigade, wo sie fahren, erkundigen, wo die Points de vue sind, damit sie bei diesem Rechts-abmarsche immer links, nicht weiter als dreissig Schritt ab, bei ihrer Brigade fahren und immer nach den Points de vue sehen. Die Batterien, so in die zweite Linie eingetheilet, fahren, wenn in's Point de vue marschiret wird, mit Munitions-Wagen rechts heraus neben ihren Brigaden, wo sie eingetheilet sind. Die Bataillons-Kanonen fahren zwischen den Intervallen der Bataillons, wie im ersten

Treffen, und wenn links eingeschwenkt wird, fahren sie gleich mit in die Intervallen auf und die Batterien hinter die Brigaden.

2) Marschirt die Armee links ab, so fahren ebenmäsig, wie bei dem Rechtsabmarsche der Armee, die Kanonen. Vor der Brigade des linken Flügels macht ein Bataillon die Tête, und müssen ebenmässig die Kanonen zu zwei und drei während des Marsches fahren, so wie es die Breite des Weges erlaubt. Kommt die Armee auf das Terrain, da dieses Plainen-Manoeuvres sind, so müssen ebenmässig, wie bei dem Rechtsabmarsche, die Bataillons-Kanonen zwischen den Intervallen in einer Linie und die Batterien zu fünf und fünf fahren. Sind die Points de vue zum Aufmarsch für die Armee gegeben, so fahren die Batterien der ersten Linie dreissig Schritt neben der Brigade rechts heraus, und müssen die Artillerie-Officiere, so die Batterien commandiren, wenn sie sich bei den Generalen nach den gegebenen Points de vue erkundiget, nicht weiter als dreissig Schritt neben der Brigade fahren. Hinter der schweren Batterie, so auf dem linken Flügel fährt, wenn die Armee rechts abmarschiret, sowie auch auf dem rechten Flügel, wenn die Armee links abmarschiret, marschiret kein Bataillon, ausser bei einer Retraite, alsdann ein Bataillon dahinter marschiret, um die Batterie zu decken.

3) Wenn deployiret wird.

Wenn die Armee gegen den Feind deployiren soll, so kann solches nicht anders geschehen, als wenn die Colonnen durch Anhöhen oder erhabenes Terain gedeckt sind, wohinter die Linien deployiren und sodann vorrücken. Wenn zum Exempel zwei Colonnen Infanterie, deren jede aus zehn Bataillons ersten Treffens und zehn Bataillons zweiten Treffens besteht, und fünf Bataillons jeden Treffens rechts und links deployiren sollen, so müssen die zwei Batterien ersten Treffens, nebst den Bataillons-Kanonen

von den zehn Bataillons, hinter dem ersten Bataillon ersten
Treffens in einer Linie fahren und die Batterien und Ba-
taillons-Kanonen vom zweiten Treffen hinter der Colonne.
Sobald die Kanonen auf den Platz kommen und die Points
de vue zum Deploiement gegeben werden, müssen die Kanonen, damit die Bataillons schliessen können, vom ersten
Treffen mit den Fahrzeugen links heraus, die vom zweiten
Treffen aber rechts herausfahren. Die Officiere von der
Artillerie müssen sich bei den Generalen gleich nach den
Points de vue erkundigen, wo solche sind, und wenn deployiret wird, sich rechts und links nach ihren Brigaden
ziehen, die Bataillons-Kanonen gleich in die Intervallen
fahren lassen und die Munitions-Wagen von den Batterien
der ersten Linie durch die Intervallen hinter die Linien.
Die Batterien des zweiten Treffens, so rechts herausgefahren,
fahren, wenn deployiret ist, hinter der Brigade auf, wobei
sie eingetheilet, und die Bataillons-Kanonen rücken von
hinten in die Intervallen zwischen die Bataillons ein.

4) Zwei Haupt-Dispositiones zu Attaquen in der
Plaine.

1. Wenn in der Plaine die feindliche Armee nicht
sonderlich appuyiret ist und keine Dörfer hat, so ist die
sicherste Methode, dass man einen Flügel attaquiret, da
der rechte Flügel der feindlichen Armee mit dem linken
Flügel attaquiret und der rechte refusiret wird.

2. Wenn ein feindlicher Flügel an ein retranchirtes
Dorf appuyiret ist, oder der Feind ein Dorf stark retran-
chiret und besetzt hat, wie solches durch die sicherste
Methode zu attaquiren ist.

Um die erste Attaque zu machen, müssen vor die
erste Linie Bataillons zur Attaque gesetzt werden, so durch
die Armee souteniret werden; rechts und links dieser Attaque müssen auf jedem Flügel zwei Batterien aufgefahren
werden. Hinter jede Batterie müssen, sowohl auf dem
rechten als linken Flügel der Attaque, noch zwei Bat-

taillons zur Bedeckung der Batterien gestellet werden.
Die Bataillons, so zur Attaque vor die Linie gezogen, lassen
ihre Bataillons-Kanonen hinter dem zweiten Treffen der
Attaque zurück. Wenn nun die vier Batterien, zwei rechts
und zwei links der Attaque, aufgefahren und diese Batterien von den Brigaden des ersten Treffens genommen
werden, so müssen von den Batterien, so in das zweite
Treffen eingetheilet, wiederum so viel in das erste Treffen
vorgeholet werden. Noch ist aus der folgenden Zeichnung
zu ersehen, wie die Kanonen gerichtet, und wird zu
solcher Attaque gleich die Batterie Erummer vom linken
Flügel der ersten Linie, so wie auch vom rechten Flügel
der ersten Linie mit vorgefahren, nebst noch zwei andern
Batterien. Dagegen werden vier Batterien aus dem zweiten
Treffen vorn geholet und vor das erste Treffen, wo die
Batterien von den Brigaden weggenommen, gesetzt. Hiebei
ist wohl zu merken, dass die Batterien, so vom zweiten
Treffen vorgeholet, nur von den mittelsten Brigaden genommen werden und nicht von dem Flügel der Linie, so
refusiret wird, wo immer eine Batterie bleiben muss.

Zweite Disposition in der Plaine. Wenn der Feind
ein retranchirtes Dorf stark besetzt hat, ist solches, wie
aus beigehender Zeichnung zu ersehen, zu attaquiren und
die sicherste Methode zu nehmen.

Wie bei solcher Attaque die Kanonen auffahren
müssen, ist aus gedachter Zeichnung zu sehen, wo die
Batterien marquiret sind. Da nun diese Batterien aus
der ersten Linie genommen worden, so müssen geschwinde
aus dem zweiten Treffen wieder so viel Batterien vorgezogen werden und nach den Brigaden des ersten Treffens fahren, wo sie zur Attaque weggenommen worden.
Hiebei ist wohl zu bemerken, dass die Batterien nur immer
von den mittelsten Brigaden der zweiten Linie genommen
werden müssen, damit immer eine Batterie auf dem Flügel
bleibt, so refusiret wird.

5) Besetzung der Posten, wie in solchen die Artillerie zum rechten Gebrauche zu placiren ist, wenn die Armee

1. einen Posten auf Anhöhen occupiret, wo keine Anhöhen dagegen sind;

2. wenn die Armee in Bergen stehet, wo sie Anhöhen auf zwei bis dreitausend Schritt gegen sich hat, so nicht evitiret werden können.

Im ersten Posten, wo keine Anhöhen, sondern nur blosses Feld und Plaine gegen ist, wird das erste Treffen an den Abhang des Berges gesetzt und die Infanterie nach dem Terrain postiret, so wie die Posten oder Berge gehen. Hier ist hauptsächlich der Artillerie-Officiere ihre Sache, dass sie ihre Batterien da placiren, wo sie rechte Defension haben, und die Oerter des Terrains aussuchen, so zur Defension favorable sind, damit eine Batterie die andere kreuzet und so die ganze Linie ein Kreuzfeuer giebt. In einem solchen Posten muss nicht darnach gesehen werden, ob die Batterie der Brigade beim ersten, zweiten oder fünften Bataillon postiret sei, sondern man muss sich bloss nach dem Terrain richten. Das zweite Treffen wird auf den Gipfel der Anhöhe gesetzt, nebst denen in das zweite Treffen eingetheilten Batterien.

Bei allen Lägern ist hauptsächlich zu observiren, dass die Flanken des Postens suffisament mit Batterien garniret sind, dass, wenn ein dergleichen Posten attaquiret werden sollte, so viel Kanonen auf den Flanken stehen und so postiret seien, dass das Feuer sich immer kreuzet und die Flanken dadurch inattaquable gemacht werden.

Erstens ist der Gebrauch der Bataillons-Kanonen ersten Treffens, wenn der Feind attaquiret, Rollschüsse zu thun, zu sagen, dass die Kugeln einigemal aufhüpfen und die Batterien, so im zweiten Treffen auf den höchsten Höhen aufgefahren, von weiten über das erste Treffen weg auf den Feind zu schiessen.

Der zweite Gebrauch ist, dass sie so postiret seien,

damit sie in die Batterien des ersten Treffens von hinten
her schiessen können, und wenn der Feind, wie solches
doch nicht ganz unmöglich, sich von einem Flecke des
Postens, worauf das erste Treffen stehet, Meister gemacht,
dass von den Batterien des zweiten Treffens absonderlich
mit Kartätschen in die Batterien gefeuert werde, und kann
auf diese Art ein Posten durch die Artillerie, wenn solche
nicht postiret ist, maintenirt werden, wenn auch ein Unglück gewesen und ein Theil des Terrains, wo das erste
Treffen gestanden, etwas in Unordnung gebracht worden.
Noch muss wohl observirt werden, wenn der Feind einen
solchen Posten attaquiren wollte und auf eine gewisse
Distance vor der Posten käme, bis sechs- oder acht hundert Schritt, dass sodann die Artillerie-Officiere, welche
Batterien commandiren, die Distancen, auf den Flanken
sowohl als vor der Fronte, abgemessen und marquiret
haben, damit sie genau wissen, wie viel Schritt der Feind,
wenn er attaquiret, noch entfernt sei. Ist der Feind noch
achthundert Schritt entfernt, so muss aus den Brummer-
Batterien mit Kartätschen und auf sechshundert Schritt
aus den sogenannten österreichischen schweren Kanonen [1])

---

[1]) Friedrich schreibt aus Pulsnitz, den 18. November 1758, an den
Obersten von Dieskau: „Mein lieber Oberst von Dieskau, Ich habe
„unterm heutigen Dato an den General-Lieutenant von Rochow nach
„Berlin und General-Major von Tauentzien nach Breslau geschrieben,
„ob am ersten Orte wohl hundert Kanonen Zwölfpfünder und zu
„Breslau dreissig Zwölfpfünder nach österreichischer Art zwischen hier
„und dem Monat März könnten gegossen werden, und zugleich be-
„fohlen, dass die Formen dazu nur immer vorläufig besorget werden
„sollen. Ich habe Euch hiervon Nachricht geben wollen mit Befehl,
„die Anfertigung obiger Kanonen bestmöglichst zu betreiben. Ich bin,
„u. s. w." Siehe K. W. von Schöning Historisch-biographische
Nachrichten zur Geschichte der brandenburgisch-preussischen Artillerie. Band II., S. 131 und 132. Carl Wilhelm von
Dieskau ist den 20. April 1755 zum Oberst-Lieutenant, Inspector der
Artillerie-Magazine, wie auch der Oekonomie und der École d'artillerie
ernannt worden; den 24. Februar 1757 zum Obersten, General-In-
spector sämmtlicher Artillerie und Chef vom ersten Feld-Bataillon; den

ebenmässig mit Kartätschen beständig gefeuert werden.
Da auch in dergleichen Posten, wenn solcher attaquiret
wird, es oft geschiehet, dass Cavallerie dagegen gebraucht
wird und man auch mit etwas Cavallerie dagegen agiret,
so müssen bei dergleichen Gelegenheiten die Artillerie-
Officiere, so Batterien commandiren, sehr attent sein und
die Augen aufthun, dass sie, wenn unsere Cavallerie vorkommt, nicht auf solche feuern.

Drittens, wenn eine Armee in einem Posten stehet im
Gebirge, wo sie Anhöhen gegen sich hat, von ohngefähr
zwei tausend fünf hundert bis drei tausend Schritt, so nicht
zu evitiren, so kann die Infanterie nicht anders postiret
werden, als auf die höchsten Höhen, um nicht von den
gegenüberliegenden Höhen dominirt zu werden; folglich
auch die Batterien nicht auf die Penten des Berges, wie
in den vorgeschriebenen Posten, wogegen nichts als flaches
Feld, mit dem ersten Treffen an den Abhang des Berges
gesetzt werden können, sondern es müssen selbige mit
auf die höchsten Höhen placiret werden. Die Hauptsache
aber bleibet immer, wie bereits erwähnet, dass die Flanken
zum stärksten mit Batterien garniret werden müssen. In
einem dergleichen Posten im Gebirge, wo Anhöhen dagegen sind, muss von den Bataillons-Kanonen ein sehr
nützlicher und guter Gebrauch gemacht werden; denn da
in einem bergigen Terrain Gründe, hohle Wege und am
Fuss des Berges kleine Anhöhen sind, hinter denen man
die Gründe, sowohl vor der Fronte, als auf den Flanken
von den höchsten Anhöhen nicht beschen kann, so müssen
die Bataillons-Kanonen gebraucht werden und zu zwei bis
vier, mehr oder weniger, vorgesetzt, wo dergleichen Oerter
sind, und um von den gegenüberseitigen Höhen nicht gesehen zu werden, Épaulements dagegen gemacht oder ein-

10. October 1762 zum General-Major und Chef vom ersten Feld-Regi-
mente; und den 16. Mai 1768 zum General-Lieutenant. Den 14. August
1777 ist er gestorben.

geschnitten, wie es das Terrain giebt, um dadurch die Fronte und Flanke zu beschützen.

Da nun alles was vorgeschrieben zur rechten Defension des Postens gehöret, so muss nichts negligiret werden, und die Artillerie-Officiere müssen nicht eher ruhig sein, bis alles ihr Geschütz stehet, so wie es das Terrain zu einer rechten Defension erfordert.

Wenn andere Posten und gute Läger, es sei hinter Morästen oder kleinen Flüssen, Teichen, u. s. w., so vor der Fronte und auf den Flanken liegen, und dahinter noch Berge oder kleine Anhöhen sind, worauf man die Armee postiret. Bei dergleichen Posten ist hauptsächlich der Artillerie-Officiere ihre Sache, dass sie genau wissen, wo Dämme über die Moräste, Brücken über die Flüsse, guéable Oerter und Passagen sind, um solche recht zu beschiessen, ihr Geschütz darnach zu postiren. Wenn Dämme sind, so muss nach deren Breite eine Batterie von vier bis sechs, auch wohl mehr schweren Kanonen gerade gegen den Damm so postiret werden, dass die Kanonen den Damm entlang beschiessen, auch ebenmässig wenn Brücken und Passagen über einen Fluss gehen, so muss nicht allein eine Batterie sein, welche den Weg, der über die Brücke gehet, beschiesse, sondern es müssen auch rechter und linker Hand auf die Anhöhen schwere Kanonen gesetzt werden, die ein Kreuzfeuer auf den Weg und Brücke machen und, wenn es nicht über sechs oder acht hundert Schritt, aus den schweren Kanonen mit Kartätschen schiessen. Sind Anhöhen hinter dem Flusse, so versteht es sich von selbst, dass die Batterien rechts und links darauf postiret werden müssen, um die Kreuzfeuer zu geben. Wenn die Artillerie-Officiere gewahr werden und sehen, dass wenn die Armee in einem Standlager stehet, welches der Feind zu attaquiren Miene macht und in einer Distance von tausend bis zwölf hundert Schritt Batterien aufwerfen will, um unter deren Protektion zu attaquiren, so müssen

sie sofort dem commandirenden Generale davon Rapport
machen und sogleich gegen diese feindlichen Batterien
Kanonen aufgefahren und sie so gesetzet werden, dass sie
beständig ein Kreuzfeuer gegen die feindlichen Kanonen
machen, und müssen diese Batterien nicht allein des Tages,
sondern auch die Nacht hindurch beständig schiessen, um
den Feind dadurch an seiner Arbeit und an seinen Batterien zu hindern und dahin zu bringen, dass er keine Kanonen auffahren kann. Wenn also eine dergleichen vom
Feinde anzulegende Batterie, wenn die Kanonen von unsern
Batterien beständig auf den Fleck hin kreuzen, nicht von
Statten gehet und die Arbeiter weglaufen, so muss, wenn
die Artillerie gut schiesset, in vier Stunden von einer
solchen Batterie, wenn der Feind solche auch schon angelegt, die Brustwehr ganz weggeschossen und mit dem
andern Terrain ganz gleich sein. Es ist ein Exempel hier
anzuführen, wie es dem Prinzen Eugen bei Belgrad gegangen, da die Türken ihm Batterien von vierzig Kanonen,
so er bauen lassen, so ruinirten, dass keine Kanone aufgefahren werden konnte.[1])

Nochmals wird wiederholt, dass allemal die vornehmste
Attention auf die Flanken der Armee gerichtet sein muss
und allda so viel Kanonen placirt werden, dass sie durch
ihr Kreuzfeuer die Flanken inattaquable machen, welches
das Vornehmste mit sein muss. Wo nun aber pure Plainen
sind und da eine Armee das Lager nehmen muss, so kann
man sich nicht anders helfen, als durch Retranchements
und Redouten, so unumgänglich zu machen nöthig sind,
wenn die Armee in der Plaine campiret; nur muss hauptsächlich dahin gesehen werden, dass die Fortifications
recht solide gemacht seien. An den Oertern, wo Batterien
aufgefahren, müssen Werke angelegt werden, so geschlossen
und nur in der Gorge eine kleine Oeffnung haben. Die

---

[1]) Im Monat August 1717.

Gräben um diese Redouten oder Werke aber müssen sechs
bis sieben Fuss tief und zehn bis zwölf Fuss breit sein.
Erlaubt es die Zeit, so kann der Graben um diese Werke
ganz herum gehen und eine kleine Brücke in der Gorge gemacht werden, wie auch noch Pallisadirung. Die Artillerie-
Officiere, wenn sie dergleichen Werke nicht so von demjenigen gemacht finden, so den Auftrag gehabt, sie machen
zu lassen, müssen sie es gleich angeben, damit es geändert
und so solide gemacht wird, wie es sein muss, sonst der
Artillerie-Officier, so die Batterie commandiret, dafür
responsable bleibt, und muss dieses ein für allemal ein
Principium regulativum sein, dass alles so geschiehet und
nicht eher abgegangen wird, bis es im rechten Stande
und gut gemacht ist.

6) Attaquen auf zweierlei Art Posten:

1) einen Posten zu attaquiren, wo Anhöhen dagegen, und

2) wo nichts als flaches Feld und die Armee genöthigt
ist, den Feind in einem dergleichen Posten zu forciren.

Die Principia, so bei diesen Attaquen genommen werden müssen, sind dieselben, wie bei Belagerungen, dass,
so wie man ein Polygon mit den Parallelen und Batterien
embarrassiret, so ist auch der Ort des Postens, so attaquiret werden soll, mit Batterien zu embarrassiren. Die
General-Regeln hiebei sind, dass man den Feind auf der
Flanke, wo er am schwächsten ist, attaquire, welches der
General, der die Armee commandiret, wo es noch am
leichtesten ist, den Feind zu attaquiren und wie derselbe
steht, wissen muss. Sind Anhöhen um und gegen einen
solchen Posten, so muss nothwendig davon profitiret werden,
um Batterien darauf zu bringen. Wenn der Feind auf Anhöhen steht, wo Anhöhen dagegen sind und nicht weiter
als funfzehn hundert bis zwei tausend Schritt ab, so ist
die Hauptregel, die Anhöhen, so dagegen liegen, sehr vortheilhaft mit Batterien zu besetzen und die Kanonen so
zu richten, dass die Schüsse auf den Fleck zu concentriren,

wo die Attaque gemacht werden soll, und je mehr schwere
Kanonen auf solche Höhen gesetzt werden können, je
besser ist es, damit durch solches starkes Feuer die feindlichen Batterien in ihrem Schiessen derangiret werden,
und die Attaquen Infanterie durch Hülfe der Artillerie,
wodurch die feindlichen Kanonen schweigend gemacht,
heranmarschiren können.

Die zweite Attaque, wenn der Feind auf solchen Anhöhen stehet, wo keine Anhöhen dagegen sind, wie dergleichen Terrains sowohl in Schlesien als Sachsen und
mehreren Provinzen bekannt, und es die Nothwendigkeit
erfordert, den Feind zu attaquiren, so können weder schwere
noch leichte Kanonen angebracht werden, ausser Haubitzen,
sowohl zehnpfündige als einige fünf und zwanzigpfündige,
wesfalls immer bei einer Armee, so solche Attaque thun
soll, vierzig zehnpfündige Haubitzen, so vier tausend Schritt
werfen, und acht oder zehn fünf und zwanzigpfündige dabei
gebraucht werden. Diese sämmtlichen Haubitzen müssen an
den Ort gebracht werden, auf welchem Flügel man den
Feind attaquiren will. Diese Haubitz-Batterien zu setzen
und damit einen halben Zirkel um die Flanke oder den
Ort zu machen, wo man den Feind attaquiren will, müssen
die Artillerie-Officiere sehr von dem Terrain zu profitiren
wissen, um sie auch in den kleinsten Grund oder hinter
eine ganz geringe Anhöhe zu setzen, und ihre Schüsse so
zu dirigiren, dass sie von allen Batterien auf den Fleck
der Attaque zu concentriren, und müssen seitwärts, wenn
die Batterien zu agiren anfangen, Artillerie-Officiere geschickt werden, um genau zu wissen, ob auch die Schüsse
den rechten Effect thun und auf den Fleck fallen, wo die
Attaque geschehen soll, den Effect davon zu sehen und
darnach ihre Schüsse reguliren zu können. Die vornehmste
Attention, so die Officiere der Artillerie dabei haben
müssen, ist, dass sie nicht zu kurz, da sie sonst in unsere
eigene Attaque werfen, und lieber etwas weiter, als dann

doch die Granaten in das zweite Treffen des Feindes
fallen. Da bei dergleichen Attaquen die Bataillons, so
die Attaquen machen, ihre Kanonen mitnehmen können,
so müssen einige Artillerie-Officiere die Bataillons-Kanonen
und dabei eingetheilten siebenpfündigen Haubitzen hinter
der Attaque zusammenfahren lassen und so von weiten
hinter der Attaque folgen, bis sie sehen, dass die Infanterie
auf die Anhöhen kommt, wo sie den Feind weggejagt, und
sodann das Feuer von den Haubitz - Batterien aufgehört,
gleich à portée zu sein, um diese Bataillons-Kanonen gleich
auf den Berg herauf zu fahren und, wenn die Infanterie
Posto gefasst. gleich bei ihren Bataillons fahren zu können.
Sollte es sein, dass der Feind in solchem Posten stände,
dass hinter den Anhöhen, wo man den Feind weggejagt,
sich wiederum andere Anhöhen fänden, so müssen die
Haubitz-Batterien auch mit nachgefahren werden. und ist
der Artillerie-Officiere, so Batterien commandiren, ihre
Hauptsache, auch den zweiten Posten, so wie den ersten,
mit Batterien zu embarrassiren und ein Kreuzfeuer nach
den Anhöhen zu machen. mit den den Posten umringenden
Batterien, und sollten die schweren fünf und zwanzigpfündigen Haubitzen nicht dahin zu fahren sein, so müssen
diese Batterien von zehnpfündigen gemacht werden.

7) Uebergang über Flüsse.

Wenn ein Fluss passirt wird, so dass der Feind in
gewisser Nähe. als ohngefähr noch zwei Meilen davon
stehet. so muss der General. so die Armee commandiret.
einen solchen Ort über den Fluss aussuchen, wo er ihn
mit Avantage und ohne, was zu risquiren passiren kann.
Ein solcher Ort kann nicht anders situirt sein, als dass
man die Höhen auf seiner Seite hat und das gegenseitige
Terrain über den Fluss niedriger ist; der vortheilhafteste
Ort ist, wenn das Wasser eine Bucht macht. Sollte man
aber eine solche Bucht des Flusses nicht finden, so muss
man doch Anhöhen auf seiner Seite haben, wo man den

14*

Uebergang machen will. Hiebei sind die beständigen Principia, dass auf die Anhöhen, so nahe am Fluss liegen und nicht zu weit von demselben abgelegen, vier bis sechs, auch mehr Batterien von schweren Kanonen gesetzt werden, die über den Fluss wegschiessen und die Bataillons, so über den Fluss gesetzt worden, den Brückenschlag zu decken, protegiren. Die Bataillons-Kanonen werden von dem Orte, wo die Brücke geschlagen, rechts und links des Flusses, ohngefähr fünf bis sechs hundert Schritt am Ufer batterienweise aufgefahren, um vor die Fronte der Bataillons, so den Brückenschlag decken, zu beschiessen, wenn man von dem Feinde was zu besorgen, um dadurch der Infanterie mehr Defension zu geben, da die schweren Batterien immer von den Anhöhen nur weit schiessen. Sobald nun das erste Treffen über die Brücke zu defiliren anfängt, und die Infanterie, um sich zu formiren, mehr Terrain braucht, werden diese Batterien von Bataillons-Kanonen weiter rechts und links des Ufers des Flusses gerückt, wie aus gedachter Zeichnung zu sehen, um dadurch die Linie Infanterie, wie auch die Flanken zu decken. Sowie das erste Treffen herüber, müssen die Bataillons-Kanonen folgen und so das zweite Treffen, die Batterie und das Uebrige von der Armee.

Bei Retraiten, Affaires d'arrière-garde und Abzügen und dergleichen Gelegenheiten müssen die Officiere der Artillerie, so sich dabei befinden, die Generale, so das Commando über ein Corps von vier bis sechs oder zehn Bataillons haben, erinnern, wenn sich die Bataillons abziehen, dass sie von dem Generale, so das Corps commandiret, avertirt werden, um ihre Kanonen wenigstens zwei bis drei Minuten eher, als die Infanterie abmarschiret; jedoch muss solches nicht eher, als ohngefähr zwei Minuten vorher, ehe der General die Bataillons abmarschiren lassen will, geschehen. Dieses kann auch Statt finden, wenn sich eine Armee aus einem Gebirge oder Posten ziehet, um entweder eine andere Position zu nehmen, oder aus dem Gebirge in die Plaine zu gehen; wohl aber müssen die Artillerie-Officiere den Unterschied zu machen wissen, dass solches niemals Statt finde, wenn der Feind einen Posten attaquiret, indem im letztern Falle alles halten muss.

8) Belagerung der Städte.

Bei Belagerung der Städte ist es hauptsächlich der Ingenieurs ihre Sache, den ganzen Plan von der Belagerung zu entwerfen und zu machen, wie die Tranchées geöffnet und die Parallelen geführt werden sollen. Es halten Seine Königliche Majestät die Officiere der Artillerie damit nicht auf. Die Fundamental-Principia, so sie dabei haben müssen und so mit zur Artillerie gehören, sind, dass das Polygon, so attaquiret werden soll, wohl mit Batterien embarrassiret wird, damit die Artillerie-Officiere alle differente Feuer gegen die Werke recht anzubringen und die Batterien wohl anzulegen wissen. Wenn die erste Parallele gegen das Polygon, so attaquiret werden soll, geöffnet, müssen die Batterien in der Parallele, so an ihren Orten angelegt und gemacht werden, wie es sein muss. Es mögen nun solche gegen ein Hornwerk, oder gegen andere Werke, um selbige zu beschiessen, angelegt werden, so bleibt dieses immer en gros dasselbe. Die Artillerie-Officiere müssen, ehe sie die Batterien anlegen, Acht haben, um zu wissen, wie viel Kanonen der Feind auf jeder Face, es sei von einem Ravelin, Demi-lune oder Bastion, gebrauche, und darnach die Batterien gegen die vom Feinde so construiren, dass immer gegen eine Embrasure, wo eine Kanone vom Feinde stehet, drei Kanonen von unsern gerichtet sind. Der Effect, welchen man von diesen Batterien verlangt, ist, dass sie die Merlons und Brustwehren von dem Werke ruiniren und wegschiessen; auch muss derowegen auf jedes Bastion oder Ravelin, welches attaquiret wird, aus Mortiers, so bei den Batterien gesetzt, mit Bomben geworfen werden, und müssen, so

viel es angehet, hauptsächlich auf die Brustwehren die
Bomben dirigiret werden. Wird nun dieses effectüiret,
dass sowohl durch die Batterien die Merlons ruiniret und
die Brustwehren durch beständiges Werfen der Bomben
mit rasirt werden, so können die Leute, so dahinter gestanden, nicht mehr bedeckt bleiben, folglich die feindliche
Artillerie dadurch schlecht bedient und nicht mehr zum
rechten Gebrauche ist. Das Feuern von den Batterien
und das Bombenwerfen muss weder Tag noch Nacht auf-
hören und immer in der Hitze gehalten werden. Wenn
nun gesagt würde, des Nachts kann man nicht sehen wo
man hinschiesst, so wird den Artillerie-Officieren hierauf
zur Antwort gegeben, wie solche, wenn des Tages ihre
Kanonen gut gerichtet stehen wie sie stehen sollen, Leisten
auf die Seiten der Affuten schlagen, die Kanonen bei derselben Richtung lassen und wenn abgefeuert und die Kanone zurückläuft, sie solche durch die zwei Leisten wieder
dahin bringen müssen, wo sie gestanden, wodurch doch
einigermassen die Schüsse accurater gebracht werden;
hauptsächlich aber kommt mit darauf an, dass nur conti-
nuellement geschossen wird. Nur ist nicht genug, dass
man dem Feinde die Batterien demontire, sondern es
müssen auch gleich im Anfang der Belagerung, wegen des
bedeckten Weges, Ricochet-Batterien angelegt werden.
Derowegen müssen die Officiere der Artillerie, wenn sie
ihre Batterien anlegen, die Lignes de prolongation wohl
observiren, so diejenigen sind, die den Ricochet-Batterien
am favorablesten. Damit nun die Lignes de prolongation
recht wohl observiret werden, so ist ein Mittel für die
Officiere, um sich zu helfen, dass sowohl die Artillerie-,
als Ingenieur-Officiere von den Thürmen der nächsten
Dörfer, von da man die Werke der Festung besehen kann,
wo die Prolongations-Linien der Werke und des bedeckten
Weges hingehen, im Felde Marquen machen und dadurch
die Prolongations bekommen können. Da nun die Ricochet-

Batterien von Haubitzen viel nützlicher als von Kanonen
sind, so ist nur dabei zu observiren, dass sie den Haubitzen
nicht mehr oder weniger Pulver geben, als die Granate
gebraucht, in der Linie des bedeckten Weges, so die Batterien enfiliret, entlang zu rollen und oft aufzuhüpfen,
und weil die meisten Festungen colaterale und vorgelegte
Werke haben, so den andern Hauptwerken mit zur Defension dienen, so müssen auch dagegen Batterien gemacht
und angebracht werden. Diese Batterien aber sind nicht
zum Demontiren, sondern es ist genug, wenn gegen eine
dergleichen feindliche Batterie von der unsrigen Kanone
gegen Kanone gebracht wird, um dadurch nur einigermassen die feindlichen Kanonen von dem beständigen
Schiessen zu verhindern. Wenn die zweite Parallele formiret wird und fertig ist, werden die Batterien aus der
Mitte der ersten vorgebracht, in demselben Alignement,
wie die Batterien in der ersten Parallele gestanden, und
müssen die Kanonen en crémaillère oder schräm gesetzt
und die Embrasuren in den Batterien darnach gemacht
werden, um dieselbe Direction zu behalten, als die Batterien in der ersten Parallele gehabt. Das Hauptwerk und
die grösste Nothwendigkeit ist, dass bei dem Bauen der
Batterien sogleich die erste Nacht, wenn sie angelegt
werden, die Artillerie-Officiere so viel Leute zu Bauung
der Batterien fordern und ihnen gegeben werden müssen,
so viel sie verlangen, damit sie gleich die erste Nacht
so weit kommen als möglich und ihnen weder an Faschinen,
noch andern Zuthaten nichts fehle; dahero alles schon
vorhero in Bereitschaft gehalten werden muss. Dieses ist
dasjenige, worin der Officier von der Artillerie sich eine
grosse Ehre erwerben kann, wenn sein Batterie-Bau recht
gut von Statten gehet, damit die Kanonen, so in diese
Batterie kommen sollen, noch vor Tage dahin gebracht
werden können. Die Batterien, so aus der Mitte der ersten
Parallele in die zweite vorgebracht werden, sind noch

Demontir-Batterien. wo auch Mortiers. um auf die Brustwehren der Werke zu werfen. mit vorgebracht werden
müssen. Um von dem Effecte der Bomben und Haubitzen
versichert zu sein, müssen Officiere von der Artillerie
tausend bis fünfzehnhundert Schritt rechts und links
gehen und sehen, ob die Bomben recht fallen, und davon
dem commandirenden Officiere der Artillerie Anzeige
thun, um es, wenn er fehlt, zu ändern und zu corrigiren.
Diese Batterien in der zweiten Parallele müssen gleich,
wie in der ersten. Tag und Nacht feuern. Wenn die
dritte Parallele gemacht wird, pflegen die Kanonen stehen
zu bleiben wie sie gestanden, und werden aus der dritten
Parallele die Zickzacks poussiret und die Sappen gegen
die Capitalen. um dadurch die Minen, wenn vor der
Festung welche sind, so der Mineurs und Ingenieurs ihre
Sache, wegzunehmen, bis man an den bedeckten Weg
kommen kann. Sobald aber. als die Infanterie Meister
vom bedeckten Wege ist. werden die Bresch-Batterien
angelegt. Diese müssen im bedeckten Wege, hart am
Graben angelegt werden, da alsdann schon zu supponiren,
wenn man bis dahin avanciret, dass die Brustwehren durch
die Demontir-Batterien rasirt und weggeschossen und der
Feind keine Leute mehr hinter die Brustwehren stellen
kann, die Kanonen zu bedienen. solche alsdann auch ganz
freistehen und nicht mehr agiren können. Weil man nun
keine Bresche schiessen kann, wenn man nicht „den Fuss
von der Mauer fasst, so müssen die Bresch-Batterien dergestalt eingesenkt werden, und wenn auch ein Stück von
Revêtissement weggesprengt werden muss, bis auf den Fuss
von der Mauer, so viel es sich thun lässt, zu sehen. Zu
diesen Bresch-Batterien werden Vierundzwanzigpfünder
gebraucht, und anstatt dass die Zwölfpfünder, so zum
Demontiren gebraucht werden, einer nach dem andern gelöset wird. so müssen die Bresch-Batterien immer mit einer
ganzen Lage abgefeuert werden, da solches in der Mauer

mehr Erschütterung macht, wenn die Kugeln zugleich ankommen. Alles Uebrige, so bei Belagerungen für die
Artillerie vorkommt, läuft auf dasselbe heraus, was bereits
gesagt ist, und bleiben alle diese Regeln dieselben. Muss
vorhero Bresche in die Face eines Ravelins gemacht
werden, so geschiehet solches auf vorgeschriebene Art,
wenn die Infanterie Posto darauf gefasst und sich darauf
versichert und postiret hat; sodann werden die vierund-
zwanzigpfündigen Kanonen gegen die Face des Bastions
gebracht von da Bresche zu schiessen, wie es bereits gesagt. Ist es ein Wassergraben, so muss die Bresch-Batterie
eben so gemacht werden und so plongiren, dass sie sogar
unter dem Wasser den Fuss der Mauer so vielmöglich
fasset. Da auch im bedeckten Wege Haubitzen mit angebracht werden müssen zu Ricochet, so müssen aus den
Haubitzen mit ganz schwacher Ladung die Granaten geworfen werden und die Ricochet-Schüsse thun.

Wenn ein Sturm von der Infanterie auf ein Werk geschehen soll, um sich solches zu bemeistern, so ist der
Gebrauch, dass die Signale zum Sturm mit Bomben gegeben werden. Von dem commandirenden Generale wird
gesagt, dass, wie gewöhnlich, dreimal aus zehn bis zwölf,
mehr oder weniger, Mortiers auf einmal Bomben geworfen
werden sollen. Das erste und zweite Mal müssen die
Bomben mit Zündern auf einmal, zu sagen alle zehn oder
zwölf abgefeuert, das dritte Mal müssen Bomben ohne
Zünder geworfen werden, so nicht crepiren, welches das
Signal zum Sturm ist.

9) Was ein Artillerie-Officier zu thun hat, der in
einer Festung ist und das Commando hat.

Erstlich wegen der Zeughäuser hat er zu observiren,
dass er sowohl alle differente Kugeln, Bomben und Granaten, so zu seinem Defensions-Geschütze gehören, wohl
separire, zu sagen, ganz separate Amas von dem differenten Kaliber der Kugeln, Bomben, Kartätschen und

Granaten, in Summa von aller differenten Art von Munition mache, so alle Officiere der Artillerie wissen müssen, dass hier ein Amas von vier und zwanzigpfündigen Kugeln, dort einer von zwölf-, sechspfündigen, und so weiter, so alles sehr wohl separiret sein muss, damit sich nicht vergriffen werden kann wenn davon geholt wird, und wenn solches auch des Nachts ist, dass es ein jeder Artillerie-Officier weiss, welches eine sehr importente Précaution ist, damit nicht durch eine Confusion, und wenn vorhero nicht alles gehörig in Ordnung gebracht und durch eine dergleichen Nachlässigkeit, ganz andere Munition zu einem Geschütze gebracht, als dazu gehöret. Ehe sich der Feind decouvrirt, wo er die Tranchées öffnen will, so man vorhero nicht mit Gewissheit wissen kann, müssen keine Schiessscharten in die Brustwehren der Werke eingeschnitten werden. Einigermassen kann man des Feindes Idee, wo er die Attaque führen will, rathen und voraussehen, wenn man weiss, wo er seine Magazine anlegt, wo er seine Kanonen auffahren lässt, sein Pulver hinbringt und überhaupt seine Dépôts anlegt. Um davon Gewissheit zu haben, muss man des Tages den Feind von den Kirchthürmen observiren lassen und von der Cavallerie, so in der Stadt ist, des Nachts kleine Patrouillen ausschicken. Weiss man nun mit Gewissheit, auf welcher Seite der Feind seine Magazine anlegt, seine Kanonen und Pulver hinbringen lässt und seine Dépôts macht, daraus kann man ohngefähr schliessen, dass er auf der Seite attaquiren wird.

Das erste, so der Officier von der Artillerie zu thun hat, ist, den bedeckten Weg, wo der Feind seine Attaque machen will, mit sechs- und dreipfündigen Kanonen zu besetzen. Alle Nacht müssen alda ganz schwache Patrouillen Cavallerie heraus, um avertirt zu werden. Vor die Angles der Glacis müssen Unter-Officiere mit zwei bis drei Mann detachiret sein, wenn sie das geringste

Lärmen oder Gepolter gewahr werden, zu avertiren. Ist
nun daraus das Mindeste zu vermuthen, dass die Tranchée
allda geöffnet wird, so muss aus den Kanonen, so im bedeckten Wege stehen, beständig geschossen werden. Es
könnte auch sein, dass der Feind falschen Alarm machte;
durch die ausgeschickten Patrouillen aber kann doch der
Rapport nicht fehlen, den Ort der Attaque zu wissen.
Wäre es, dass die Tranchées acht oder sechs hundert
Schritt von der Festung geöffnet würden, muss mit Kartätschen aus den sechspfündigen Kanonen gefeuert und
durch dieses Feu rasant die Arbeiter sehr beschossen
und an ihrer Arbeit behindert werden; so würde die Parallele die erste Nacht nicht zu Stande kommen können.
Auf eben die Art muss die folgende Nacht continuiret
werden. Hat sich nun der Feind decouvrirt und die Tran-
chéen geöffnet, so müssen Schiessscharten in die Werke
eingeschnitten und das Geschütz aufgeführt werden, sowohl
zwölf- als vier und zwanzigpfündige Kanonen. Des Artillerie-
Officiers seine Hauptabsicht muss sein, dem Feinde von
dem Polygone, so attaquiret wird, die Demontir-Batterien,
so er gegen die Werke anlegt, zu ruiniren. Sind Collateral-
Werke und gehet man des Nachts mit einem Boyau aus
dem bedeckten Wege heraus und bringt eine kleine Batterie von drei- und sechspfündigen Kanonen an, um die
Parallele zu enfiliren, so kann man dem Feinde hierdurch
eine Chicane machen. Werden Kanonen auf den Werken
ruiniret, so müssen des Nachts gleich wieder frische aufgefahren werden, so wie auch die Schiessscharten, wenn
solche etwas gelitten, die kommende Nacht gleich wieder
ausgebessert werden, so nicht verabsäumt werden muss,
damit die Batterie den andern Morgen wieder in völligem
Stande ist, dass die Leute dahinter sicher stehen und laden
können. Da nun die Mortiers ein gutes Geschütz zum
Demontiren sind, so muss man auch Mortiers entweder
hinter die Courtinen oder in die Gorgen der Bastions mit

setzen, um von da nach den feindlichen Batterien mit
Bomben zu werfen. Wenn nun der Feind auch Bomben
dagegen wirft, so ist es nöthig, dass die Mortiers öfters
verschoben werden und nicht auf einem Orte stehen bleiben.
Wenn der Feind zur zweiten Parallele zu öffnen schreitet,
wird alles dasjenige, was bereits, wenn der Feind die
erste Parallele eröffnet, deutlich gesagt, observiret. Wenn
Ausfälle gemacht werden, so ordinär rechts oder links
der Attaque geschehen, so ist zu observiren, dass ordinär
die Kanonen von den Batterien der Festungswerke gleich
gelöset und vorhero der bedeckte Weg, wo der Ausfall
geschiehet, des Abends vorher stark mit Kanonen besetzt
werde; denn alle Ausfälle sind nicht glücklich, und wenn
die Truppen, so den Ausfall gethan haben, sich geschwinde
zurückziehen müssen und der bedeckte Weg stark mit
Kanonen besetzt ist, so mit Kartätschen geladen sind, so
können die Truppen, so den Ausfall thun, sich sicher nach
der Stadt ziehen, und durch das Kartätschenfeuer der
Feind abgehalten werden zu verfolgen. Wenn der Feind
aus seiner letzten Parallele einen Zickzack macht und anfängt die Minen zu attaquiren, so müssen die Officiere der
Artillerie alles Wurfgeschütz auf den Hauptwall und
Ravelin, wenn es noch nicht ruiniret, auffahren lassen,
um des Nachts mit Haubitzen und Bomben nach den
Têten der Sappen zu werfen. Weil solches nun nahe am
bedeckten Wege ist, so muss von diesem Wurfgeschütze
viel Pulver abgebrochen werden, um nicht zu weit zu
werfen. Die ganz grossen Mortiers, wenn sich welche in
der Festung befinden, sind gut um des Nachts Steinkörbe
auf des Feindes Arbeiter zu werfen, so von sehr gutem
Effecte ist. Uebrigens ist auch noch zu erinnern, dass
niemals zu viel Pulver und Munitions in die Bastions, so
attaquiret werden, gebracht werde, und können die Officiere der Artillerie ohngefähr ihren Ueberschlag machen
und wissen, wie viel Schüsse des Tages gebraucht werden;

aber viel übrig muss nicht sein, da sonst ein Unglück daraus entstehen kann. Sind Casematten in den Werken, so wird die Munition allda beibehalten. Es muss aber dabei sorgfältig observiret werden und alle nur mögliche Précaution genommen, dass hauptsächlich die Thüren, wenn Munition geholt oder eingebracht wird, gleich wieder gut zugemacht werden. Sind keine Casematten in den Werken, so muss, ehe die Belagerung angehet, auf jedem Bastion ein Behältniss in der Erde von ohngefähr vierzehn Fuss tief gemacht, mit Brettern ausgeschlagen und mit grossen Balken ganz dicht zusammen gelegt, bedeckt werden und noch darauf sieben bis acht Fuss Erde gelegt, so dass dieses Behältniss à l'épreuve ist. Der Eingang zu einem solchen Pulver-Magazin muss niemals gerade, sondern krumm gemacht werden. Sollten Thürme mit in der Stadt sein, so wie gewöhnlich hinter dem Hauptwalle stehen, und worin sich Pulver-Dépôts befinden, so muss, sobald eine Belagerung angehet, das Pulver aus den Thürmen weg und in die Kirchen in die Stadt gebracht werden, wo zu mehrerer Précaution noch gute Erde über das Gewölbe gelegt werden muss, damit das Pulver sicher liege. Von allen Handwerkern in der Stadt, es seien Schmiede, Rademacher und dergleichen Professionisten, muss der älteste Officier von der Artillerie eine exacte Liste haben, damit, wenn er dergleichen Handwerksleute gebraucht und am Geschütz etwas entzwei, solches gleich wieder von ihnen repariret und in brauchbaren Stand gesetzt werden könne. Der commandirende Officier von der Artillerie muss alle Tage eine accurate Liste an den Gouverneur oder commandirenden General von seiner sämmtlichen Munition angeben, vom Abgang und Bestand, so wie auch von seinem Geschütze, was den vorigen Tag verbraucht worden und was noch an Vorrath bleibt, damit der Gouverneur oder commandirende General wisse, wie es sowohl mit seinem Geschütze als sämmtlicher Art von Munition stehe.

Diese ganze Instruction für die Artillerie werden die Commandeurs der Bataillons und Stabs-Officiere sich alle Mühe geben, ihren Capitains beizubringen, welches die Generalregeln, so zum Feld- und Belagerungskrieg nöthig, damit der eine nicht sagt, wir wollen es so und der andere auf eine andere Art machen; sondern es muss alles nach der Instruction, worin Seine Königliche Majestät die rechten General-Principia vorgeschrieben und festgesetzt, befolgt werden. Den Officieren von der Artillerie, so in die Festungen destiniret sind, kann, was zur Belagerung gehöret, aus dieser Instruction gegeben werden; die ganze Instruction aber muss nicht aus der Commandeurs der Bataillons ihren Händen kommen.

Die sechs Bataillons Feld-Artillerie müssen sowohl die Bombardiere als Kanoniere sehr üben, dass sie accurat werfen, zielen und schiessen können, wie es sich gehöret, und alles wissen und machen, wozu sie bei der Artillerie gebraucht werden.

Seiner Königlichen Majestät Gesinnung ist, dass, da von diesen sechs Bataillons Feld-Artillerie vier Bataillons zu nichts anderm als zu Handlangern im Felde gebraucht werden können, da nur kaum ein Viertel Artilleristen des ganzen Corps zum Zielen gebraucht wird, wenn von solchen welche abgehen, todtgeschossen werden oder sterben, immer von den andern vier Bataillons, da solche im Frieden eben so exerciret und angelernet, um den Abgang zu ersetzen, wieder eingestellet und dafür wiederum Rekruten in den Platz bei den vier Bataillons kommen, so dann mit Handlangerdiensten anfangen. Es ist dahero höchst nöthig, dass alle sechs Bataillons gut und egal exerciret seien, alsdann man einen ganzen Krieg hindurch auskommen und gute Leute haben kann, wenn sie in Friedenszeiten formiret sind.

Noch ist den Artillerie-Officieren zu wissen nöthig, was eigentlich und zu welchem Gebrauche maskirte Batterien sind.

Eine maskirte Batterie heisst diejenige, die man an
einem Orte anbringet, wo sie von weiten nicht vom Feinde
gesehen werden kann. Sie liegt entweder im Busch oder
hinter was verborgen, wodurch sie gedeckt wird, so dass
man solche nicht eher sehen kann, als davon gefeuert.
Der rechte und grösste Gebrauch ist, von dergleichen
Batterien Flankenfeuer in die Linien zu machen, absonderlich, wenn man an Wälder, worin Verhaue gemacht sind,
appuyiret ist, und dergleichen Oerter. Da nun der rechte
Gebrauch von einer maskirten Batterie ist, um dem Feinde,
wenn er die Armee attaquiret, einen unerwarteten Abbruch
zu thun und ihm seine Attaquen zu derangiren, so muss
man eine solche Batterie nicht decouvriren und, wenn auch
vorhero der Feind sich mit leichten Truppen sehen liesse
und man auch dem Feinde mit dergleichen Batterien
Schaden thun könnte, nicht schiessen, sondern solche nur
zu Bataillen reserviren, auf dass der Feind auf keine Art
seine Disposition gegen diese Batterien machen kann.
Wenn aber die feindliche Armee zu attaquiren kommt
und in das Feuer der Batterie, alsdann ist es Zeit, sich
zu demaskiren und den Effect zu thun.

Auch ist noch mit zu erinnern, zu welchem Gebrauche
und bei welchen Gelegenheiten eigentlich die leichten be-
rittenen Kanonen gebraucht werden müssen. Die leichte
berittene Artillerie muss nicht bei allen Gelegenheiten
unachtsam gebraucht werden. Zeigt man sie dem Feinde
alle Tage, so macht er solches nach und ist sodann der
Vortheil verloren. Die Hauptgelegenheit und wo man den
grössten Effect davon haben kann, ist, wenn sie in der
Plaine auf einem Flügel Cavallerie angebracht wird, dass
sie von da aus in einer Bataille die feindliche Cavallerie
beschiesst, ehe als unsere Cavallerie attaquiret. Sobald
aber unsere Cavallerie attaquiret, muss sie sofort auf-
protzen; geht die Affaire von der Cavallerie glücklich, so
muss sie nachfolgen und wird entweder gegen die feind-

liche Infanterie zu gebrauchen oder auch, wenn der Feind geschlagen, im Verfolgen von grossem Nutzen sein und guten Effect thun. Auch in andern Affaires de poste kann dergleichen Batterie von leichten Kanonen bei der Infanterie gebraucht werden, bis schwere Kanonen von der Armee hinkommen; überdem noch, wenn die Armee im Marsch ist, dass man einen Hauptposten vor dem Feinde occupiren will, als wo man ein Detachement von einigen tausend Dragonern hinschickt, Posto zu fassen, bei einem solchen Detachement können leichte berittene Kanonen mitgegeben werden, da die Dragoner sodann eben die Dienste der Infanterie thun und eben so gut, als wenn einige tausend Mann Infanterie hingeschickt würden. Sonst aber müssen bei Detachements Cavallerie niemals die leichten Kanonen mitgegeben werden, weil sie dabei nicht von rechtem Gebrauche sind und nichts Decisives daraus kommen kann. Die Kanoniere, so bei diesen Kanonen sind, müssen nicht allein hurtig eine Batterie davon aufzufahren wissen, sondern auch gut damit schiessen und gut reiten können, auch sehr geschwinde die Kanonen auf- und abzuprotzen wissen, und hurtig eine Batterie zu formiren.

Potsdam, den 3. Mai 1768.

Fch.

II.

VERMISCHTE

AUFSÄTZE UND BETRACHTUNGEN

UEBER

KRIEG UND KRIEGSWESEN.

Einleitung.

Obgleich die hier folgenden Abhandlungen, mit Ausnahme des Aufsatzes „Ueber das Militärwesen", mehr moralischer, als eigentlich kriegswissenschaftlicher Art sind, so habe ich doch kein Bedenken getragen, dieselben in diese Sammlung mit aufzunehmen, und zwar deshalb, weil sie uns· neben vielem militärisch Interessanten auch einen Beitrag zu dem Bilde des Mannes liefern, der sich nicht nur zu dem grössten Monarchen und Feldherrn, sondern auch zu einem der tiefsten und freiesten Denker seines Jahrhunderts auszubilden vermochte. Wir können uns den Feldherrn Friedrich nun einmal nicht von dem sittlichen Menschen Friedrich getrennt denken; wenigstens drängt sich uns selbst beim Lesen seiner militärischen Schriften immer die Vorstellung der ganzen Erscheinung des grossen Königs, des „alten Fritz", auf, und wir fragen uns fast unwillkürlich: Wie hat denn der Held eines siebenjährigen Krieges, der doch zugleich auch der Verfasser des „Antimachiavel" war, über den Krieg selbst gedacht? Unseren Lesern wird daher auch diese Abtheilung der „Ausgewählten kriegswissenschaftlichen Werke Friedrich's des Grossen" gewiss willkommen sein.

Eine der in angedeuteter Beziehung interessantesten Abhandlungen sind wohl die „Betrachtungen über die militärischen Talente und den Charakter

15*

Karl's XII., Königs von Schweden" (Réflexions sur
les talents militaires et sur le charactère de Charles XII,
roi de Suède), welche zuerst am 8. Januar 1760 erschienen, und die der König in jener trüben Zeit des siebenjährigen Krieges schrieb, in welcher er fast alle Hoffnung zu einem siegreichen Beenden desselben verloren
hatte, um sich über die Unternehmung dieses Krieges vor
der Nachwelt zu rechtfertigen, und von ihr nicht wie jener
schwedische Abenteurer beurtheilt zu werden. Ein er-
greifendes Bild seiner damaligen Stimmung giebt uns sein
Brief an den Marquis d'Argens, October 1759. Darin
schreibt er: „Ich bin krank; aber so lange ich Kräfte be-
halte, werde ich meine Pflichten erfüllen. Ich bin noch
immer bei meiner Schrift über Karl XII. Sie ist zwar
nur eine Kette von Betrachtungen, aber diese erfordern
Sorgfalt und Bedachtsamkeit, und deswegen arbeite ich
langsam. Ich kam darauf, weil ich mich gerade in der
Gegend befand, die Schulenburg durch seinen Rückzug so
merkwürdig gemacht hat. Mein Geist ist nur mit militärischen Gedanken beschäftigt; ich möchte ihn gern zerstreuen, aber er ist zu sehr von diesen Gegenständen erfüllt, als dass ich ihn auf etwas Anderes bringen könnte.
Nach dem Kriege will ich um eine Stelle in dem Invaliden-
hause anhalten. So weit ist es mit mir gekommen! Wenn
Sie mich je wiedersehen, so werden Sie mich sehr gealtert
finden; meine Haare werden grau, die Zähne fallen aus,
und ohne Zweifel bin ich in Kurzem kindisch. Wir
dürfen unsere Kräfte nicht zu sehr anspannen; zu starke
Anspannung erschlafft. Sie wissen, was man von Blaise
Pascal erzählt, und Sie selbst haben mir gesagt, Sie seien
in Holland durch das Bücherschreiben so erschöpft gewesen,
dass Sie einer langen Ruhe bedurft hätten, um sich wieder
zu erholen. Mit mir, der ich nicht werth bin, Ihnen die
Schuhriemen zu lösen, ist es zwar noch nicht so weit
gekommen; aber doch fühle ich, dass meine Schwäche zu-

nimmt und meine Kräfte schwinden. Unvermerkt verliere ich das Feuer, das man nöthig hat, um mein Handwerk gut zu betreiben." Es wurde nur eine kleine Anzahl von Exemplaren dieser Schrift gedruckt, welche der König an seine Brüder, an seine Freunde und angesehensten Officiere vertheilte; dies geht aus einem Briefe an d'Argens, Freiburg, 2. Januar 1760, hervor, worin es heisst: „In meinem letzten Briefe, lieber Marquis, habe ich vergessen, Sie zu bitten, meinem Bruder Ferdinand und dem General Seydlitz, der verwundet ist, und sich in Berlin heilen lässt, jedem ein Exemplar von meinem Karl XII. übermitteln lassen zu wollen. Es ist dies ein kleines Zeichen der Erinnerung, das ihnen vielleicht Freude machen wird." General Fouqué wurde dieselbe Gunst zu Theil, und an Voltaire schreibt der König am 1. Mai 1760 aus Meissen: „Ich habe Ihnen meinen Karl XII. geschickt, von dem ich noch zwölf Exemplare abziehen liess, die ich meinen Freunden geschickt habe. Ich habe keines übrig. Auch diese Schrift gehört zu den Werken, die wohl in kleiner Gesellschaft brauchbar, aber nicht für die Oeffentlichkeit bestimmt sind."

Das Originalmanuscript dieser merkwürdigen Schrift verwahrt die Bibliothek des Staatsarchivs.

Die folgende Abhandlung: „Von dem Militärwesen vom Anfang bis zum Ende der Regierung Friedrich Wilhelm's" (Du militaire depuis son institution jusqu'à la fin du règne de Frédéric-Guillaume), steht in der ersten Ausgabe der im Jahre 1751 erschienenen „Denkwürdigkeiten zur Geschichte des Hauses Brandenburg" (Mémoires pour servir à l'histoire de la maison de Brandebourg), wo sie gleichsam eine Ergänzung des Hauptwerkes bildet.

Der nächste Aufsatz: „Todtengespräch zwischen dem Prinzen Eugen, Mylord Marlborough und dem Prinzen von Lichtenstein" (Dialogue des

morts entre le prince Eugène etc.), ist nach dem Text der
„Oeuvres posthumes" (t. VI. 89—110) übersetzt. Leider
besitzen wir keine bestimmten Mittheilungen über dieses
merkwürdige Opus, das aber, nach den Briefen des Königs
an d'Alembert und Voltaire zu urtheilen, zwischen dem
1. October und Ende December 1773 geschrieben worden
zu sein scheint. In dieser Zeit wenigstens macht Friedrich
darin sehr oft seinem Verdruss über die encyklopädistischen
Anschauungen Luft. So z. B. in seinem Briefe vom 9. October
an Voltaire, worin es heisst: „Ich habe in den „Questions
encyclopédiques" den Artikel „Guerre" mit Schaudern gelesen. Wie kann ein Fürst seine Truppen in ihrer groben
blautuchenen Uniform und Hüten mit weisser Schnur, wenn
er sie erst geübt hat, sich links und rechts zu drehen, dem
Ruhme zuführen, ohne den Ehrentitel eines Räuberhaupt-
manns zu verdienen, da er doch nur einen Haufen Müssig-
gänger unter sich hat, welche durch die Noth getrieben
sind, gemiethete Henker zu werden, um unter ihm das
ehrbare Geschäft der Strassenräuber zu treiben? Haben
Sie vergessen, dass der Krieg eine Geissel ist, die alle
Räuber nur versammelt, um noch alle möglichen Verbrechen zu begehen?" Und am 26. November schrieb er ihm:
„Die Philosophen müssen Missionäre haben, um solche
Bekehrungen zu vermehren, und so entlasten sie die Staaten
allmählich von den grossen Armeen, woran sie zu Grunde
gehen, und zuletzt bleibt keiner mehr übrig, um sich zu
schlagen. Die Fürsten und die Völker werden dieser trau-
rigen Leidenschaft entsagen, deren Folgen so viel Unheil
stiften, und Jeder wird seinen Verstand so vollkommen
haben, wie ein geometrischer Beweis. Ich bedaure nur,
dass mein hohes Alter mich des schönen Anblicks beraubt,
dessen Beginn ich nicht einmal erlebe, und man wird
meine Zeitgenossen beklagen, dass sie in einer so dunklen
Zeit geboren, nach deren Ende erst die Morgendämmerung
der reinen Vernunft angebrochen sei."

VII

Unsere drei letzten Abhandlungen sind Bruchstücke. Die erstere, „Von den verschiedenen Arten der Unterhandlungen und den gerechten Ursachen, Krieg zu führen (Des différentes sortes de négociations, et des raisons qu'on peut appeler justes de faire la guerre), bildet den grössten Theil des XVI. Capitels des berühmtem „Antimachiavel, ou Examen du prince de Machiavel", und ist 1739 in der glücklichen Rheinsberger Zeit geschrieben; die zweite, aus „Lobrede auf General von Goltz" (Eloge du général de Goltz), befindet sich in den „Oeuvres du Philosophe de Sans-Souci. Au donjon du château. Avec privilège d'Apollon." welche 1750 erschienen; und die letzte aus „Prüfung des Versuchs über die Vorurtheile", welche gegen das Werk: „Essai sur les préjuges, ou De l'influence des opinions sur les moeurs et sur le bonheur des hommes; par M. D. M., Londres 1769", gerichtet ist. erschien zuerst 1770 in Berlin bei Voss. Am 17. Mai schickte der König sein Werk an d'Alembert, und am 24. Mai an Voltaire, dem er u. A. schreibt: „Sie wundern sich, dass in Europa ein Krieg ist, von dem ich nichts weiss. Wissen Sie, dass die Philosophen mit ihren beständigen Deklamationen gegen das, was sie gewöhnlich Räuber nennen, mich friedfertig gemacht haben. Die Kaiserin von Russland mag Krieg führen, so viel sie will; sie hat von Diderot für schönes Geld Dispens erhalten, um die Russen und Türken einander schlagen zu lassen. Ich, der ich die philosophische Censur, die encyclopädische Excommunication fürchte und kein Verbrechen der Laesio philosophiae begehen möchte, verhalte mich ruhig. Und da noch kein Buch gegen Subsidien erschienen ist, so glaube ich, dass es mir nach Civil- und Naturrecht erlaubt ist. meinem Verbündeten, die ihm schuldige Beisteuer zu zahlen; und ich stehe ganz in Ordnung jenen Lehrern des Menschengeschlechts gegenüber, welche sich das Recht an-

massen, Fürsten, Könige und Kaiser welche ihren Vor-
schriften nicht gehorchen, zu geisseln. — Ich habe mich
wieder an dem Werke: „Versuch über die Vorurtheile" erholt, und sende Ihnen einige Bemerkungen.
welche ein Freund von mir in der Einsamkeit darüber
gemacht hat. Ich denke, die Ansichten dieses Einsiedlers
stimmen sehr oft mit Ihrer Denkungsart überein, so wie
mit der Mässigung, welche Sie in allen Ihren Schriften
beobachten."

M.

Betrachtungen

über das militärische Talent und den Charakter

Karl's XII., Königs von Schweden.

———

Betrachtungen

über das militärische Talent und den Charakter Karl's XII., Königs von Schweden.

Ich habe mir zu meiner eigenen Belehrung vorgenommen, mir von den militärischen Talenten und dem Charakter des schwedischen Königs Karl XII. einen richtigen Begriff zu machen. Ich urtheile weder nach den übertriebenen Schilderungen seiner Lobredner, noch nach den von seinen Tadlern entstellten Zügen; ich berufe mich nur auf Augenzeugen und auf Thatsachen, worin alle Bücher übereinstimmen. Die Einzelnheiten der Geschichte darf man nur mit Misstrauen betrachten; aus der Menge von Lügen und Abgeschmacktheiten muss man die grossen Begebenheiten herausheben, welche die einzig wahren sind.

Unter der Menge von Männern, welche die Welt zu regieren und umzuschaffen beabsichtigten, beachtet man nur die, deren Geist umfassend war, deren grosse Thaten aus grossen Plänen hervorgegangen waren, und die die Begebenheiten, deren Schöpfer sie auch oft waren, zur Umbildung des politischen Zustandes der Welt benutzten. So Cäsar; seine der Republik geleisteten Dienste, seine Fehler, seine Tugenden, seine Siege, alles trug dazu bei, ihn auf den Thron der Welt zu setzen. So der grosse Gustav, Turenne, Eugen, Marlborough, in weiteren oder engeren Kreisen. Die Einen ordneten ihre militärischen Operationen nach Massgabe der Pläne, die sie im Laufe eines Jahres durchzuführen sich vorgenommen hatten; die Andern brachten ihre Arbeiten und Feldzüge in enge Verbindung mit dem allgemeinen Zwecke der unternommenen Kriege; und man nimmt das ihnen vorschwebende Ziel bald an ihrem vorsichtigen Verfahren, bald an ihren glänzenden Thaten wahr. So Cromwell; so der Cardinal Richelieu, der es durch Ausdauer dahin brachte, die Grossen des Reiches, die das Land beunruhigenden Protestanten, das Haus Oesterreich, den unversöhnlichsten Feind Frankreichs, zu demüthigen.

Es ist hier nicht am Orte, zu untersuchen, mit welchem Rechte Cäsar eine Republik unterdrückte, deren Mitbürger er war; ob der Cardinal Richelieu im Laufe seiner Verwaltung Frankreich mehr Schaden als Vortheil gebracht habe, ob man Turenne tadeln soll, weil er auf die Seite der Spanier trat; wir reden hier nur von dem an sich selbst bewundernswürdigen Talente, nicht aber von dem richtigen oder tadelnswerthen Gebrauch, den sie davon gemacht haben.

Obgleich die politischen Berechnungen bei Karl XII. sehr oft den heftigen Leidenschaften weichen mussten, so ist dieser Fürst doch immer einer der ausserordentlichen Männer, welche in Europa Aufsehen erregt haben. Er hat die Augen der Kriegsmänner durch eine Menge immer glänzenderer Thaten geblendet. Er hat die schrecklichsten Unfälle erlebt; er war Herr über den Norden, und war Flüchtling und Gefangener in der Türkei. Dieser berühmte Kriegsmann verdient näher betrachtet zu werden, und es ist für alle, welche dem Kriegerstande angehören, wichtig, die Ursachen seines Missgeschicks zu erfahren. Ich beabsichtige nicht, den Ruhm dieses ausgezeichneten Kriegers herabzusetzen; ich will ihn nur richtig würdigen, und genau erwägen, in welchen Fällen man ohne Gefahr ihm nachahmen darf, und in welchen man sich hüten müsse, ihn zum Muster zu nehmen. In jeder Wissenschaft wäre es eben so lächerlich, jemanden für vollkommen zu halten,

als wollte man mit Feuer den Durst löschen, oder mit
Wasser sich sättigen. Wer einen Helden eines Fehlers
zeiht, bringt nur in Erinnerung, dass derselbe Mensch ist.
Könige, Minister, Generale, Schriftsteller, alle, die durch
ihren Stand oder durch ihre Talente der Oeffentlichkeit
angehören, unterwerfen sich dem Urtheile ihrer Zeitgenossen
und der Nachwelt. So wie nur gute Bücher kritisirt werden, weil schlechte es nicht werth sind, so wendet man
auch sein prüfendes Auge von der gemeinen und unbedeu-
tenden Menge ab, und richtet es mit Aufmerksamkeit auf
diejenigen, deren Talente es versucht haben, neue Wege
zu bahnen.

Karl XII. ist in vieler Beziehung zu entschuldigen,
wenn er nicht alle Vorzüge der Kriegskunst in sich ver-
einigte. Diese so schwierige Wissenschaft wird nicht von
der Natur selbst eingeimpft. Wie sehr einer auch von Geburt
aus dazu befähigt sei, so gehört doch ein tiefes Studium
und eine lange Erfahrung dazu, sie zu vervollkommnen.
Entweder muss man in der Schule und unter den Augen
eines grossen Feldherrn seine Lehrzeit zugebracht haben,
oder nach vielen Missgriffen durch eigene Nachtheile die
Regeln kennen lernen. Die Fähigkeit eines Mannes, der
mit sechzehn Jahren König wird, muss man wohl be-
zweifeln. Karl XII. sah den Feind zum ersten Male, als
er sich zum ersten Male an der Spitze seiner Truppen
befand. Ich muss hierbei bemerken, dass alle, welche in
früher Jugend Armeen befehligten, geglaubt haben, die
ganze Kunst bestehe nur in Verwegenheit und Tapferkeit.
Dieses beweisen Pyrrhus, der grosse Condé, und selbst
unser Held. Seit die Erfindung des Schiesspulvers die Art,
einander zu vernichten, geändert, hat auch die Kriegskunst
eine ganz andere Gestalt angenommen. Körperkraft, welche
das Hauptverdienst der alten Helden war, gilt jetzt nichts
mehr; Klugheit siegt jetzt über Heftigkeit, Kunst über
Tapferkeit; der Kopf des Generals hat mehr Einfluss auf

den Erfolg, als die Arme der Soldaten. Die Klugheit
bahnt dem Muthe die Wege, die Kühnheit wird nur zur
Ausführung aufgespart; und um von Kennern gelobt zu
werden, bedarf es noch mehr der Geschichlichkeit als des
Glückes. Jetzt kann unsere Jugend, die sich dem Kriegerstand widmet, die Theorie dieses mühsamen Geschäfts
aus classischen Büchern und aus den Gedanken alter Kriegsmänner erlernen; dem schwedischen Könige waren solche
Hülfsmittel nicht zur Hand. Man liess ihn zwar zur Unterhaltung den schönen Roman des Quintus Curtius übersetzen [1]. zugleich um ihm etwas Liebe zum Latein, das er
nicht leiden konnte, beizubringen; dieses Buch vermochte
ihm wohl den Wunsch einzuflössen, es dem Alexander gleich
zu thun; aber es konnte ihm nicht die Regeln der neuern
Kriegskunst lehren, um seinen Wunsch auszuführen. Karl
verdankte der Wissenschaft nichts, und der Natur alles.
Sein Geist war nicht gebildet, aber kühn entschlossen,
für Grosses empfänglich. ruhmbegierig, fähig, dem Ruhme
alles aufzuopfern; seine Thaten erscheinen, im Einzelnen
betrachtet, eben so herrlich, als seine meisten Pläne dabei
verlieren. Seine Standhaftigkeit, die ihn über das Glück
erhob, seine bewundernswürdige Thatkraft und seine Tapferkeit sind gewiss hohe Tugenden. Er folgte dem mächtigen
Antrieb der Natur. die von dem Augenblicke an, als seine
habsüchtigen Nachbarn ihn zum Kriege nöthigten, ihn zum
Helden bestimmte; und sein bis dahin verkannter Charakter
entwickelte sich sogleich. Folgen wir ihm auf seinen ver-

---

[1] Voltaire berichtet in seiner Geschichte Karl's XII. (Erstes
Buch): „Sobald er einige Kenntnisse in der lateinischen Sprache hatte,
liess man ihn den Quintus Curtius übersetzen. Er fand an diesem
Buche einen Geschmack, den ihm der Gegenstand noch weit mehr ein-
flösste, als der Stil. Als ihn derjenige, der ihm diesen Schriftsteller
erklärte, gefragt hatte, was er von Alexander dächte, antwortete der
Prinz: „Ich denke, dass ich ihm gleichen möchte." Aber, sagte man
ihm, er hat nur zweiunddreissig Jahre gelebt. „Ach," erwiderte er,
„ist das nicht genug, wenn man Königreiche erobert hat?""

schiedenen Unternehmungen; ich betrachte seine ersten neun Feldzüge, welche viel Stoff zu Bemerkungen geben.

Der König von Dänemark [1]) griff den Schwager Karl's XII., den Herzog von Holstein, an. Statt seine Truppen in das Herzogthum zu schicken, wo sie den Fürsten, den er vertheidigen wollte, gänzlich zu Grunde gerichtet haben würden, liess unser Held 8000 Mann in Pommern einrücken; er schifft sich auf seiner Flotte ein, landet auf Seeland, verdrängt die Truppen, welche seine Landung hindern sollen, von der Küste, belagert Kopenhagen, die Hauptstadt seines Feindes, und nöthigt in weniger als sechs Wochen den dänischen König, einen dem Herzoge günstigen Frieden zu schliessen.[2]) Dies ist sowohl im Plane als in der Ausführung bewundernswürdig. Dieses Meisterstück stellt Karl einem Scipio gleich, welcher Carthago bekriegte, um Hannibal aus Italien abberufen zu lassen. Von Seeland begleite ich den jungen Helden nach Liefland. Dahin gelangen seine Truppen in erstaunlicher Schnelligkeit; dieser Zug gleicht dem *veni, vidi, vici* des Cäsar. Der edle Enthusiasmus, welcher den König beseelt, theilt sich den Lesern mit. Die Erzählung der diesem Siege vorangegangenen und ihn begleitenden Thaten kann den Geist entflammen. Karl's Benehmen war weise; es war kühn, aber durchaus nicht tollkühn; er musste Narva, welches der Czar persönlich belagerte, zu Hülfe kommen; die Russen mussten angegriffen und geschlagen werden. Ihre zwar zahlreiche Armee bestand nur aus einer Menge schlecht bewaffneter und schlecht disciplinirter Barbaren, ohne gute Anführer; die Schweden durften also hoffen, die Moskowiter ebenso leicht zu besiegen, wie die Spanier die wilden Völkerschaften Amerikas. Der Erfolg entsprach auch vollkommen dieser Erwartung, und die Völker sahen mit

---

[1]) Friedrich IV.
[2]) Der Travendaler Frieden, am 18. August 1700.

Erstaunen, dass 8000 Schweden 80.000 Russen schlugen und zersprengten.[1]

Von diesem Siege begleite ich unsern Helden an die Ufer der Düna, den einzigen Ort, wo er sich der List und zwar mit gutem Erfolge bediente. Die Sachsen vertheidigten das jenseitige Flussufer; Karl führte sie durch eine neue von ihm erfundene Kriegslist irre; er hat schon unter einem künstlich hervorgebrachten Rauche, der seine Bewegungen verhüllte, den Fluss überschritten, ehe der alte Steinau, welcher die Sachsen befehligte, es bemerkte; die Schweden sind ebenso schnell in Schlachtordnung gestellt, als sie gelandet sind; nach einigen Cavallerie-Angriffen und einem schwachen Infanterie-Feuer schlagen und zersprengen sie die Sachsen. Welch ein bewundernswürdiges Verfahren, um den Fluss zu überschreiten; welche Geistesgegenwart und Thätigkeit, um den ausgeschifften Truppen ein zum Agiren geeignetes Terrain zu verschaffen, und welche Tapferkeit, um in so kurzer Zeit den Kampf zu beendigen!

Solche Thaten verdienen das Lob der Zeitgenossen und der Nachwelt. Aber was jeden in Erstaunen setzen muss, ist, dass gerade die bedeutendsten Thaten Karl's XII.

---

[1] Mitte November setzte Karl XII. mit einem kleinen Heere über die Ostsee und liess sich nach seiner Landung in Esthland durch keine Vorstellungen seiner Officiere bewegen, die Ankunft der übrigen Truppen zu erwarten, sondern zog mit nur 15,000 Mann gegen die Russen, welche die Stadt Narwa belagerten. Die Letzteren, deren Zahl auf 40,000 angegeben wird, bestanden aus einer Mischung von Fremden und Russen, und ihre Officiere waren Ausländer, die mit ihnen in stetem Zwiste lagen, während Karl eine geschlossene, geordnete Macht hatte, welche Uebung, Erfahrung und Muth besass. Peter hatte daher auch das Schicksal seines Heeres geahnt und sich von ihm entfernt. Karl's Tollkühnheit leitete in der Schlacht bei Narwa die Schweden besser, als kalte Ueberlegung es gethan haben würde. Er stürmte geradezu die russischen Schanzen und siegte. Die Russen konnten nämlich innerhalb der Schanzen ihre Ueberlegenheit an Zahl nicht benutzen, und ergaben sich, obgleich sie anfangs tapfer stritten, bald (30. November 1700), indem sie über Verrath ihrer Officiere schrieen.

seine ersten Feldzüge sind. Vielleicht verdarb ihn das Glück
durch zu viel Gunst; vielleicht glaubte er, dass die Kunst
für den unnütz sei, dem nichts widerstand; oder es hat
ihn vielleicht oft seine allerdings bewundernswerthe Tapferkeit verleitet, nur verwegen zu sein.

Karl hatte bisher seine Waffen gegen den Feind ge-
wendet, dem er mit Recht seine Streitkräfte entgegen
stellen musste. Seit der Schlacht an der Düna verliert
man aber den Faden, der ihn leitete. Man findet nur eine
Menge Unternehmungen ohne Zusammenhang und Plan,
vermengt zwar mit glänzenden Thaten, die aber nicht zu
dem Hauptziele führten, welches der König in diesem Kriege
vor Augen haben musste.

Der Czar war ohne Zweifel der mächtigste und ge-
fährlichste Feind, den Schweden besass; gegen ihn hätte
unser Held, wie es scheint, sogleich nach der Niederlage
der Sachsen sich wenden müssen. Die Trümmer der bei
Narwa geschlagenen Armee waren noch zerstreut; Peter I.
hatte in der Eile 30,000 bis 40,000 Moskowiter zusammen-
gerafft, die nicht mehr werth waren, als jene 80,000 Barbaren, welche vor den Schweden die Waffen strecken
mussten; den Czaren musste er jetzt stark bedrängen, er
musste ihn aus Ingrien treiben, ihm nicht Zeit lassen, sich
zu erholen, und den Augenblick benutzen, um ihm Friedens-
bedingungen vorzuschreiben.

August, welcher neuerdings und zwar ohne die Zu-
stimmung der Mehrheit der Republik gewählt worden war,
und auf dem Throne nicht fest sass, wenn Russlands
Beistand ihm abging, fiel von selbst, wenn Schweden überhaupt daran lag, ihn zu entthronen; aber statt diese heil-
samen Schritte zu thun, schien der König ganz und gar
den Czaren und die fast vernichteten Moskowiter zu vergessen, um irgend einem polnischen Vornehmen [1] nach-

---

[1] Graf Oginski. Zwei Parteien theilten damals Litthauen, die des
Prinzen Sapieha und die Oginski's. Diese beiden Faktionen hatten

zulaufen, welcher einer andern Partei angehörte. Solche kleinliche Rachegedanken liessen ihn wichtige Interessen vernachlässigen. Er unterjochte sich bald Lithauen, von da brach seine Armee, wie ein austretender reissender Strom, in Polen ein und überschwemmte dies Land. Der König war bald in Warschau, bald in Krakau, bald in Lublin, bald in Lemberg; die Schweden breiten sich in preussisch Polen aus, eilen wieder nach Warschau, setzen den König August ab, verfolgen ihn bis nach Sachsen, und beziehen daselbst Quartiere. Man muss bemerken, dass diese Feldzüge, die ich nur summarisch mittheile, unsern Helden mehrere Jahre hindurch beschäftigten.

Ich verweile einen Augenblick, um das Verhalten dieses Fürsten bei Eroberung Polens zu untersuchen, und bemerke nur nebenbei, dass unter den Schlachten, die er in diesen beständigen Zügen gewann, die bei Klissow [1]) den Vorzug verdient, weil er den glücklichen Erfolg einer geschickten Bewegung verdankte, die er seine Truppen machen liess. um den Sachsen in die Flanke zu fallen.

mit Privatstreitigkeiten angefangen, die in Bürgerkrieg ausgeartet waren.

[1]) Die Könige von Schweden und Polen traten einander den 13. Juli 1702 in einer weiten Ebene bei Klissow, zwischen Warschau und Krakau, gegenüber. August hatte gegen 24,000 Mann, Karl XII. hatte nur 12,000 Mann; der Kampf begann mit Artilleriesalven. Bei dem ersten Schuss, den die Sachsen thaten, erhielt der Herzog von Holstein, der die schwedische Cavallerie commandirte, eine Kanonenkugel in die Seite. Der König fragte, ob er todt sei; man bejahte es; er antwortete nichts; einige Thränen fielen von seinen Augen; er verbarg einen Augenblick das Gesicht in die Hände; dann plötzlich seinem Pferde die Sporen gebend, stürzte er sich mitten in die Feinde an der Spitze seiner Garde. Der König von Polen that alles, was man von einem Fürsten erwarten musste, der für seine Krone kämpfte; er führt selbst seine Truppen dreimal zum Angriff zurück; aber er kämpfte nur mit seinen Sachsen; die Polen, die seinen rechten Flügel bildeten, flohen sämmtlich gleich beim Beginn der Schlacht. Die Ueberlegenheit Karl's XII. behielt die Oberhand; er trug einen vollständigen Sieg davon: das feindliche Lager, die Fahnen, die Artillerie, die Kriegskasse August's verblieben ihm. Siehe Voltaire, Geschichte Karl's XII.

Die Methode, welche Karl in dem Kriege in Polen beobachtete, war sicherlich fehlerhaft. Diese Republik besitzt bekanntlich keine Festungen und ist von allen Seiten
offen, weshalb sie leicht zu erobern, aber auch schwer zu
halten ist. Der Graf von Sachsen bemerkt sehr richtig,
dass die Länder, welche leicht erobert werden können,
auch mehr Mühe erfordern, um behauptet zu werden; obgleich die von ihm vorgeschlagene Methode ¹) langsam erscheint, so ist sie doch die einzige, welche man beobachten
muss, wenn man sicher gehen will. Der schwedische König, -
zu stürmisch, dachte nie recht über die Natur des Landes,
wo er Krieg führte, und über die Wendung, welche er den
Kriegsoperationen geben sollte, nach. Wenn er sich in
preussisch Polen festgesetzt, und dann allmählich sich des
Laufes der Weichsel und des Bug bemächtigt hätte, indem
er an den Zusammenflüssen und andern angemessenen
Orten Kriegsplätze erbauen liess, die er durch Befestigungen des flachen Landes tüchtig machen konnte; wenn
er dasselbe Verfahren bei allen Flüssen, welche Polen
durchziehen, beobachtet hätte, so hätte er bestimmte An-
lehnungspunkte gehabt; diese festen Plätze hätten ihm das
bereits eroberte Land gesichert, und es ihm leicht gemacht,
Contributionen zu erheben, um Lebensmittel herbei zu
schaffen; dies hätte den Krieg besser geordnet, und den
Einfällen der Moskowiter und der Sachsen Einhalt gethan.
Die gut befestigten Posten hätten seine Feinde genöthigt,
um Fortschritte zu machen, Belagerungen in entfernten
Ländern vorzunehmen, wohin der Transport des Geschützes
um so schwieriger war, als dort die Wege schlecht und
sumpfig sind; und im Falle einiger Misserfolge konnte der
König, im Rücken gedeckt, nicht befürchten, alles einzu-

---

¹) Les Rêveries, ou Mémoires sur l'art de la guerre, de Maurice,
comte de Saxe, duc de Courlande, etc. Dédiés à messieurs les officiers
généraux par M. de Bonneville, capitaine ingénieur de campagne de
Sa Majesté le roi de Prusse. A la Haye, 1756.

büssen; denn diese Plätze verschafften ihm Zeit, seine Verluste einzubringen und den siegenden Feind aufzuhalten und zu beschäftigen.

Dadurch, dass Karl anders verfuhr, ward er nie Herr von Polen, als so weit es seine Truppen inne hatten; seine Feldzüge waren fortwährende Streifzüge; bei der geringsten Laune des Schicksals war seine Eroberung nahe daran, ihm wieder entrissen zu werden. Er musste sehr viele unnütze Schlachten liefern, und durch seine glänzendsten Heldenthaten gewann er nichts weiter, als den unzuverlässigen Besitz eines Landes, aus welchem er die Feinde vertrieben hatte.

Wir rücken nun allmählich der Zeit näher, in welcher das Schicksal anfing, sich gegen unsern Helden zu erklären. Ich setzte mir vor, die ihm widerwärtigen Ereignisse mit doppelter Vorsicht zu prüfen. Man darf die menschlichen Pläne nicht nach dem Erfolge ihrer Unternehmungen beurtheilen. Wir haben uns wohl zu hüten, dem Mangel an Vorsicht solche Unglücksfälle zuzuschreiben, welche aus untergeordneten Ursachen, die das Volk Zufall nennt, hervorgegangen, und oft eine grosse Rolle bei menschlichen Dingen spielen; aus Ursachen, welche unter der grossen Menge und bei der Dunkelheit der mannigfaltigen Zustände selbst den scharfsichtigsten Geistern entgehen.

Man muss also dem schwedischen Könige nicht alle Unglücksfälle, die ihn betroffen haben, zur Last legen; vielmehr muss man sich bemühen, diejenigen, welche eine Reihe unglücklicher Umstände ihm aufgebürdet hat, von denen, welche er sich durch seine Fehler etwa zugezogen haben mag, zu unterscheiden.

Das Glück, welches alle Unternehmungen dieses Fürsten während der polnischen Kriege begleitete, hinderte ihn wahrzunehmen, dass er sich oft von den Regeln der Kunst entfernt hatte; und da er für seine Fehler nicht bestraft ward, fühlte er auch nicht die Verlegenheiten, in welche

er hätte kommen können. Dies beständige Glück gab ihm
zu viel Zuversicht, und er dachte nicht einmal an eine
Aenderung des Verfahrens. In den Feldzügen nach Smolensk und in der Ukraine scheint er alle Vorsicht vernachlässigt zu haben. Selbst wenn er den Czaren in Moskau
abgesetzt hätte, würde er darum nicht mehr Lob verdienen, da der Erfolg nur Sache des Zufalls, nicht Folge
seines Verfahrens gewesen wäre. Man hat eine Armee mit
einem Gebäude verglichen, dessen Fundament der Bauch
ist [1]), weil die erste Sorge eines Generals sein muss, seine
Truppen zu ernähren. Was am meisten zum Unglücke
des schwedischen Königs beitrug, war, dass er auf die
Subsistenz seiner Truppen so wenig achtete. Wie kann
man einen General loben, welcher Truppen braucht, die,
ohne Nahrung zu erhalten, leben, unermüdlich und unsterblich sein müssen.

Man tadelt diesen Fürsten, dass er zu leichtfertig den
Versprechungen Mazeppa's getraut habe; aber dieser Ko-
sacke täuschte ihn nicht; er ward selbst durch eine Reihe
untergeordneter Ursachen, die er nicht vorhersehen konnte,
verrathen; auch sind Geister von Karl's XII. Schlage niemals argwöhnisch, und werden nicht eher misstrauisch,
bis sie die Bosheit und den Undank der Menschen recht
oft erfahren haben.

Doch ich komme wieder zur Prüfung des Kriegs-
planes dieses Fürsten. Wenn ich, der ich nicht wie Cor-
reggio sagen kann, *son pittore anch'io*, eine Vermuthung
wagen darf, so scheint es mir, dass der König, um den
Fehler, den er gemacht hatte, den Czaren so lange ausser
Augen zu lassen, wieder gut zu machen, den nächsten
Weg hätte wählen müssen, um in Russland einzudringen,
und die unfehlbarsten Mittel seinen mächtigen Feind

---

[1]) Siehe Ausgew. Werke Friedrich's des Grossen. In's Deutsche
übertragen von Heinrich Merkens. I. Bd., Geschichte meiner Zeit,
S. 538.

zu erdrücken; dieser Weg war sicherlich nicht der über Smolensk und der durch die Ukraine; auf beiden Strassen hatte man sehr grosse Sümpfe. ungeheuere Wüsteneien und breite Flüsse zu passiren; und dann musste man noch durch ein halb wildes Land ziehen, um nach Moskau zu gelangen. Durch diesen Zug beraubte sich der König aller Hülfe, die er aus Polen oder Schweden hätte ziehen können. Je tiefer er in Russland eindrang, desto mehr war er von seinem Lande abgeschnitten. Es bedurfte mehr als eines Feldzugs, um dieses Unternehmen auszuführen. Woher nun Lebensmittel nehmen? Wie sollten die frischen Truppen zu ihm stossen? Aus welchem Kosacken- oder Moskowiterflecken konnte er einen Waffenplatz machen? Woher neue Waffen, Kleidung und die Menge von Dingen nehmen. welche ebenso gewöhnlich als nothwendig sind, und die man, um eine Armee zu erhalten, fortwährend erneuern muss? Alle solche unübersteigliche Schwierigkeiten konnten voraussehen lassen, dass bei diesem Unternehmen die Schweden durch Beschwerden und Hunger zu Grunde gehen würden. und selbst ein Sieg sie vernichten musste. Wenn nun der bessere Erfolg dieses Krieges ein so trauriges Bild darbot, was musste man erst erwarten, wenn irgend ein schlimmer Zufall eintrat? Eine sonst leicht auszumerzende Schlappe wird bei einer in ein wildes Land gewagten Armee, ohne festen Platz und also ohne Mittel zum Rückzuge, eine entscheidende Niederlage.

Anstatt des Trotzes gegen solche Hindernisse und Schwierigkeiten, bot sich ein viel natürlicherer Ausweg dar, welcher sich gleichsam von selbst einrichtete, nämlich durch Liefland und Ingrien gerade auf Petersburg loszugehen. Die schwedische Flotte und die Transportschiffe konnten im Baltischen Meere der Armee zur Seite bleiben und Lebensmittel liefern; Recruten und was sonst nöthig. konnten zu Wasser oder über Finnland zur Armee gelangen; dabei deckte der König seine schönsten Provinzen, blieb

in der Nähe seiner Grenzen, seine Siege waren glänzender.
Unfälle konnten ihn nicht in eine verzweifelte Lage ver-
setzen. Nahm er Petersburg, so zerstörte er den neuen
Bau des Czaren, das Auge Russlands nach Europa zu.
den einzigen Ort, der ihn mit unserm Welttheile in Verbindung hielt; und nach Beendigung dieses Zuges hing
es nur von ihm ab, weitere Vortheile zu erringen, obwohl
er, wie es scheint, auch hätte Frieden schliessen können.
ohne ihn in Moskau zu unterzeichnen.

Ich will zu meiner Belehrung die Regeln, welche die
grossen Lehrer der Kriegskunst uns hinterlassen haben.
mit dem Verfahren des Königs in diesen beiden Feldzügen
vergleichen. Diesen Regeln nach dürfen Armeen sich nie
zu sehr vorwagen, besonders die Feldherren nicht Spitzen
vorstossen. Karl drang bis in's Gebiet von Smolensk vor.
ohne im mindesten die Communication mit Polen zu
sichern. Unsere Lehrer sagen, man müsse eine Vertheidigungslinie bilden, um sich den Rücken frei zu halten
und die Proviantmagazine mit der Armee zu decken. Die
Schweden waren dicht bei Smolensk, und hatten nur für
vierzehn Tage Brod. Ihre Kriegführung bestand darin.
die Moskowiter nahe zu verfolgen, ihren Nachtrab zu
schlagen, und ihnen auf gut Glück nachzuziehen, ohne
recht zu wissen, wohin der vor ihnen fliehende Feind sie
führte. Man sieht weiter keine Vorsichtsmassregel für die
Verpflegung der Schweden, als etwa die, dass auf Befehl des
Königs Löwenhaupt mit einem starken Proviantzuge der
Armee nachzog. Man musste also diesen Proviantzug
nicht so weit hinter sich lassen, da man dessen so drin-
gend bedurfte; man musste auf Löwenhaupt warten, ehe
man in die Ukraine einrückte, weil man immer mehr sich
entblösste, je weiter man sich von ihm entfernte. Es wäre
noch klüger gewesen, die Truppen nach Litthauen zurück-
zuführen; der Zug nach der Ukraine bereitete der schwedischen Armee das Verderben.

Zu diesem unrichtigen Verfahren, welches allein genügte, um alles zu verderben, kamen noch Unglücksfälle.
die zum Theil vom Zufalle herrühren mochten. Der Czar
griff Löwenhaupt dreimal an, und nahm den Proviantzug.
den er führte, weg. [1]) Der schwedische König muss also
von den Plänen und Bewegungen der Russen gar keine
Nachricht gehabt haben. War dies aus Nachlässigkeit.
so hatte er sich grosse Vorwürfe zu machen; hinderten
ihn unübersteigliche Schwierigkeiten, sich Nachricht zu
verschaffen, so muss man diese Hindernisse zu den unvermeidlichen Umständen rechnen.

Wenn man in einem halb barbarischen und wüsten
Lande Krieg führt, muss man feste Niederlassungen anlegen. Das sind neue Schöpfungen; die Truppen müssen
Befestigungswerke bauen, Wege machen, Brücken und
Dämme errichten. an geeigneten Orten Redouten aufführen.
Solche Zeit und Geduld erfordernden Arbeiten stimmten
nicht zu dem heftigen Gemüth und zur Ungeduld des
Königs. Man sieht ihn bewunderungswürdig überall, wo
es auf Tapferkeit und Schnelligkeit ankommt; aber er ist
nicht mehr derselbe, wenn berechnete Massregeln und Zeit
und Geduld erfordernde Anschläge, die erst reifen müssen.
nöthig sind. Wie wahr ist es doch, dass der Krieger
seine Leidenschaft bändigen müsse, und wie schwer ist
es, alle Talente eines grossen Feldherrn in sich zu vereinigen!

---

[1]) General Löwenhaupt erwarb sich bei dieser Gelegenheit unsterblichen Ruhm. Er hatte das von Freund und Feind verheerte
Liefland nach einer siebenjährigen ruhmvollen Vertheidigung aufgeben
müssen, bahnte sich durch Wüsten und Wälder und durch die ihn
umschwärmenden Feinde den Weg zu dem Platze, wo er mit seinem
Könige zusammentreffen sollte, besiegte bei Liesna mit nicht mehr als
10,000 Mann ein aus 40,000 Mann bestehendes russisches Heer, und
brachte schon zwei Tage nachher seine Vereinigung mit den Truppen
des Königs zu Stande. Er hatte aber, um dies möglich zu machen,
alle Vorräthe, alles Geschütz, kurz alles was er dem Könige hatte
zuführen sollen, zurücklassen müssen.

Ich übergehe hier das Treffen bei Holowczyn und andere Actionen, die während jener Feldzüge vorfielen, weil sie für den Erfolg des Krieges ebenso wenig entschieden, als sie für diejenigen verderblich waren, die als Opfer fielen. Unser Held hätte bei verschiedenen Gelegenheiten sparsamer mit Menschenblut sein können. Es giebt freilich Fälle, in denen man sich schlagen muss. Man soll sich nur dann schlagen, wenn man weniger zu verlieren als zu gewinnen hat, wenn der Feind sich vernachlässigt, es sei im Lagernehmen oder auf dem Marsche, oder wenn man ihn durch einen entscheidenden Schlag zwingen kann, den Frieden anzunehmen. Man bemerkt übrigens, dass die meisten Generale, welche viele Schlachten liefern, aus Mangel anderer Hülfsmittel nur zu diesen schreiten. Statt ihnen das zum Verdienste anzurechnen, betrachtet man es vielmehr als einen Beweis der Unfruchtbarkeit ihres Geistes.

Wir stehen jetzt an dem unglücklichen Zug nach Pultawa. Die Fehler grosser Männer sollen Leuten von beschränkteren Anlagen zur Lehre dienen. Wir haben wenige Feldherren in Europa, welche nicht aus Karl's XII. Unglück lernen können, klug und vorsichtig zu sein.

Der verstorbene Marschall Keith, welcher in russischen Diensten in der Ukraine befehligt hatte, und Pultawa gesehen und untersucht hat, sagte mir, dass die Stadt kein weiteres Vertheidigungsmittel als einen Erdwall und einen schlechten Graben besitzt. Er hegte die Ueberzeugung, dass die Schweden, so wie sie ankamen, dieselbe im ersten Anlauf hätten nehmen können, und Karl habe nur die Belagerung in die Länge gezogen, um den Czaren herbeizulocken und sich mit ihm zu schlagen. Freilich gingen die Schweden Anfangs nicht mit ihrer gewöhnlichen Heftigkeit und Hitze daran; auch muss man zugeben, dass sie nicht eher Sturm liefen, als bis Fürst Menschikoff Succurs hineingeworfen und sich am andern Ufer der Worskla bei der

Stadt gelagert hatte. Aber der Czar hatte in Pultawa auch ein ansehnliches Magazin; mussten also nicht die Schweden, denen alles mangelte, sich sobald als möglich dieses Magazins bemächtigen, um Vorräthe zu erhalten? Ohne Zweifel hatte Karl XII. sehr starken Grund, die Belagerung eifrig zu betreiben; er hätte das Nest um jeden Preis einnehmen müssen, ehe Succurs ankam.

Rechnet man die Mazeppa'schen Kosacken, lauter Landstreicher, ab, so blieben dem Könige nur 18,000 Schweden. Was konnte ihn bei dieser Schwäche veranlassen, mit so wenigen Truppen zugleich eine Belagerung zu unternehmen und Schlachten zu liefern? Sobald der Feind nahte, musste er entweder das Unternehmen aufgeben, oder ein starkes Corps an die Laufgräben stellen. Das Erstere war schimpflich, das Andere verminderte die Zahl der Kämpfer bis auf nichts. Dieser Plan, welcher den Schweden nachtheilig sein musste, verschaffte dem Czaren freies Spiel, und scheint unsers Helden unwürdig. So etwas traut man kaum einem General zu, welcher noch niemals mit Verstand Krieg geführt hat. Suchen wir aber keine Feinheit, wo sie nicht ist, und ohne dem König Pläne beizumessen, an die er wohl nie dachte, erinnern wir uns nur, dass er oft von den Bewegungen seiner Feinde schlecht unterrichtet war. Es ist also vernünftiger, anzunehmen, dass er von dem Anrücken Menschikoff's und des Czaren keine Kunde hatte, und daher glaubte, genug Zeit zu haben, um Pultawa gemächlich einnehmen zu können. Hierzu kommt noch, dass dieser Fürst immer nur im offenen Felde Krieg geführt hatte, in der Belagerungskunst aber, worin man keine Erfahrung von ihm erwarten konnte, ein Neuling war. Wenn man ausserdem bedenkt, dass die Schweden drei Monate vor Thorn zubrachten, wo die Festungswerke, nebenbei bemerkt, nicht besser waren, als in Pultawa, so wird man sich von ihrer geringen Geschicklichkeit, zu belagern, überzeugen. Wie? Wenn Mons, Tournai, Werke, die ein Coehorn, ein Vauban erbaut hat, die Franzosen kaum drei Wochen beschäftigen, wenn sie solche angreifen, und Thorn und Pultawa sich gegen die Schweden drei Monate halten können, folgt daraus nicht, dass sie sich auf die Kunst, Festungen einzunehmen, nicht verstanden? Keine Stadt leistete ihnen Widerstand, sobald sie solche mit dem Degen in der Faust nehmen konnten. Das kleinste Nest aber hielt sie auf, sobald Laufgräben eröffnet werden mussten, und wenn diese Beweise nicht genügen, so füge ich nur noch hinzu, dass Karl XII. bei seinem heftigen und wilden Gemüth gewiss Danzig belagert und eingenommen hätte, um es für einige ihm gegebene Anlässe zur Unzufriedenheit zu bestrafen; dass er es aber, weil er dies Unternehmen für zu schwer hielt, nicht belagerte, und sich mit einer starken Geldbusse begnügte.

Doch kommen wir jetzt wieder auf unsern wichtigen Gegenstand zurück. Da die Belagerung von Pultawa einmal unternommen war und der Czar mit seiner Armee sich in der Nähe zeigte, so konnte Karl noch immer den zur Bekämpfung seines ruhmgekrönten Nebenbuhlers geeigneten Ort wählen. Er konnte ihn an den Ufern der Worskla erwarten, ihm den Uebergang über den Fluss wehren, oder gleich darnach angreifen. Die Lage der Schweden erforderte einen raschen Entschluss; entweder mussten sie sogleich nach der Ankunft der Russen über sie herfallen, oder den Plan, sie zu bekämpfen, aufgeben. Es war ein unverbesserlicher Fehler, den Czaren seinen Posten wählen und ihm Zeit zu lassen, sich gehörig vorzubereiten; er hatte schon den Vortheil der Ueberzahl, was schon bedeutend war, und man überliess ihm noch Terrain und Kunst; das war zu viel.

Einige Tage vor der Ankunft des Czaren war der schwedische König bei der Belagerung von Pultawa verwundet worden; diese Vorwürfe treffen also nur seine Generale. Doch scheint es, dass er, sobald er sich entschloss, eine Schlacht zu liefern, die Laufgräben hätte verlassen müssen, um gegen die Feinde stärkere Kräfte zu stellen; da er gewiss sein durfte, dass, wenn die Schlacht gewonnen würde, Pultawa von selbst fiele, wenn sie aber verloren ging, die Belagerung doch aufgehoben werden musste. Alle diese Fehler zusammen auf Seiten der Schweden liessen von der Schlacht, zu welcher man sich vorbereitete, nichts Gutes voraussehen. Das Schicksal scheint schon im voraus alles eingerichtet zu haben, um den Schweden ihr Unglück zu bereiten; die Verwundung des Königs, wodurch er verhindert ward, wie gewöhnlich thätig zu sein, die Nachlässigkeit der schwedischen Generale, deren fehlerhafte Stellung beweist, dass sie die der Russen nicht recognoscirt hatten, oder sich doch davon falsche Begriffe machten, waren Vorspiele, welche Unglück verkündigten. Auch musste die Cavallerie in diesem Falle nicht den Anfang machen, die wesentlichste Wirkung musste in dieser Schlacht von der Infanterie und einer gut vertheilten zahlreichen Artillerie ausgehen.

Die Russen hatten ein vortheilhaftes Terrain inne, welches sie durch Werke noch verbesserten. Vor ihrer Front, welche allein zugänglich war, dehnte sich eine Ebene, welche durch ein Kreuzfeuer aus einer dreifachen Reihe von Redouten beschützt wurde; einer ihrer Flügel war durch ein Baumverhau beschützt, hinter welchem sich eine Schanze erhob, der andere Flügel hatte einen ungangbaren Sumpf vor sich. Der verstorbene Marschall Keith, welcher diese so berühmt gewordene Gegend untersucht hatte, war überzeugt, dass, wenn Karl eine Armee von 100,000 Mann gehabt hätte, er den Czaren nicht aus diesem Posten vertreiben konnte, weil die vielfachen Hindernisse, welche die Angreifer nach und nach zu überwinden gehabt hätten, ihnen eine ungeheure Menschenmenge gekostet hätten, und selbst die tapfersten Truppen zurückgeschreckt werden, wenn sich ihnen bei langem und mör-

derischem Angriffe immer nur neue Schwierigkeiten entgegenstellen. Ich weiss nicht, warum die Schweden in
dieser bedenklichen Lage sich in ein so gewagtes Unternehmen einliessen. Waren sie dazu gezwungen, so war es
ein starker Fehler ihrerseits, sich in den Fall zu bringen.
wider Willen und bei der unvortheilhaftesten Stellung sich
schlagen zu müssen.

Kurz, alles kam, wie man es vorhersehen konnte.
Eine von Beschwerden, Hunger und selbst durch die Siege
entkräftete Armee ward zur Schlacht geführt; General
Creutz, welcher während des Kampfes durch einen Umweg den Russen in die Flanke fallen sollte, verirrte sich
in den umliegenden Wäldern und konnte nicht eingreifen.
12,000 Schweden griffen also auf diesem schrecklichen und
mörderischen Posten 80,000 Moskowiter an. Diese waren
nicht mehr eine Horde Barbaren, wie die, welche Karl
bei Narwa zersprengt hatte, sondern gut bewaffnete, gut
postirte Soldaten, von fremden und geschickten Generalen
angeführt, durch gute Schanzen geschützt und von einem
furchtbaren Artilleriefeuer gedeckt. Die Schweden führten
ihre Cavallerie zum Angriff gegen die Redouten, und das
Geschütz warf dieselbe, so kühn sie auch war. zurück;
die vorrückende Infanterie ward von dem Feuer dieser
Redouten niedergeschmettert; dennoch eroberte sie die
beiden ersten; aber die Russen griffen sie nun zugleich
vorn und in den Flanken und von allen Seiten an, warfen
sie wiederholt und zwangen sie, das Feld zu räumen. Verwirrung riss nach und nach bei den Schweden ein; der
König ward durch seine Wunde abgehalten, dieser Unordnung Einhalt zu thun; seine besten Generale waren zu
Anfang der Schlacht bereits gefangen genommen; es war
daher Niemand da, um die Truppen zusammenzuhalten,
und bald war die Niederlage allgemein. [1]) Die Nachlässigkeit, keine festen Plätze für einen Rückzug der Armee

---

[1]) Am 8. Juli 1709.

eingerichtet zu haben, hatte nun die Folge, dass die Armee ohne Zufluchtsort war, und nachdem sie bis zum Borysthenes geflüchtet war, sich dem Sieger auf Gnade ergeben musste.

Ein geistreicher Schriftsteller [1]), welcher aber seine militärischen Kenntnisse aus Homer und Virgil gezogen hat, scheint den schwedischen König darüber tadeln zu wollen, dass er sich nicht an die Spitze der Flüchtlinge stellte, welche Löwenhaupt bis zum Borysthenes führte. Er schreibt die Ursache dem Wundfieber zu, an welchem der König litt, und welches, seiner Meinung nach, den Muth schwächt; allein ich erlaube mir dagegen zu bemerken, dass ein solcher Entschluss zur Zeit gepasst hätte, als man sich noch mit blanker Waffe schlug; jetzt aber, nach der Schlacht, fehlte es der Infanterie wie gewöhnlich an Pulver; die schwedische Ammunition war bei der Bagage geblieben, und diese hatte der Feind erbeutet. Wenn Karl also so toll gewesen wäre, eigensinnig an der Spitze der Flüchtlinge zu bleiben, welche kein Pulver und keine Lebensmittel hatten (weshalb sich, beiläufig gesagt, die festen Plätze ergaben), so hätte der Czar bald das Vergnügen gehabt, den Bruder Karl, den er sehnsuchtsvoll erwartete, ankommen zu sehen. Der König konnte also, selbst beim besten Wohlsein, unter so verzweifelten Umständen nichts Besseres thun, als bei den Türken eine Zuflucht zu suchen. [2])

---

[1]) Voltaire, Geschichte Karl's XII., Königs von Schweden, Buch IV.

[2]) Von dem ganzen schwedischen Heere entkamen nur 14.000 bis 15,000 Mann. Diese retteten sich anfangs unter Löwenhaupt in ein schlecht befestigtes Lager am Dnieper. Karl wollte sich auch anfangs mit ihnen nach Polen durchschlagen; er wurde aber zuletzt bewogen, bei den Türken, mit denen er früher Unterhandlungen angeknüpft hatte, eine Zuflucht zu suchen. Er verliess mit geringer Begleitung das Schlachtfeld, erreichte, von den Russen lebhaft verfolgt, mit etwa zweitausend Mann das Ufer des Bug, und gelangte, nachdem er beim Uebersetzen über diesen Fluss fünfhundert seiner Leute verloren hatte, nach Bender, wo er von den Türken freundlich aufgenommen wurde.

Fürsten sollen allerdings Gefahren verachten, aber ihr Stand nöthigt sie auch, sorgfältig darauf zu achten, dass sie nicht gefangen genommen werden; nicht um ihrer selbst willen, sondern der schrecklichen Folgen wegen, die daraus für ihre Staaten entspringen. Die französischen Schriftsteller sollten sich des Nachtheils erinnern, den ihnen die Gefangenschaft Franz I. brachte; Frankreich leidet noch an den Folgen davon, und der Missbrauch der Verkäuflichkeit der Aemter, welcher damals durch die Nothwendigkeit, das Lösegeld des Königs herbeizuschaffen, eingeführt worden, ist ein Denkmal, welches fortwährend an jene schimpfliche Epoche erinnert.

Unser flüchtig gewordener Held zeigte sich in einer Lage, welche jeden Andern erdrückt haben würde, noch bewundernswürdig im Ersinnen der Hülfsmittel gegen solches Unglück. Während seines Marsches sann er darauf, die Pforte gegen Russland zu bewaffnen, und holte aus dem Schosse des Unglücks Mittel hervor, um dasselbe zu heilen. Ungern sehe ich, wie sich der Held herablässt, sogar dem Grossherrn zu schmeicheln und um 1000 Beutel zu betteln. Welche Laune oder welcher unbegreifliche Eigensinn, auf dem Boden eines Fürsten bleiben zu wollen, der ihn nicht da dulden will! Ich wünschte, man könnte den romanhaften Kampf bei Bender aus seiner Geschichte verlöschen.[1]) Wie viel Zeit ging da in Bessarabien mit nichtigen Hoffnungen verloren, während der Ruf Schwe-

---

[1]) Der Sultan und sein Gross-Vezier suchten den durch seine Intriguen gefährlichen Gast zur Abreise zu bewegen, und schickten ihm für dieselbe und für die Bezahlung seiner Schulden grosse Summen; Karl verliess aber den türkischen Boden nicht und blieb selbst dann noch, als ihm die Pforte die Gastfreundschaft kündigte und das türkische Gebiet zu verlassen befahl. Endlich stürmten die Janitscharen sein Lager, steckten seine Hütte, in der er sich mit Löwenkraft vertheidigte, in Brand und nahmen ihn bei einem wüthenden Ausfall gefangen. Aber noch mehrere Monate verharrte er in türkischer Gefangenschaft, bis er sich endlich gegen Ende des Jahres 1714 entschloss, in seine Staaten zurückzukehren.

dens und das Pflichtgefühl ihn zur Vertheidigung seiner
Staaten aufforderte, welche durch seine Abwesenheit ge-
wissermassen verlassen waren, und auf allen Seiten von
seinen Feinden verwüstet wurden! Die Pläne, welche man
ihm seit seiner Rückkehr nach Pommern beimisst, und
welche von Einigen dem Görtz zur Last gelegt werden,
kommen mir so weit aussehend, so ausserordentlich, so
wenig zur Lage und zur Erschöpfung seines Landes stim-
mend vor, dass man mir erlauben wird, dieselben zu seiner
Ehre mit Stillschweigen zu übergehen.

Dieser an Siegen und Unfällen so reiche Krieg war von
den Feinden Schwedens begonnen worden, und Karl hatte,
um ihre Angriffe abzuweisen, das grösste Recht, sich zu
wehren. Seine Nachbarn, welche ihn nicht kannten, griffen
ihn an, weil sie seine Jugend verachteten. So lange er
glücklich und furchtbar erschien, beneidete ihn Europa,
aber sobald das Glück ihn verliess, fielen die verbündeten
Mächte über ihn her, um ihn zu entblössen. Wenn unser
Held eben so viel Mässigung als Muth gehabt, und seinen
Siegen selbst ein Ziel gesetzt, wenn er sich mit dem Czaren
verglichen hätte, als er es noch in seiner Hand hatte,
Frieden zu schliessen, so hätte er den bösen Willen seiner
Neider erstickt, welche, sobald er ihnen nicht mehr furchtbar erschien, sich mit den Trümmern seines Reiches vergrössern wollten. Aber die Leidenschaften dieses Fürsten
waren für keine Mässigung empfänglich; er wollte alles
mit Trotz erringen und die Fürsten mit despotischer Gewalt unterwerfen; er glaubte, gegen Fürsten Krieg führen,
und sie entthronen, sei eines und dasselbe.

In allen Büchern, welche von Karl XII. handeln,
finde ich herrliche Lobsprüche auf seine Mässigkeit und
Enthaltsamkeit. Aber zwanzig französische Köche, tausend
Concubinen und zehn Comödiantenbanden bei seiner Armee
hätten seinem Lande nicht den hundertsten Theil des
Schadens zugefügt, den demselben seine glühende Rach-

sucht und die ihn beherrschende übermässige Ruhmbegier verursachten. Beleidigungen machten auf sein Gemüth einen so lebhaften und so starken Eindruck, dass jede spätere Beleidigung immer den Eindruck der vorhergegangenen ganz und gar vertilgte. Man sieht die verschiedenen Leidenschaften, welche nach einander diese unversöhnliche Seele in Bewegung setzten, gleichsam aufbrechen, wenn man ihm an der Spitze seiner Heere folgt. Erst bedrängt er heftig den König von Dänemark, dann verfolgt er auf's Aeusserste den König von Polen; bald darauf wendet sich sein ganzer Hass gegen den Czaren; endlich hat sein Aerger keinen andern Gegenstand, als Georg I., König von England, und dabei vergisst er sich so sehr, dass er den beständigen Feind seines Landes aus den Augen verliert, um dem Schattenbilde eines Feindes nachzurennen, der es nur gelegentlich, oder besser gesagt, zufällig wurde.

Fasst man die verschiedenen Charakterzüge dieses Fürsten zusammen, so findet man, dass er mehr tapfer als geschickt, mehr thätig als klug, mehr seinen Leidenschaften unterworfen, als seinem wahren Vortheil zugewendet war; er war eben so kühn, wie Hannibal, aber nicht so listig, mehr dem Pyrrhus, als dem Alexander ähnlich; glänzend wie Condé bei Rocroy, Freiburg und Nördlingen, aber zu keiner Zeit mit Turenne zu vergleichen, oder so bewundernswürdig wie dieser in den Schlachten bei Guienne, auf den Dünen, bei Dünkirchen, bei Colmar, und besonders in seinen beiden letzten Feldzügen.

Wie glänzend auch die Thaten unsers Helden erscheinen, so darf man ihm doch nur mit Vorsicht nachahmen; je mehr er blendet, desto geeigneter ist sein Beispiel, die leichtfertige und heftige Jugend zu verleiten, welcher man nicht genug einschärfen kann, dass Tapferkeit ohne Klugheit keinen Werth hat, und dass ein berechnender Geist immer über Verwegenheit siegt.

Ein vollkommener Feldherr müsste den Muth, die Ausdauer, die Thatkraft Karl's XII., den Blick und die Politik Marlborough's, den an Plänen und Hülfsquellen reichen Geist Eugen's, die List Luxemburg's, die Klugheit, Methode und Vorsicht Montecucoli's und die Kunst Turenne's, den Moment zu benutzen, in sich vereinigen. Aber ich fürchte, dass ein solcher Phönix nie erscheinen wird.

Man behauptet, Alexander habe Karl XII. gebildet. In diesem Falle hat Karl den Prinzen Eduard [1]) geschaffen; tritt einmal der Fall ein, dass dieser wiedur Jemand zum Muster dient, so wird das höchstens ein Don Quixote sein.

Aber, wird man sagen, mit welchem Rechte wirfst Du Dich zum Richter der berühmtesten Krieger auf? Hast Du, grosser Kritiker, denn die Lehren selbst befolgt, welche Du so freigebig ertheilst? Ach nein! Ich kann hierauf nur antworten: Fremde Fehler fallen uns in die Augen, während wir die eigenen übersehen.

---

[1]) Der König meint Jacob's III. Sohn, den ritterlichen, muthigen, mit vielen körperlichen und geistigen Vorzügen ausgerüsteten Stuart Karl Eduard. Seine Landung an der schottischen Küste war eine leichtsinnige und tolle Unternehmung; und ebenso sein Einfall in England.

Vom Militärwesen

vom Anfang bis zum Ende der Regierung

Friedrich Wilhelm's.

— —— — —

Vom Militärwesen

vom Anfang bis zum Ende der Regierung Friedrich Wilhelm's.

Die ersten Kurfürsten des Hauses Brandenburg unterhielten gar keine geregelte Miliz; sie hatten nur eine reitende Garde von hundert Mann und einige Compagnien Landsknechte, vertheilt auf die verschiedenen Schlösser und festen Plätze, deren Zahl sie nach Bedürfniss vermehrten oder verminderten. Wenn sie einen Krieg befürchteten, riefen sie und die Stände den Nachbann zusammen; dies war, so zu sagen, die allgemeine Bewaffnung des Landes; der Adel musste die Cavallerie bilden, und seine zu Regimentern zusammengezogenen Vasallen waren die Infanterie dieser Armee. Diese Art, Truppen auszuheben und zu Armeen zu formiren, war damals in ganz Europa allgemein; die Germanen, Gallier, Briten sind ganz auf dieselbe Weise verfahren, und sie hat sich bis auf den heutigen Tag bei den Polen erhalten, welche diese Bewaffnung der ganzen Nation Pospolite Ruszeni nennen. Wie bei den Polen ist es bei den Türken, welche mit Ausnahme eines regelmässigen Corps von 30,000 Janitscharen, niemals Krieg führen, ohne die unter ihrer Herrschaft stehenden Völker Kleinasiens, Egyptens, Arabiens und Griechenlands zu bewaffnen.

Um nun auf die brandenburgische Geschichte zurückzukommen, so befahl Johann Sigismund, als er die Erbschaft von Jülich und Berg bald anzutreten gedachte und voraussah, dass er seine Rechte durch Waffengewalt werde unterstützen müssen, eine allgemeine Bewaffnung von 787 Reitern, welche sich am Sammelplatze einfanden. Er wählte 400 der leichtesten; der Adel stellte ausserdem 1000 Fussgänger, die Pikeniere nicht mit eingerechnet, über welche Oberst Kracht [1]) den Befehl erhielt: die Städte stellten 2600 Mann in's Feld. Diese Truppen wurden auf Kosten der Stände unterhalten und erhielten gewöhnlich auf drei Monate Sold, nach deren Verlauf jeder wieder nach Hause ging. Der Kurfürst ernannte die Officiere; und sobald das Bedürfniss dieser Rüstung aufgehört hatte, wurden die Truppen gänzlich verabschiedet. Die stürmische Regierung Georg Wilhelm's liefert uns mehrere Beispiele solcher Rüstungen.

Im Jahre 1620, im Anfang des dreissigjährigen Krieges, hoben die Stände Truppen aus, indem sie ihnen das Recht ertheilten, überall im ganzen Lande Kriegssteuern zu ihrem Unterhalte zu erheben. Die Bauern erhielten den Befehl, jedem, der bettelte, einen Heller, und wenn er damit nicht zufrieden war, Stockschläge zu geben. Was hat diese lächerliche Einrichtung eingebracht? Statt Soldaten zu erwerben, errichtete der Fürst nur ein Corps von Bettlern.

Im Jahre 1623 befahl der Hof durch ein Edict allen seinen Unterthanen, mit Ausnahme der Priester und Schöppen, sich mit Waffen und Gepäck an einem bestimmten Orte einzufinden, wo die Kriegscommissäre sie mustern sollten. Man wählte davon 3900 Mann aus, die in 25 Compagnien Infanterie und 10 Schwadronen eingetheilt wurden.

1635. Nach dem Prager Frieden überredete der Graf von Schwartzenberg den Kurfürsten Georg Wilhelm, seine Truppen zu vermehren und sie durch Subsidien, welche die Spanier und der Kaiser ihm zahlen würden, zu unterhalten. Nach dem Plane dieses Ministers sollte die Anzahl auf 25,000 Mann gebracht werden.

---

[1]) Isaak v. Kracht, im Jahre 1610.

Die Anshebungen fanden statt und die Truppen schwuren dem Kaiser und Georg Wilhelm. Als bei Neustadt-Eberswalde Musterung über sie gehalten wurde, ward folgende 1638. Eintheilung getroffen:

Infanterie.

Grade der Befehls-haber.	Namen der Regimenter.	Zahl der Infanteristen.
General.	Klitzing	850
Oberst.	Kracht [1])	960
	Burgsdorff	1300
	Dargitz	700
	Volckmann	700
	Desiderius Kracht	660
	Rochow [2]).	980
Oberst-Lieutenant.	Mintzich . . . . :	550
	Waldow-Kehrberg	1300

Totalbestand der Infanterie 8000.

Cavallerie.

Grade der Befehls-haber.	Namen der Regimenter.	Zahl der Reiter.
Oberst.	Johann Rochow	500
	Ehrentreich Burgsdorff. . . .	500
Oberst-Lieutenant.	Potthausen	500
	Schapelow	350
	Goldacker	160
	Erichson	350
	Vorhauer	190
	Dragoner	350

Totalbestand der Reiterei 2900.

Klitzing, der dies Corps befehligte, ist der erste General, von welchem in der brandenburgischen Geschichte Erwähnung geschieht. Diese Truppen wurden wohl je nach Zeit, Mitteln und Umständen vermehrt oder vermindert, überstiegen aber nie 1100 Mann. Georg Wilhelm hinterliess seinem Sohn nach seinem Tode folgenden Kriegsbestand:

---

[1]) Hildebrand v. Kracht, Sohn des Obersten Isaak v. Kracht.
[2]) Moritz August v. Rochow.

Infanterie.		Cavallerie.	
Namen der Regimenter.	Zahl der Infanteristen.	Namen der Regimenter.	Zahl der Reiter.
Burgsdorff[1]) . . .	800	Goldacker[4]) . . .	900
Kracht[2])	600	Lütke	600
Volckmann . . .	800	Rochow[5])	1000
Trotha	1200		
Goldacker[3]) . . .	200		
Totalbestand d. Infanterie 3600		Totalbestand d. Reiterei 2500.	

Friedrich Wilhelm gelangte in einer unglücklichen Zeit zur Regierung. Um seinen von Geld und Menschen erschöpften Provinzen Erleichterung zu verschaffen, unternahm er eine Reform des Heeres. Da die Cavallerie sich weigerte, den gewöhnlichen Eid zu leisten, so wurde dieselbe verabschiedet, und der Kurfürst überliess dem Kaiser, um sich um denselben verdient zu machen, 2000 Reiter; er selbst behielt deren nur 200, nebst 2000 Mann zu Fuss, welche die Garderegimenter Burgsdorff, Trotha und Ribbeck bildeten.

Friedrich Wilhelm war der erste Kurfürst, welcher ein regelmässig disciplinirtes Heer in seinem Dienste hielt. Die Infanterie-Bataillone bestanden aus je vier Compagnien zu 150 Köpfen; ein Drittel des Bataillons war mit Piken bewaffnet, alle übrigen trugen Musketen. Die Infanterie hatte Uniform und Mäntel; die Cavalleristen waren leicht bewaffnet und versahen sich selbst mit Waffen und Pferden. Sie fochten schwadronenweis und führten öfters Geschütz mit.

Im Jahre 1653[6]) brach ein Zwist, die cleveische Erbfolge berührend, zwischen dem Kurfürsten und dem Pfalzgrafen von Neuburg aus. Bei dieser Gelegenheit vermehrte der Kurfürst sein Heer. Er hob 52 Compagnien

[1]) Conrad Burgsdorff, Oberst.
[2]) Desiderius Kracht, Oberst.
[3]) Hermann Goldacker.
[4]) Hartmann Goldacker.
[5]) Oberst Rochow gehörte zur Infanterie.
[6]) 1654.

Cavallerie und 82 Compagnien Infanterie aus; auch trat der
Graf von Wittgenstein in seine Dienste mit den Cavallerie-
Regimentern Wittgenstein, Storkow, Osten, und den Infan-
terie-Regimentern Pissart, Hanau und Maillard. Nach Bei-
legung seiner Differenzen mit dem Pfalzgrafen verab-
schiedete der Kurfürst den grössten Theil seiner Truppen.

Der Krieg, welcher sich einige Zeit nachher zwischen 1655.
Karl Gustav und der Republik Polen ertzündete, veranlasste eine abermalige Vermehrung. Der Kurfürst machte
mit Hülfe schwedischer Subsidien die höchsten Anstrengungen, um eine Armee auf die Beine zu bringen.
Den Archiven zufolge belief sich seine Cavallerie auf
14,400 Pferde. Diese Zahl erscheint sehr übertrieben;
was diese Mittheilung indessen glaublich machen könnte,
das ist die Angabe der Namen der Chefs und der Corps,
die uns erhalten worden, nämlich: die Garde, die Generale
Waldeck[1]), Kannenberg, Derfflinger; die Obersten Lottum,
Spaen, Siegen, Manteuffel, Schenk, Wohlraht[2]), Strantz,
Reinau, Halle, Eller, Quast; Dragoner: Waldeck, Canitz,
Kalckstein, Lesgewang, Lehndorff, Sack und Schlieben.
Da der Kurfürst die Absicht hatte, die Polen anzugreifen,
deren Hauptmacht in Cavallerie bestand, so kann es wohl
sein, dass er ihnen gleiche Waffen entgegenstellen wollte,
und zwar ein Corps, das im Stande war, ihnen Achtung
einzuflössen. Seine Infanterie belief sich auf 10,600 Mann,
bestehend aus den Regimentern der Garde zu Fuss, des
Generalfeldzeugmeisters Sparr, Waldeck, Groote, Graf
Waldeck, Kalckstein, Klingspor, Taubenkehr[3]), Götze,
Hugt und Ellenberg.[4]) Während des ganzen Krieges dieses
Fürsten mit den Schweden in Polen befehligte Waldeck
als General-Lieutenant unter ihm. Ein Theil dieser Armee

[1]) Georg Friedrich Graf v. Waldeck, damals General-Lieutenant.
[2]) Georg Heinrich v. Wallenrodt, Oberst.
[3]) Christoph Friedrich v. Dobeneck, Oberst.
[4]) Jonas Baron v. Eulenburg, Oberst.

ging mit dem Kurfürsten nach Polen; die Uebrigen wurden in den Provinzen vertheilt.

Nachdem Friedrich Wilhelm mit den Polen Frieden geschlossen hatte, stand er dem Könige von Dänemark bei, den Karl Gustav in Kopenhagen belagerte. Er rückte selbst an der Spitze von 4000 Mann Infanterie und 12,000 Reitern, die zur Hälfte kaiserliche Cuirassiere waren, in Holstein ein.

Nach dem Frieden von Oliva unternahm der Kurfürst abermals eine Verminderung seiner Truppen, doch war dieselbe nicht bedeutend. Er hielt seitdem eine Anzahl Generale, was wohl den Beweis liefert, dass er verhältnissmässig viel Soldaten gehabt haben müsse. Feldmarschall Sparr war der erste, welcher in brandenburgischen Diensten diesen Titel führte; seine damaligen Generale waren: der General-Feldzeugmeister Derfflinger; General-Lieutenants: Fürst Johann Georg von Anhalt, Graf Dohna, Baron von Kannenberg und Herr von Goltz; General-Majore: die Herren von Pfuel, Bär [1]), Görschen [2]), Quast, Eller, Spaen und Trotha.

Als der Krieg von 1672 begann, unterhielt der Kurfürst 23,562 Mann; das Heer, welches er zur Unterstützung des Kaisers in das Elsass schickte, bestand aus 18,000 Kämpfern: später vermehrte er die Zahl seiner Truppen auf 26,000 Mann, deren er sich in den ruhmreichen Feldzügen in Pommern bediente, das er eroberte, wie auch in Preussen, aus dem er die Schweden vertrieb.

Beim Regierungsantritt Friedrich Wilhelm's wurden die Truppen schlecht besoldet und schlecht gehalten. Diese Art von Unordnung dauerte bis zum Jahre 1676, da der Finanzminister Grumbkow die Stadt-Accise einführte. [3]) Diese bestimmte und sichere Einnahme ward der Kriegskasse überwiesen; die Löhnung eines Infanteristen betrug 1½ Thaler monatlich, auch die Besoldung der Officiere

---

[1]) Bawyr.

[2]) Görtzke.

[3]) Dies geschah erst in den Jahren 1680 und 1684.

war ziemlich knapp. Während des polnischen Krieges
und des Krieges von 1672 unterhielt Friedrich Wilhelm
seine Truppen bald von schwedischen, bald von österreichischen, spanischen und französischen Subsidien; aber
seit 1676 fand er durch die Zunahme seiner Einnahmen mittels der Accise und aus dem in seinen Besitz gekommenen
Herzogthum Magdeburg, sowie durch die Verbesserung seiner
Provinzen, welche sich von den Leiden des dreissigjährigen
Krieges allmählich wieder erholten. die Mittel, ohne fremden
Beistand ein beträchtliches Truppencorps zu halten.

Beim Tode des grossen Kurfürsten war der Stand
seiner Feldtruppen folgender:

Infanterie.

Namen der Regimenter.	Bataillone.	Namen der Regimenter.	Bataillone.
Garde	6	Transport .	22
Kurfürstin	2	Barfuss	2
Kurprinz	2	Zieten	2
Prinz Philipp . .	2	Kurland	2
Fürst Anhalt . . .	2	Belling	2
Derfflinger	2	Varenne	2
Holstein	2	Pöllnitz	2
Spaen	2	Cournuaud	1
Dönhoff	2	Briquemault	1
Latus	22	Totalbest. d. Infanterie	36

Cavallerie.

Namen der Regimenter.	Schwa-dronen.	Namen der Regimenter.	Schwa-dronen.
Cuirassiere.		Transport .	23
Leibgarde	2	Lüttwitz	3
Grands mousquetaires .	2	Du Hamel	3
Grenadier zu Pferde .	1	Prinz Heinrich v. Sachsen	3
Leibregiment	3	Totalbest. d. Cuirassiere	32
Kurprinz	3		
Anhalt	3	Dragoner.	
Derfflinger	3	Leibregiment	4
Spaen	3	Derfflinger	4
Briquemault	3		
Latus	23	Totalbest. d. Cavallerie	40

Ausser diesen Truppen lagen noch in Garnison:

in Memel	3	Compagnien
in Colberg	4	„
in Cüstrin	4	„
in Spandau	2	„
in Peitz	3	„
in Friedrichsburg	1	„
in Frankfurt	1	„

Totalbestand der Garnisonen: 18 Compagnien.

Während der Regierung des Kurfürsten bestand ein Bataillon aus 4 Compagnien, jede zu 150 Mann. Hiernach zählte ein Bataillon 600 Köpfe, die Feldtruppen zu Fuss 21,000, die Garnison-Truppen 2700, und die Cavallerie. jede Schwadron zu 120 Reitern gerechnet, 4800; so dass der Totalbestand der Armee sich auf 28,500 Mann bezifferte.

Die Infanterie focht damals 5 bis 6 Reihen hoch; die Pikeniere machten ein Drittel des Bataillons aus; die Uebrigen waren mit deutschen Musketen bewaffnet. Die Infanterie, obgleich ziemlich schlecht gekleidet, trug ausser ihrer gewöhnlichen Uniform noch lange Mäntel. die gerollt und über die Schultern zurückgeschlagen wurden, ungefähr in der Art, wie uns die alten Statuen die römischen Consuln darstellen. Als der Kurfürst jenen berühmten Feldzug in Preussen machte, liess er unter alles Fussvolk Halbstiefel austheilen.

Die Cavallerie besass noch vollständig die alte Armatur; sie konnte nicht disciplinirt werden, denn jeder Reiter versah sich selbst mit Pferden, Kleidern und Waffen, wodurch das ganze Corps ein sonderbar buntscheckiges Aussehen erhielt. Friedrich Wilhelm scheint seine Cavallerie der Infanterie vorgezogen zu haben; er focht an deren Spitze in den Schlachten bei Warschau und Fehrbellin. Er hatte ein so grosses Vertrauen zu dieser Truppengattung, dass man öfters erwähnt findet, dieselbe habe sogar Geschütz mit sich geführt. Es ist unzweifelhaft, dass diese Vorliebe ihren guten Grund gehabt hat.

und dass der Kurfürst, der sowohl die Natur seiner Staaten, die doch zum grössten Theile flach sind, als auch die Truppen seiner Nachbarn, besonders aber der Polen, die fast ganz aus Reiterei bestanden, im Auge behielt, die Cavallerie der Infanterie nur deshalb vorzog, weil er einen allgemeineren Gebrauch davon machen konnte.

Zur Zeit Friedrich Wilhelm's legte man keine Magazine an; das Land, worin der Krieg geführt wurde, hatte die Truppen zu unterhalten, sowohl was den Sold als die Lebensmittel betrifft. Man lagerte nur, wenn der Feind sich der Armee näherte, und man in Action treten konnte oder wollte. Aus diesem Grunde verliess man auch erst das Land, wenn es gänzlich ausgesogen war; die herumziehenden Heere verwüsteten ein Land nach dem andern, und die Kriege zogen sich um so mehr in die Länge, als die Armeen klein waren, ihr Unterhalt wenig kostete und die Generale durch Verlängerung des Krieges ein Mittel fanden, sich zu bereichern.

Unter den Generalen des Kurfürsten standen der alte Derfflinger [1]) und Fürst Johann Georg von Anhalt im grössten Rufe. Wenn man dem Rathe des Fürsten von Anhalt im Jahre 1673 gefolgt wäre, so hätte der Kurfürst Turenne angegriffen und vielleicht geschlagen. Der Fürst von Anhalt galt für klug und Derfflinger für unternehmend. Der Letztere diente dem Kurfürsten besonders

---

[1]) Georg, Reichsfreiherr von Derfflinger, eigentlich Dörfling, geb. 1606 zu Neuhofen in Oberösterreich, ursprünglich Schneidergeselle (?), nahm zuerst Kriegsdienste bei den Sachsen, später bei den Schweden, focht als Oberst mit Auszeichnung in der Schlacht bei Breitenfeld (1642), trat 1654 als General-Major in die Dienste des Grossen Kurfürsten, führte als General-Feldmarschall in der Schlacht bei Fehrbellin (18. Juni 1675) den Oberbefehl unter dem Kurfürsten, wurde 1677 Obergouverneur aller pommer'schen Festungen, 1678 Statthalter in Hinterpommern, eroberte 1678 Stralsund und schlug die Schweden bei Tilsit im Winter 1679, nachdem er mit 9000 Mann und 30 Kanonen auf Schlitten über das frische und kurische Haff gefahren war. Er starb am 4. Februar 1695.

bei dem Ueberfalle von Rathenow, bei der Verfolgung der Schweden nach der Schlacht bei Fehrbellin und in dem preussischen Feldzuge durch die ungewöhnlich schnelle Herbeiführung der Truppen. Nach Derfflinger waren seine geachtetsten Generale: Görschen[1]), welcher die Schweden in Preussen bei Splitter überfiel, und Treffenfeldt, der sie ganz aus dem Kurfürstenthum vertrieb).

Die Kunst, Plätze regelmässig zu befestigen, sowie die, sie zu vertheidigen und anzugreifen, war damals noch vollständig unbekannt. Der Kurfürst besass nicht einmal einen mittelmässigen Ingenieur. Er verbrachte 6 Monate vor Stettin, obgleich dieser Platz in sehr schlechtem Zustande war; Stralsund nahm er nur dadurch ein, dass er es durch Bomben in Brand schoss. Die Werke, womit er die Berliner Stadtmauer umgab, waren schlecht construirt, indem sie aus langen Courtinen und Bastionen mit flachen Vorderseiten bestanden, so dass keines der Werke das andere flankirte. Es geht mit der Kriegskunst, wie mit allen anderen Künsten; sie vervollkommnet sich nicht auf einmal, und es ist schon genug, dass der Kurfürst in Bezug auf die Praxis Beispiele gegeben hat. die gewiss den geschicktesten Feldherren zu allen Zeiten als Lehre dienen werden.

Die Regierung Friedrich's I., Königs von Preussen, weist viele Reducirungen und Vermehrungen in der Armee auf. Die fremden Subsidien waren nach dem zufälligen Verhältnisse ihrer Höhe das Thermometer, nach welchem er ihre Stärke, bald vermehrend. bald bedeutend vermindernd, regelte.

Nach Friedrich Wilhelm's Tode nahm man eine Vermehrung der Truppen vor. Die Bataillone wurden auf 5 Compagnien gebracht. und man hob 7 neue Bataillone aus, nämlich 2 von Lottum, 2 von Schonberg, 2 von Dohna und 1 von Sydow. Ebenso ward die Cavallerie um 20 Schwadro-

---

[1]) Görtzke. Uebrigens war es nicht dieser, sondern Treffenfeldt, welcher die Schweden bei Splitter schlug; Görtzke besiegte den Feldmarschall Horn zwischen Schanzenkrug und Coadjuthen.

nen vermehrt, nämlich um 2 Schwadronen Leibgarde, 3 Bai-
reuth, 3 Schöning, 4 Ansbach, 4 Sonsfeld und 4 von Brandt.

Im folgenden Jahre, 1689, traten 10 Bataillone und
6 Schwadronen Brandenburger in holländische Dienste.
Nach dem Frieden von Ryswick wurden die Bataillone auf 1697.
4 Compagnien zu 80 Mann reducirt, so dass 80 Compagnien Infanterie und Cavallerie entlassen wurden. Um
1699 wurden die Bataillone wieder auf 5 Compagnien gebracht; 1702 zählten die Regimenter Albrecht, Varenne,
Schlabrendorff, Anhalt-Zerbst und Sydow jedes 12 Compagnien; sie traten in holländische Dienste, worin sie
während des ganzen Erbfolgekrieges verblieben. In den
Jahren 1704/5 setzte der König alle Cuirassier-Regimenter
auf 3, und die Dragoner auf 4 Schwadronen.

Als der König starb, bestand seine Armee aus folgenden Regimentern:

Infanterie.		Cavallerie.	
Namen der Regimenter.	Bataillone.	Namen der Regimenter.	Schwadronen.
Weisse Garde . . .	2	Cuirassiere.	
Garde	3	Leibgarde	4
Königsregiment . . .	4	Gendarmen	1
Markgraf Albrecht . .	2	Leibregiment	3
Markgraf Ludwig . .	2	Kronprinz	3
Anhalt	2	Markgraf Friedrich .	
Holstein	2	Wartensleben	3
Lottum	2	Heiden	3
Dohna	2	Schlippenbach . . .	3
Prinz von Hessen . .	1	Baireuth	3
Jung-Dohna	2	Katte	3
Arnim	2		29
Finck	2	Dragoner.	
Varenne	1	Leibregiment	4
Du Troussel	1	Markgraf Albrecht . .	4
Grumbkow	1	Ansbach	4
Truchsess	1	Derfflinger	4
Heiden	1	Pannwitz	4
Markgraf Heinrich . .	2	Von der Albe	4
Anhalt-Zerbst . . .	1		24

Totalbest. d. Infanterie 38   Totalbest. der Cavallerie 53
Garnison-Compagnien 18.

Der Totalbestand dieser Armee konnte sich auf etwa 30,000 Combattanten belaufen.

Im Anfange dieses Jahrhunderts ward der Gebrauch der Piken abgeschafft, und man setzte spanische Reiter an deren Stelle. Diese Piken waren nur nützlich, um das Fussvolk gegen die Cavallerie zu schützen; bei Belagerungen, Verschanzungen und hundert anderen ähnlichen Gelegenheiten wurden die Pikeniere gar nicht benützt. Den alten Officieren fiel es sehr schwer, diese Waffe, für welche sie durch lange Gewohnheit eingenommen waren, aufzugeben. Wie der Krieg den Krieg stets vervollkommnet, so entledigte man sich auch der Musketen, weil die Lunten oft vom Regen gelöscht wurden, und nahm statt ihrer Flinten.

Unter der Regierung Friedrich's I. befestigte sich die Mannszucht unter den Truppen, und durch die Feldzüge in Flandern und Italien wurden sie kriegstüchtiger. Die in Flandern dienenden Officiere erlernten ihr Handwerk von den Holländern. Diese waren damals unsere Lehrer, und man ahmte besonders die beispielhafte Sauberkeit der englischen Truppen nach. Der General-Feldzeugmeister Markgraf Philipp war der erste, welcher auf Leibesgrösse der Leute sah; der Fürst von Anhalt folgte seinem Beispiele, und der Kronprinz desgleichen. Seitdem entstand bei den Officieren die Sucht, nur eine gewisse Art Individuen für den Dienst anzunehmen, und man nahm nur noch grosse, starke und stämmige Leute.

Alle Truppen hatten Uniform. Wer bei der Cavallerie dienen wollte, musste zwar bezahlen, um aufgenommen zu werden, erhielt aber Waffen und Kleider auf Kosten der Krone geliefert.

Die Infanteristen waren im Felde sehr belastet. Sie trugen ausser Waffen und Mantel, ihre Zelte, ihre Tornister und spanische Reiter, und fochten noch dabei in vier Reihen.

Der Fürst von Anhalt, der unter dem Prinzen Eugen
die Kriege im Reich, in Italien und in Flandern mit-
gemacht, hatte die Kriegskunst gründlich erlernt. Er
commandirte oft die preussischen Hülfstruppen, wie wir
in der Geschichte gesehen haben. Er liess sie die strengste
Mannszucht beobachten, und indem er mit der grössten
Strenge auf Subordination sah, wusste er sich jenen Grad
von Gehorsam zu erzwingen, welcher die Hauptstärke
eines Heeres ausmacht. Da er seine Aufmerksamkeit aber
nur auf die Infanterie beschränkte, so wurde die Cavallerie
sehr vernachlässigt.

Durch die vielen Officiere, welche in festungsreichen
Gegenden dienten, wo es fast nur Städte zu belagern und
zu vertheidigen galt, wurden auch wir endlich mit der
Fortificationskunst bekannt. Viele erlangten Einsicht genug,
um die Angriffe und Laufgräben zu leiten, oder eine belagerte Festung zu vertheidigen.

Friedrich I. liess Magdeburg und Wesel nach dem
Vauban'schen und Coehorn'schen System befestigen; er
hatte den General Schöning [1]. Commandanten von Magdeburg, in seinen Diensten, der sich auf diesen Zweig der
Kriegskunst wohl verstand, und Bodt. der allerdings mehr
für einen geschickten Maurer als tüchtigen Ingenieur galt.

Die Kriege in Flandern, am Rhein und in Italien
hatten unter den Preussen viele Officiere von Ruf heran-
gebildet. Markgraf Karl, der in Italien starb, hatte sich
in der Schlacht von Nerwinden mit Ruhm bedeckt. General
Lottum stand in grossem Ansehen; er commandirte einige

---

[1] Lüdecke Ernst v. Schöning, General-Major und seit 1669 Commandeur der Garde-Infanterie, wurde allerdings am 23. Mai 1691 zum
Gouverneur von Magdeburg ernannt, doch ist derselbe niemals in seine
Function eingetreten. Anstatt nach Magdeburg zu gehen, folgte er
seinem Vetter Hans Adam v. Schöning; nach dem Feldzuge am Rhein
im Jahre 1692 trat er als General-Lieutenant in Dienste des Kurfürsten
von Sachsen.

Corps der flandrischen Armee und ward bei Malplaquet
getödtet.[1]) In derselben Schlacht lieferte Graf Finck Beweise seiner Fähigkeiten. Er nahm die französischen Verschanzungen und behauptete sie, ungeachtet die kaiserliche
Cavallerie dreimal wieder hinausgeworfen worden war.
In der Schlacht bei Oudenarde durchbrach General Natz-
mer an der Spitze der grossen Musketiere[2]) drei Linien
französischer Cavallerie und vollbrachte Wunder der
Tapferkeit.

Ueber allen diesen stand aber der Fürst von Anhalt,
durch seine glänzenden Thaten und das allgemeine Zutrauen der Truppen. Er war es, der die Armee des Styrum bei Höchstädt durch seinen glänzenden Rückzug, von
welchem wir an seinem Orte berichtet haben, rettete, der
zum Siege in der zweiten den Franzosen so verderblichen
Schlacht bei Höchstädt beitrug, und den der Prinz Eugen
als den vorzüglichsten Urheber des Sieges bei Turin erkannte. Dieser Fürst verband grosse Vorsicht mit seltener
Tapferkeit; allein bei all seinen grossartigen Eigenschaften
besass er auch keine einzige gute.

So waren ungefähr die Armee und die befehligenden
Generale beschaffen, als Friedrich Wilhelm, zweiter König
von Preussen, den Thron bestieg. Dieser Fürst erhöhte
die Löhnung der Soldaten auf 2 Thaler monatlich, und
bewilligte noch eine Zulage von 6 Groschen für Hemden,
Kamaschen, Schuhe u. s. w.

Im Jahre 1714 wurden die Infanterie-Compagnien auf
120 Mann gebracht. Im Jahre 1717[3]) errichtete der König
das Regiment Leopold, das er aus gefangenen Schweden
bildete, die Karl XII. verloren hatte. Im Jahre 1720[4])

[1]) Nicht Lottum, sondern General-Major von Tettau wurde bei
Malplaquet getödtet.
[2]) An der Spitze der Gendarmen.
[3]) 1715.
[4]) 1718.

setzte er alle Cavallerie-Regimenter auf 5 Schwadronen; 2 Compagnien bildeten eine Schwadron, und die Compagnie bestand aus 60 Reitern. 1718 bildete er das Dragoner-Regiment Schulenburg, 5 Schwadronen stark; auch gab er 12 japanische Vasen für ein Dragoner-Regiment, welches der König von Polen entlassen wollte; Oberst Wense [1]) erhielt dasselbe, und es ward von dieser Zeit an das Porzellan-Regiment genannt.[2]) Im Jahre 1726 wurden Schulenburg's, Wense's und Platen's reitende Grenadiere verdoppelt, so dass jedes Regiment in der Folge aus 10 Schwadronen bestand.

Von 1726 [3]) bis 1734 vermehrte er die Infanterie um einen Officier auf jede Compagnie, hob die Regimenter Dossow, Thiele, Mosel, Bardeleben und die Bataillone Beaufort und Kröcher [4]) aus, und fügte nachher zu jedem Bataillon noch eine Compagnie Grenadiere von 100 Mann hinzu. Die Artillerie wurde in 2 Bataillone getheilt, deren eins für den Feld-, das andere für den Garnisondienst bestimmt wurde. Er bildete ein Corps Miliz von 5000 Mann, dessen Officiere und Unterofficiere nur halben Sold erhielten. Diese Miliz wurde jährlich auf 14 Tage zu den Uebungen versammelt. Nach allen diesen Vermehrungen belief sich die preussische Armee auf 72,000 Mann. Das war deren Beschaffenheit am 31. Mai 1740. Sie bestand aus folgenden Truppen:

---

[1]) General Wuthenow.

[2]) Das Porzellan-Regiment war früher das 6. Dragoner-Regiment. Friedrich Wilhelm I. hatte dem Könige von Polen eine Sammlung von kostbaren Porzellanen und Stücken Bernstein gegen 600 Cuirassiere und Dragoner, die aus der sächsischen Armee genommen wurden, überlassen.

[3]) 1723.

[4]) Diese Bataillone gehörten seit ihrer Bildung den Generalen v. Raders und v. Lilien.

Infanterie.

Namen der Regimenter.	Bataillone.	Namen der Regimenter.	Bataillone.
Garde	3	Transport	38
Kronprinz	2	Borcke	2
Prinz Karl	2	Schwerin	2
Anhalt	3	Derschau	2
Wartensleben [1])	2	Kleist	2
Holstein	2	Heinrich [4])	2
Bredow	2	Zerbst [5])	2
Flanss	2	Sydow	2
Didier [2])	2	Leopold [6])	2
Röder	2	Dohna	2
Grävenitz	2	Jeetze	2
Wedell	2	Kalckstein	2
Marwitz	2	Bardeleben	2
Lehwaldt	2	Dossow	2
Dönhoff	2	Kröcher	1
Glaubitz	2	Beaufort	1
Löben [3])	2	Artillerie	1
La Motte	2	Totalbest. d. Infanterie	67
Latus	38		

Cavallerie.

Namen der Regimenter.	Schwa-dronen.	Namen der Regimenter.	Schwa-dronen.
Cuirassiere.		Dragoner.	
Gendarmen	5	Schulenburg, Grenadiere	10
Prinz Wilhelm	5	Baireuth	10
Leibregiment	5	Platon	10
Carabiniers	5	Thümen	5
Buddenbrock	5	Möllendorff	5
Katte	5	Sonsfeld	5
Bredow	5		45
Waldow	5		
Gessler	5	Husaren.	
Friedrich [7])	5	Wurm	3
Jung-Waldow	5	Bronikowski	3
Eugen [8])	5		6
Totalbest. d. Cuirassiere	60	Totalbest. d. Cavallerie	111

[1]) Glascuapp   [2]) Fürst von Anhalt-Dessau.   [3]) Leps.   [4]) Markgraf Heinrich.
[5]) Fürst von Anhalt-Zerbst.   [6]) Fürst von Anhalt-Dessau.   [7]) Markgraf Friedrich.
[8]) Fürst von Anhalt-Dessau.

Garnison-Regimenter.

Artillerie	1	Bataillon.
De l'Hôspital, zu Memel	1	„
Wobeser, zu Pillau	1	„
Sack, zu Kolberg	1	„
Persode, zu Magdeburg	1	„

Garnisonbestand: 5 Bataillone.

Die ganze Armee, sowohl Infanterie als Cavallerie. ward in die Städte gelegt, um Mannszucht bei ihr einzuführen und zu erhalten. Der König erliess eine Militärordnung, welche jedem Officier seine Pflichten vorschrieb. und überwachte diese selbst. Achtungswerthe und im Dienste ergraute Officiere standen an der Spitze jedes Corps und befestigten die Subordination durch ihr Beispiel und ihre Strenge. Der König hielt jährlich eine Revue über seine Truppen ab, liess sie mehrere Evolutionen machen, und so ward er denn, weil er selbst Armee-Inspector war, nicht getäuscht.

Als die neuen Exercitien eingeführt wurden, kannten die Officiere noch nicht die leichte Unterrichts-Methode. die man nachher gefunden hat, und waren nur Lehrmeister. so weit der Stock reichte, was diese Arbeit langwierig und schwierig machte. Man reinigte in jedem Regiment das Officiercorps von solchen Leuten, deren Betragen oder Herkunft nicht zu dem Ehrenposten, zu dem sie berufen waren, stimmte, und seitdem duldete das Ehrgefühl der Officiere unter sich nur unbescholtene Leute.

Die Bataillone wurden in 4 Reihen aufgestellt, aber sie luden nur in dreien. Jedes Bataillon bestand aus 4 Divisionen, und jede Division aus 2 Pelotons, eine Compagnie Grenadiere nicht mit eingerechnet.

Der Fürst von Anhalt, welcher den Krieg wie ein Handwerk erlernt hatte, bemerkte, dass man von den Flinten noch nicht alle Vortheile ziehe, die man von ihnen erwarten konnte; er erfand eiserne Ladstöcke und lehrte durch dieses Mittel die Soldaten mit unglaublicher Schnelligkeit laden. Seit dem Jahre 1733 lud die erste Reihe mit aufgestecktem Bajonette.

Das Exercitium geschah damals auf folgende Weise: man begann mit Handhabung der Waffen; dann lud man pelotons- und divisionsweise; man ging langsam, immer gleichmässig feuernd vor; ungefähr auf dieselbe Weise zog man sich zurück, bildete hierauf zwei Carrés, die dem Feinde gegenüber unmöglich sind, und schloss endlich mit einem ganz unnöthigen Heckenfeuer. Indessen wurden alle diese Evolutionen mit einer solchen Präcision ausgeführt, dass die Bewegungen eines Bataillons dem Spiel des trefflichsten Uhrwerks glichen.

Der König schaffte die Mäntel ab, kürzte die Röcke der Infanterie und gab jeder Compagnie, um sie auf dem Marsche noch mehr zu erleichtern, zwei Packpferde, um die Zelte und Decken der Soldaten im Felde nachzutragen.

Aus Vorsicht errichtete der König in allen Provinzen Magazine, die den Zweck hatten, in Zeiten der Hungersnoth dem Volke Erleichterung zu verschaffen, ihm jedoch als gänzlich für die Armee eingerichtete Magazine in Kriegszeiten dienten.

Gegen 1730 stieg die Marotte, grosse Leute zu besitzen, auf eine Höhe, welche die Nachwelt kaum für möglich halten wird. Der gewöhnliche Preis für einen Mann, 5 Fuss 6 Zoll rheinisch messend, betrug 700 Thaler; ein Mann von 6 Fuss ward mit 1000 Thaler bezahlt; und war einer noch grösser, so stieg der Preis um ein Bedeutendes. Es gab einige Regimenter, die keinen Mann unter 5 Fuss 8 Zoll besassen. Der kleinste Mann in der Armee hatte, gut gemessen, 5 Fuss 6 Zoll.

Um die Werbungen zu regeln, welche im ganzen Lande nur in der unordentlichsten Weise vorgenommen wurden und zu tausend Streitigkeiten unter den Regimentern Veranlassung gaben, theilte der König im Jahre 1733

alle seine Länder in Bezirke; diese wurden den Regimentern angewiesen, welche aus jedem Bezirk in Friedenszeit
jährlich 30, in Kriegszeit bis auf 100 Mann ausheben
konnten. Dies machte die Armee unsterblich, indem ihr
dadurch eine sichere Grundlage gegeben war, auf welcher
sie sich fortan unaufhörlich erneuern konnte.

Die Cavallerie bestand, wie bei der Infanterie, aus
sehr grossen Leuten, die auf ungeheuer hohen Pferden
sassen: lauter Kolosse auf Elephanten, welche weder
manövriren, noch fechten konnten; es fand keine Revue
statt, ohne dass nicht ein paar Reiter aus Ungeschicklich-
keit stürzten; sie vermochten ihre Pferde nicht zu regieren,
und ihre Officiere hatten keinen Begriff von Cavallerie-
dienst, keine Idee vom Krieg, keine Kenntniss des Terrains:
weder Theorie noch Praxis in den Evolutionen, welche
die Cavallerie an Gefechtstagen auszuführen hat. Diese
guten Officiere waren Oekonomen, welche ihre Compagnien
wie Pachtgüter betrachteten, von welchen sie nur den
höchst möglichen Ertrag zu erzielen suchten.

Ausser den eben angeführten Gründen trug auch der
lange Friede dazu bei, dass der Dienst ausartete. Zu
Anfang der Regierung Friedrich Wilhelm's hatte man über
Ordnung und Mannszucht in den Regimentern ernstlich
nachgedacht; da aber von der Seite nichts mehr zu thun
war, richtete man seine Aufmerksamkeit auf solche Dinge,
die nur in die Augen fallen: der Soldat polirte seine
Flinte und lackirte sein Zeug; der Cavallerist seinen Zaum,
seinen Sattel, ja sogar seine Stiefel; die Mähnen der Pferde
wurden mit Bändern durchflochten, und zuletzt artete die
an sich gewiss höchst nützliche Reinlichkeit in den lächerlichsten Missbrauch aus. Wenn der Friede über 1740 hinaus
gedauert hätte, so wären wir jetzt höchst wahrscheinlich
schon bei der Schminke und den Schönheitspflästerchen.
Was aber noch mehr zu beklagen ist, die Hauptgegenstände
des Krieges wurden ganz und gar vernachlässigt und der

Geist der Armee ging, nur von kleinlichen Dingen in Anspruch genommen, von Tag zu Tag mehr zurück.

Ungeachtet all dieser Missbräuche war die Infanterie gut; es herrschte in ihr strenge Mannszucht und grosse Ordnung; die Cavallerie war aber durchaus vernachlässigt worden. Der König, welcher der Schlacht bei Malplaquet beigewohnt, hatte die Reiterei der Kaiserlichen dreimal zurückweichen sehen, und bei den Belagerungen von Menin, Tournay und Stralsund, wo er zugegen war, gab es für die Cavallerie keine Gelegenheit zu glänzen. Der Fürst von Anhalt besass ungefähr dieselben Vorurtheile; er konnte der Styrum'schen Cavallerie ihre Niederlage in der ersten Schlacht bei Höchstädt ¹) nie vergeben, und war der Meinung, diese Waffengattung sei zu unbeständig, um sich auf sie verlassen zu können. Diese unseligen Vorurtheile waren für unsere Cavallerie sehr unheilvoll; sie blieb ohne Disciplin und wurde zu nichts gebraucht; man hoffte nur, sich ihrer später einmal bedienen zu können.

Die Infanterie-Officiere lagen mit Eifer ihrem Berufsgeschäfte ob; die der Cavallerie, fast alle auf kleine Städte vertheilt, besassen weniger Intelligenz und Gewandtheit, als die andern. Unter den Generalen gab es mehr tapfere Leute als Menschen von Kopf. Der Fürst von Anhalt war der Einzige, der wirklich fähig war, eine Armee zu commandiren; dies wusste er wohl und benutzte seine Ueberlegenheit nach Kräften, um sich immer unentbehrlicher zu machen und Andere niederzuhalten.

Während der Regierung des Königs wurden die Festungswerke von Magdeburg und Wesel vollendet und die von Stettin, unter der Leitung des Fürsten von Anhalt, von dem Obersten Walrave begonnen.

---

¹) Die preussische Cavallerie zeichnete sich bei dem ersten Treffen bei Höchstädt aus, und noch mehr in der Schlacht bei Blenheim, wo sie, von dem Erbprinzen von Hessen-Cassel geführt, ganz Bedeutendes leistete.

Der König errichtete ein Corps von dreissig Ingenieuren, welche sich zu diesen verschiedenen Arbeiten ausbildeten. Er füllte sein Zeughaus mit Feld- und Belagerungsgeschütz; er hatte treffliche Artillerie-Officiere, und die Cadetten, diese Pflanzschule der Officiere, ersetzten in der Armee alle durch den Tod entstandenen Verluste, was um so besser gelang, als die jungen Leute, mit allen einem Officier nöthigen Kenntnissen ausgerüstet, aus der Militärschule kamen.

Dies waren die Fortschritte der preussischen Miliz bis zum Tode des hochseligen Königs. Man könnte auf sie anwenden, was Vegetius von den Römern sagte: „Ihre Disciplin machte sie über die List der Griechen, die Kraft der Germanen, die hohe Gestalt der Gallier und alle Nationen der Erde triumphiren."

Todtengespräch

dem Prinzen Eugen, Mylord Marlborough und dem
Fürsten von Lichtenstein.

Todtengespräch

dem Prinzen Eugen, Mylord Marlborough und dem Fürsten von Lichtenstein.

—

Marlborough.

Charon muss unausbleiblich Hungers sterben; es kommt Niemand mehr mit seinem Kahn. Seit einigen Tagen haben wir gar keine Nachricht mehr von der Oberwelt. Wenn das so fortgeht, werden wir nicht mehr erfahren, was dort vorfällt; das wäre doch sehr schade.

Eugen.

Nicht Alle, welche sterben, kommen in diese glücklichen Gefilde, die wir bewohnen; Viele müssen in den Tartarus; und ausserdem verwüsten nicht immer ansteckende Krankheiten, Pest und Hunger die Erde. Gedulden Sie sich nur, es werden schon Schatten genug anlanden.

Marlborough.

Die Engländer erhängen sich sehr gern im Herbst, und doch sehe ich keinen ankommen; vielleicht hat eine Parlamentsbill verboten, sich zu erhängen.

Eugen.

Sie haben zuletzt Mylord Chesterfield [1]) gehabt, und ich meinen Vetter, den König von Sardinien. [2]) Sie haben wahrscheinlich nicht Ursache sich zu beschweren. Man kann doch nicht alle Tage sterben. Wir wollen die Menschen

[1]) Geboren am 22. September 1694; starb am 24. März 1773.
[2]) Karl Emanuel III., starb am 20. Februar 1773.

leben lassen, damit sie Zeit haben, ihre Thorheiten abzu-
spinnen, womit sie vor ihrem Tode fertig sein müssen.
Aber sehe ich nicht dort einen Schatten?

Marlborough.

Allerdings, das ist ein neuer Ankömmling, der sich
uns nähert.

Eugen.

Ich glaube ihn zu kennen. — Sind Sie nicht der Fürst
Wenzeslaus Lichtenstein? [1])

Lichtenstein.

Freilich bin ich der. Ein sehr schmerzhafter Tod hat
mich meiner Familie, meinen grossen Gütern und meinen
Ehrenstellen entrissen.

Eugen.

Dies ist das allgemeine Schicksal der Menschen. Aber
da Sie aus der Ferne kommen. so bezahlen Sie uns Ihre
Eintrittsgebühren: erzählen Sie uns das Neueste aus
Ihrem Lande.

Lichtenstein.

Dessen giebt es nicht wenig. Alles hat sich verändert;
die vergangenen Zeiten sind durch die gegenwärtigen verdunkelt worden. Sie würden Europa nicht wiedererkennen.
Man hat in allen Theilen Fortschritte gemacht.

Eugen.

Ich würde Europa nicht wiedererkennen? — Gewiss
hat das Kaiserhaus. dessen Macht ich vergrössert und
sogar befestigt habe, grosse Fortschritte gemacht, und sich
seit meiner Zeit bedeutend erweitert.

Lichtenstein.

Dies nun gerade nicht; denn seit Ihrem Tode haben
wir, nachdem wir von den Türken, Preussen und Fran-

[1]) Fürst Wenzeslaus von Lichtenstein war Generaldirector der
österreichischen Artillerie, der er eine treffliche Verfassung gab, und
sie zur besten ihrer Zeit machte. Er starb am 10. Februar 1772.

zosen geschlagen worden, ein halbes Dutzend Provinzen
verloren; aber das sind ja Kleinigkeiten.

Eugen.

Sie sprechen in Räthseln. — Wenn Sie so viel verloren haben, was haben Sie denn für Fortschritte machen
können?

Lichtenstein.

Wir haben unsere Finanzen blühender gemacht; aus
der Hälfte der uns übriggebliebenen Provinzen haben wir
mehr Einkünfte, als Karl VI. mit Inbegriff des König-
reichs Neapel, des ganzen Mailandischen, Serbiens, Schle-
siens und Belgrads hatte. Und was den Kriegsstand betrifft, so haben wir jetzt 160,000 Mann, die Sie zu Ihrer
Zeit niemals bezahlen konnten. Ich für meinen Theil habe
mich der Artillerie angenommen, und habe 300,000 Thaler
von meinem eigenen Vermögen angewandt, um sie auf
einen guten Fuss zu bringen. Auch bewegt sich keine
Armee mehr, ohne wenigstens 400 Feuerschlünde mit sich
zu führen. Sie würden sich gar nicht auf den Gebrauch
dieser Artillerie verstehen, womit wir aus unsern Lagern
Festungen machen.

Eugen.

Allerdings; aber mit meinen wenigen Kanonen schlug
ich den Feind und liess mich nicht schlagen.

Lichtenstein.

Man kann freilich geschlagen werden. Aber dies sind
nur kleine Unglücksfälle, die einem ehrlichen Manne be-
gegnen können.

Eugen.

Ja, aber nicht durch seine Schuld.

Lichtenstein.

Ha! Sie müssen wissen, dass man heut zu Tage besser
als sonst zu urtheilen versteht. Unsere Vernunft ist eine
mathematische geworden, wodurch sie fast unfehlbar wird.
Aber ich wage nicht zu sagen, welche Urtheile sie fällt.

Eugen.

Sagen Sie es nur ohne Bedenken. Obgleich wir todt sind, so können Sie uns doch belehren.

Lichtenstein.

' Wenn Sie es wollen, so erfahren Sie, dass das Publikum den Ruhm des Feldmarschalls Daun[1]) trotz seinem öfteren Unglück derart erhoben hat, dass sein Name den Ihrigen vollständig verdunkelt.

Marlborough.

Sind Sie etwa am hitzigen Fieber gestorben, und haben noch die Hitze behalten? — Nimmermehr, sollte ich meinen, könnte das Andenken eines Eugen so weit herabgewürdigt werden, dass man einen geschlagenen Daun diesem Helden vorzöge, der mehr Kaiser war, als Karl VI. selbst; der die Pläne seiner Feldzüge mit so vieler Weisheit entwarf; der auf den Credit seines grossen Namens die nöthigen Summen herbeischaffte, um die Truppen in Bewegung zu setzen; der endlich seine Feldzugspläne selbst ausführte, den Feind schlug und grosse Provinzen eroberte.[2])

Lichtenstein.

Ich habe nicht das Fieber, aber das Publikum phantasirt und wirft dem Prinzen Eugen vor, er habe nicht

---

[1]) Leopold Jos. Maria, Reichsgraf von Daun focht im Türkenkrieg unter Prinz Eugen, 1734 als General-Major im ital. Feldzug, als Feldmarschall-Lieutenant in den schles. Kriegen, als Feldzeugmeister 1746 bis 1748 in den Niederlanden gegen die Franzosen; 1754 zum Feldmarschall erhoben, befehligte er 1756 die Armee in Mähren, schlug Friedrich bei Kolin und Hochkirch, nahm Dresden ein, und zwang den preuss. General Finck bei Maxen sich mit 11,000 Mann zu ergeben. Er ward bei Torgau geschlagen und starb am 5. Februar 1766.

[2]) Eugen diente drei Kaisern, doch unter wesentlich veränderten Beziehungen, die durch sein Wort: „Leopold war mein Vater, Josef mein Bruder, Karl mein Herr" bezeichnet sind. Sein Wahlspruch war: „Oesterreich über alles!" Seine Feldherrntalente und seine Kriegsthaten haben ihm den grössten Ruhm erworben; nicht minder gross war er als Staatsmann und Diplomat. Er starb am 21. April 1736.

verstanden, umständliche Berichte von seinen Heldenthaten an den Kriegsrath abzufassen.

Marlborough (zu Eugen).

Man wirft Ihnen also vor, dass Sie kein ganz guter Schreiber gewesen sind. Ich habe immer geglaubt, die eigentliche Aufgabe des Helden sei, grosse Thaten zu vollbringen, und die Sorge für die umständliche Erzählung derselben den Müssiggängern zu überlassen.

Eugen.

Wahrhaftig, ich habe mich wohl gehütet, meine Berichte auszudehnen; ich begnügte mich, den Erfolg meiner Unternehmungen meinen Feinden zu melden, die sich alle im Kriegsrathe befanden. Wenn ich meinen Styl noch lakonischer hätte machen können, so wären meine Feldzüge nur noch glücklicher dadurch gewesen.

Marlborough.

Ich habe es mit der Königin Anna und ihrem Parlamente nicht anders gemacht. Unsere Monarchen waren in der That nichts als Automaten. Was bedurfte es denn mehr, als dass wir ihnen den Erfolg unserer Massregeln berichteten? Sie konnten ja weder unsere Absichten, noch unsere Pläne, noch die Gründe beurtheilen, warum wir lieber dieses als jenes thaten.

Lichtenstein.

Es ist das nicht meine eigene Meinung; ich statte bloss von der Denkungsart des Publikums Bericht ab; ich bin nichts als ein Erzähler; aber, Mylord, Sie befinden sich mit dem Prinzen Eugen in demselben Falle. Wenn ich Ihnen sagen sollte, was man in England spricht, so würde ich sehr befürchten müssen, Sie unwillig zu machen.

Marlborough.

Reden Sie nur dreist. Nach dem, was ich so eben gehört habe, kann mich nichts mehr überraschen.

Lichtenstein.

Ich erröthe, indem ich Ihnen sagen muss, dass Leute, die nicht einmal wissen, was eine Compagnie, viel weniger was ein Bataillon ist, entschieden behaupten, Sie seien kein grosser Krieger gewesen, Cadogan ¹) habe Ihnen allen Ihren Ruf erworben; Sie seien mehr ein feiner Politiker als ein grosser Feldherr gewesen, der es wohl verstanden habe, alle Triebfedern der Intrigue bei unserm Parlamente in Bewegung zu setzen, um den Krieg zu verewigen und unter dem Schilde desselben durch Plünderungen die beträchtlichen Summen zusammen zu bringen, die Sie erworben haben.

Marlborough.

Mein Schicksal ist sonderbar genug! Ich bin sterblich gewesen, aber der Neid meiner Feinde hat mich überlebt. Es ist wahr, ich habe mich Cadogan's, als eines geschickten Mannes, bedient, den ich mir zum Gehülfen bei meinen Arbeiten ausersehen hatte. Welcher Mensch ist allein im Stande, eine Armee in Bewegung zu setzen? Man bedarf des Beistandes; jemehr Gehülfen man hat, desto besser gehen die Sachen. Ich habe Freunde, ja sogar eine Partei im Parlamente gehabt. Und deren bedurfte es wohl, wenn innere Misshelligkeit und der Mangel an Beistand uns nicht zu Grunde richten und unsere schönsten Entwürfe nicht unausgeführt bleiben sollten. Habe ich einige Summen für die Schutzwachen gezogen, so geschah es in Feindesland, und es ist dies ein rechtmässiger Gewinn, der jedem befehlshabenden General gebührt. Jeder Andere würde an meiner Stelle gerade dasselbe und noch viel mehr gefordert haben. ²)

---

¹) Graf William Cadogan machte als General-Quartiermeister den spanischen Erbfolgekrieg mit; er zeichnete sich besonders durch Klugheit und Umsicht aus, mit welchen er die Pläne und Anordnungen Marlborough's einzuleiten und selbst auszuführen verstand. Er starb 1726.

²) Von der Beschuldigung der Habsucht ist Marlborough wohl nicht zu reinigen. Er war schmutzig-geldgierig; er erlaubte sich schmähliche Abzüge an der Bezahlung der im englischen Solde stehen-

Eugen.

Wie? Hochstädt, Ramillies, Oudenarde, Malplaquet
haben dem Namen dieses grossen Mannes nicht zum Schilde
dienen können, und der Sieg selbst hat ihn nicht gegen
die unwürdige Behandlung des Neides zu schützen ver-
mocht? — Und was für eine Rolle würde denn England
ohne diesen wahren Helden gespielt haben, der es gehalten
und emporgehoben hat, und es auf den Gipfel der Grösse
gebracht haben würde, wenn sich Frankreich nicht jener
elenden Weiberränke bedient hätte, um ihn zu stürzen.
Ludwig XIV. wäre verloren gewesen, wenn sich Marlborough's Credit nur noch zwei Jahre gehalten hätte.¹)

Lichtenstein.

Ich muss gestehen, dass die König n Anna ohne Marlborough, und Karl VI. ohne Eugen eine sehr traurige
Rolle gespielt hätten. Nur Sie beide sind es. denen diese
zwei Monarchien ihr Ansehen und ihren Ruhm schuldig
sind; alle Vernünftigen kommen darin überein; aber man
muss in der Welt immer tausend Schwachköpfe und hun-

den Truppen, und brachte vermittelst des Juden Medina, dessen er
sich dabei bediente, den Handel mit Staatspapieren auf. Medina war
nämlich nicht nur das Werkzeug für die Verkürzung der englischen
Truppen, sondern er speculirte auch zugleich auf Staatspapiere, und
wurde dadurch der Urheber eines neuen Handels der Stock-Jobbery
und der neuen Börse (der Stock-Exchange), auf welcher jetzt täglich
in allen grossen Städten das Schicksal Europa's verschachert wird.

¹) Marlborough (John Churchill, Herzog von) diente erst unter
Turenne im franz. Heere, ward nach Jakob's II. Thronbesteigung
General, ging nach Landung des Prinzen von Oranien zu diesem über,
focht 1690 und 1691 mit Auszeichnung in den Niederlanden, ward dann
als heimlicher Jakobit im Tower eingekerkert. Nach der Thronbesteigung
Anna's erhielt er 1702 den Oberbefehl über die Truppen der Verbündeten in den Niederlanden, ging 1703 zur Unterstützung des Kaisers
nach Deutschland, schlug mit dem Prinzen Eugen vereint am 13. August
1704 die Franzosen bei Blenheim, am 19. Mai 1706 bei Ramillies, am
11. September 1709 bei Malplaquet. ward durch die Tories gestürzt,
am 1. Januar 1712 seiner Aemter entsetzt und bald darauf von Georg I.
wieder zum Generalissimus erhoben. Er starb am 17. Juni 1722.

dert Narren gegen einen Verständigen rechnen. Und so dürfen Sie sich nicht über das abgeschmackte Urtheil verwundern. welches die Nachkommen über Sie gefällt haben.

E u g e n.

Es ist indessen nicht zu leugnen, dass das Schicksal mit uns sein Spiel treibt. Wenn es über Alexander, Cäsar. Scipio und Paulus Aemilius nur eine Stimme giebt, warum muss das Publikum. nachdem wir grosse Thaten, wie sie. vollbracht haben, sich gegen unsern Ruhm verschwören. während sich der ihrige doch beständig erhält. und jeder Panegyriker. wen er loben will, sich bemüht. mit ihnen zu vergleichen?

L i c h t e n s t e i n.

Ihr gutes Glück hat gewollt, dass es in Ihrem Jahrhunderte keine E n c y k l o p ä d i s t e n [1]) gab.

M a r l b o r o u g h.

Was ist das: ein Encyklopädist? Welch ein barbarischer Namen! Ist das eine Art von Irokese? Ich habe in meinem Leben diesen Namen nicht gehört.

---

[1]) Die Mitarbeiter an D i d e r o t's und d'A l e m b e r t's „E n c y c l o-p é d i e, o u d i c t i o n n a i r e r a i s o n n é d e s s c i e n c e s, d e s a r t s e t m é t i e r s", namentlich G r i m m, H o l b a c h, R o u s s e a u, T u r g o t, V o l t a i r e, D u m a r s a i s u. A. Es ist gewiss viel thörichte Ueberstürzung durch sie in die Welt gekommen, ein flaches Fertigsein mit Dingen und Räthseln, die nicht schöngeistig beredet, sondern mühevoll beobachtet und emsig und tief durchforscht sein wollen. Aber der innerste Kern war trotzalledem gesund und trieb heilsame Früchte. Man brauchte nicht in alle Bejahungen der Encyklopädie einzustimmen und konnte doch aus voller Seele ihre Verneinungen theilen; man brauchte nicht ihr unbedingter Freund und Parteigänger zu sein, und konnte doch mit ihr dieselben gemeinsamen Feinde verfolgen. Man konnte die schwindelnde Spitze fester und durchgearbeiteter wünschen, ohne deshalb den Plan und Grundriss selbst zu verwerfen. Und in diesem Sinne war es für jenes Zeitalter in der That eine volle geschichtliche Wahrheit, wenn C a b a n i s mit einem freilich etwas überschwänglichen Ausdruck die Encyklopädisten „die heilige Couföderation gegen Fanatismus und Tyrannei" nennt. Vergl. H e t t n e r, Geschichte der französichen Literatur, S. 268—270.

Lichtenstein.

O, das glaube ich wohl! Zu Ihrer Zeit gab es dergleichen noch nicht. Die Encyklopädisten sind eine Secte
sogenannter Philosophen, die in unsern Tagen entstanden
sind. Sie bilden sich ein, grösser zu sein, als die Philosophen des Alterthums. Mit der Unverschämtheit der Cyniker verbinden sie die edle Frechheit, alle Paradoxen,
die ihnen durch den Kopf gehen, vorzutragen. Sie prahlen
mit der Geometrie und behaupten, wer diese Wissenschaft
nicht studirt habe, keinen gesunden Verstand besitze; dass
sie folglich allein die Gabe haben, richtig zu folgern. Ihre
alltäglichsten Reden sind mit wissenschaftlichen Ausdrücken
gespickt. Sie werden z. B. sagen, dass dies oder jenes
Gesetz sehr weislich nach dem umgekehrten Verhältniss
des Quadrats der Entfernung eingerichtet sei; dass diese
oder jene Macht, die etwa ein Bündniss mit einer andern
schliessen will, sich von derselben durch die Anziehungs-
kraft gezogen fühle, und dass die beiden Nationen sich
bald assimilirt haben werden. Wenn man ihnen einen
Spaziergang vorschlägt, so heisst dies, das Problem einer
krummen Linie auflösen. Wenn sie Nierenschmerzen haben,
so heilen sie sich nach den Gesetzen der Hydrostatik.
Wenn ein Floh sie beisst, so sind es unendlich kleine
Grössen der ersten Ordnung, die ihnen beschwerlich werden. Wenn sie fallen, so geschieht es, weil der Schwer-
punkt nicht unterstützt war. Wenn irgend ein Insektchen
die Kühnheit hat, sich an sie zu wagen, so ersäufen sie
es in einer Sündfluth von Dinte und Beschimpfungen; dies
Verbrechen der verletzten Philosophie ist unverzeihlich.

Eugen.

Aber in welcher Beziehung stehen denn diese Narren
mit unserm Namen, und mit dem Urtheile, welches man
von uns fällt?

Lichtenstein.

In viel näherer, als Sie es glauben; denn sie schwärzen,

294

ihre Berechnungen ausgenommen, alle Wissenschaften an. Die Poesie ist eine unnütze Tändelei, woraus alle Erdichtungen verbannt werden müssen. Ein Poet soll nichts als algebraische Gleichungen mit Begeisterung dichten. Die Geschichte soll man, nach ihrer Meinung, von oben zu studiren anfangen, und so von unserer Zeit an hinaufsteigen bis vor die Sündfluth. Die Reiche schaffen sie alle um. Frankreich muss eine Republik werden, für die ein Geometer Gesetze geben soll. Geometer sollen sie regieren und alle Angelegenheiten der neuen Republik der Infinitesimal-Berechnung unterwerfen. Und diese Republik soll einen beständigen Frieden geniessen und sich ohne eine Armee behaupten.

Marlborough.

Alles, was ich da höre, ist vortrefflich, aber sollten diese Encyklopädisten nicht von den Schwärmereien der Wundergläubigen, der Quäker, der Pensylvanier angesteckt sein?

Lichtenstein.

Wenn Sie ihnen das sagten, würden sie es gewiss sehr übel nehmen, denn sie sind nicht wenig stolz auf ihre Originalität.

Eugen.

Wenn ich nicht irre, war der ewige Friede ein Traum eines gewissen Abbé de Saint-Pierre [1]), der zu meiner Zeit von der ganzen Welt ausgelacht wurde.

Lichtenstein.

Sie haben ihn also aus der Vergessenheit hervorgezogen; denn sie affectiren Alle einen heiligen Abscheu gegen den Krieg.

---

[1]) Bernardin de Saint-Pierre (1737—1814), der berühmte Verfasser von „Paul et Virginie", träumte in seinem „Projet de la paix universelle" von einem allgemeinen Weltbunde, in welchem die einzelnen Staaten ihre Zerwürfnisse durch ein einmüthig anerkanntes (internationales) Schiedsgericht schlichten sollten.

Eugen.

Es ist nicht zu leugnen: der Krieg ist ein Uebel, das aber unvermeidlich bleibt, weil es keinen Gerichtshof giebt, der die Streitigkeiten der Regenten schlichten könnte.

Lichtenstein.

Ungeachtet sie die Kriegsheere und die Feldherren hassen, die sich berühmt machen, so hält sie das doch nicht ab, mit der Feder zu fechten und sich oft Grobheiten zu sagen, die dem Obstmarkt Ehre machen würden; und hätten sie Truppen, sie würden sie gegen ihre Feinde marschiren lassen.

Marlborough.

Es kostet weniger Dinte als Blut zu vergiessen; aber Beschimpfungen sind schlimmer als Wunden.

Lichtenstein.

Was die Kriegskunst betrifft, so wage ich es nicht, in Gegenwart so grosser Helden zu sagen, wie sehr sie dieselben herabzusetzen suchen, und in welchen Ausdrücken sie davon sprechen.

Marlborough.

Sagen Sie es frei heraus, denn wenn sie alles zerstören, dann dürfen wir bei diesem allgemeinen Angriffe allein nicht leer ausgehen.

Lichtenstein.

Diese Herren behaupten, dass Sie nichts anders als Räuberhauptmänner gewesen sind, denen ein Tyrann gedungene Henker anvertraut hat, um in seinem Namen alle Grausamkeiten und alle nur erdenklichen Abscheulichkeiten an unschuldigen Völkern zu verüben.

Eugen.

Das sind Reden betrunkener Karrenschieber. Sokrates, Aristoteles, Gassendi und Bayle drücken sich ganz anders aus.

Lichtenstein.

Weit entfernt betrunken zu sein, sind sie vielmehr oft sehr nüchtern; ihre Casse ist nicht reich genug, um zu schwelgen. In ihrem Styl heissen solche Reden philosophische Freiheiten. Man muss laut denken, jede Wahrheit muss herausgesagt werden; und da sie, ihrer Meinung nach, in dem allgemeinen Besitze der Wahrheit sind, so glauben sie, jede Ungereimtheit, die ihnen in den Sinn kommt, dreist in die Welt schicken zu können, und des Beifalls gewiss zu sein.

Marlborough.

Wahrscheinlich giebt's in Europa keine Irrenhäuser mehr, sonst wäre mein Rath, diese Herren hinein zu bringen, damit sie die Gesetzgeber für Narren ihrer Art sein könnten.

Eugen.

Ich würde rathen, ihnen die Regierung einer Provinz zu übergeben, welche verdiente gezüchtigt zu werden. Die Erfahrung würde, nachdem sie alles umgekehrt, beweisen, dass die Kritik leicht, aber die Kunst schwer ist, und dass man sehr leicht Gefahr läuft, derbe Abgeschmacktheiten zu sagen, wenn man von Dingen reden will, wovon man nichts versteht.

Lichtenstein.

Eingebildete Menschen glauben niemals Unrecht zu haben. Nach ihren Grundsätzen irrt der Weise nie; er allein ist aufgeklärt; von ihm muss das Licht ausströmen, welches die Nebel zerstreut, worin der schwache, blinde, gemeine Haufen umhertappt; und Gott weiss, wie sie aufklären! Bald decken sie den Ursprung der Vorurtheile auf, bald thun sie es durch ein Buch über den Geist, bald durch das System der Natur; da ist kein Ende zu finden. Eine Anzahl Strassenbuben zählt sich, um sich ein Air zu geben, oder um die Mode mit zu machen, zu ihren Schülern; diese geben sich das Ansehen, ihnen zu

folgen, und werfen sich zu Unterlehrern des menschlichen
Geschlechts auf; und da es leichter ist zu schimpfen, als
Gründe anzuführen, so ist es der Ton ihrer Zöglinge, bei
jeder Gelegenheit auf's Unanständigste gegen die Soldaten
zu toben.

Eugen.

Ein Narr findet immer noch einen grössern Narren.
der ihn bewundert. Aber nehmen denn die Soldaten diese
Schmähungen ruhig hin?

Lichtenstein.

Sie lassen die Möpschen bellen, und gehen ihren Weg.

Marlborough.

Allein wozu diese Erbitterung gegen den edelsten Stand.
gegen den, unter dessen Schilde die übrigen in Frieden
wohnen.

Lichtenstein.

Da sie alle in der Kriegskunst höchst unwissend sind.
so glauben sie diese Kunst verächtlich zu machen, wenn
sie dieselbe herabsetzen; aber, wie gesagt, sie verschreien
alle Wissenschaften und pflanzen die einzige Geometrie
auf die Trümmer derselben, um allen fremden Ruhm zu
vernichten, um ihn bloss auf ihre werthen Personen zurückzuwerfen.

Marlborough.

Aber wir haben doch weder die Philosophie, noch die
Geometrie, noch die schönen Wissenschaften verachtet,
und uns damit begnügt, in unserm Fache Verdienste zu
erwerben.

Eugen.

Ich habe noch mehr gethan. In Wien habe ich alle
Gelehrten beschützt, und sie ausgezeichnet, selbst zu einer
Zeit, als Niemand sie achtete.[1]

---

[1] Dieser grosse Feldherr hatte auch für Kunst und Wissenschaft
lebhaftes Interesse. Er sammelte in Wien die erste Prachtbibliothek,
unterhielt mit Montesquieu und Leibniz einen lebhaften Briefwechsel
über philosophische und staatsrechtliche Gegenstände und bearbeitete

Lichtenstein.

Ich glaube es wohl. Sie waren grosse Männer, und
diese sogenannten Philosophen sind Gassenbuben, deren
Eitelkeit gern eine Rolle spielen möchte; doch hindert
dies nicht. dass ihre Schmähungen, die so oft wiederholt
werden. dem Andenken grosser Männer schaden. Man
glaubt. wer dreist in den Tag hinein raisonnirt, sei ein
Philosoph, und wer Paradoxen sagt. verdiene den Preis.
Wie oft habe ich nicht durch die lächerlichsten Geschwätze
Ihre schönsten Thaten aburtheilen und Sie als Männer
behandeln hören. die in einem Jahrhundert der Unwissenheit, wo man das Verdienst nicht zu würdigen verstanden.
einen Ruf an sich gerissen haben.

Marlborough.

Unser Jahrhundert, ein Jahrhundert der Unwissenheit?
— Ha! das halte ich nicht länger aus!

Lichtenstein.

Das jetzige ist das Jahrhundert der Philosophen — —

Eugen.

In welchem man sich schlagen lässt, in welchem man
Provinzen verliert, in welchem man sich über das Alter-
thum erhaben glaubt. Ihre Philosophen mögen sagen, was
sie wollen. ich ziehe unser Jahrhundert der Unwissenheit
dem Ihrigen vor.

Marlborough.

Ist denn auch England von Ihren Encyklopädisten
angesteckt?

Lichtenstein.

Es giebt deren auch dort, aber nicht so viele als in
Frankreich.

Marlborough.

Aber hat denn Frankreich Feldherren? Und wie kann
es Feldherren haben, wenn es sie gering schätzt?

---

in einzelnen Zuschriften an Marlborough, Stanhope, Villars u. A.
Gegenstände der Kriegskunst.

Lichtenstein.

Sie sind auch ihres Schicksals werth! — Wen hat
es denn als...

Marlborough.

Und hat England einen grossen General hervorgebracht.
der mir nachgefolgt wäre?

Lichtenstein.

Der Herzog von Cumberland! [1])

Marlborough.

Wie viele Schlachten hat er gewonnen?

Lichtenstein.

Er verlor die bei Fontenoy und Hastenbeck; und es
war nicht seine Schuld, dass er bei Stade nicht mit seiner
ganzen Armee kriegsgefangen gemacht wurde.

Marlborough.

Prinz. Sie treiben Ihren Scherz mit uns. Wie, ein
geschlagener Daun, ein niedergeworfener Cumberland, das
sind die Leute, denen man uns nachsetzt?

Lichtenstein.

O, nicht bloss diese, sondern noch viele andere, die
freilich Feldzüge gemacht, aber nicht oberste Befehlshaber

---

[1]) Wilhelm August, Herzog von Cumberland, dritter Sohn Georg's II.,
Königs von England, erhielt 1745 das Obercommando über die alliirte
Armee in den Niederlanden und verlor mit dem holländischen General
Königsegg am 12. Mai 1745 die Schlacht bei Fontenoy gegen den
Marschall von Sachsen. Bei Culloden schlug er dagegen den Präten-
denten Karl Eduard Stuart, schändete aber diesen Sieg durch seine
Grausamkeit gegen die zerstreuten Anhänger des Prinzen. Vom König
zum General-Capitän aller grossbritannischen Truppen ernannt, über-
nahm er den Oberbefehl in den Niederlanden von neuem, ward aber
nochmals vom Marschall von Sachsen bei Lawfeld unweit Mastricht
(2. Juli 1747) geschlagen. Im Siebenjährigen Krieg erhielt er das
Commando der Armee in Deutschland, ward 1757 von d'Estrées bei
Hastenbeck geschlagen und schloss unter dänischer Vermittelung die
Convention zu Kloster Seven, in Folge deren sich seine 40,000 Mann
starke Armee über die Elbe zurückzog und er Hannover in den Händen
der Franzosen liess. Er starb 1765.

gewesen sind, nehmen es so gut mit Cäsar. als mit Ihnen auf. Diese Helden in der Knospe haben die edle Kühnheit, sich mit Geräusch anzukündigen, und ihre Eitelkeit ist stark genug gewesen, das Publikum anzustecken, so dass dieses von nichts als von ihren zukünftigen Heldenthaten weissagt.

Marlborough.

Was haben uns denn so viele Anstrengungen, so viele Sorgen, so viele Beschwerden genützt?

Eugen.

Eitelkeit der Eitelkeit, Eitelkeit des Ruhms!

(1773.)

Aus:

„Antimachiavel".

Von den verschiedenen Arten der Unterhandlungen und den gerechten Ursachen Krieg zu führen.

———

„Antimachiavel".

Von den verschiedenen Arten der Unterhandlungen und den gerechten Ursachen Krieg zu führen.[1]

Die Welt wäre recht glücklich, wenn es kein anderes Mittel zur Erhaltung der Gerechtigkeit und des Friedens unter den Völkern gäbe, als Unterhandlung. Man würde alsdann Gründe statt der Waffen gebrauchen, und mit einander disputiren, anstatt einander zu erwürgen. Aber eine traurige Nothwendigkeit zwingt die Fürsten, einen viel grausameren, schrecklicheren und verhassteren Ausweg zu betreten. Es giebt wirklich Fälle, wo man die Freiheit der Völker, welche ein Anderer ungerechter Weise erdrücken will, mit den Waffen vertheidigen muss; wo man das durch Gewalt sich zu verschaffen genöthigt ist, was die Unbilligkeit der Menschen der Sanftmuth verweigert; wo die Fürsten, als natürliche Richter ihrer Händel, diese nicht anders erledigen können, als dadurch, dass sie ihre Kräfte messen und ihre Sache der Entscheidung einer Schlacht anheimstellen. In solchen Fällen wird dieser Satz wahr, dass ein guter Krieg einen guten Frieden verschafft und befestigt.

Untersuchen wir jetzt, bei welcher Gelegenheit Fürsten einen Krieg beginnen können, ohne sich den Vorwurf machen zu müssen, ohne Noth oder aus Eitelkeit und Stolz das Blut ihrer Unterthanen vergossen zu haben.

---

[1] Kapitel XXVI.

Unter allen Kriegen sind die Vertheidigungs-
kriege die gerechtesten und die unvermeidlichsten; wenn
nämlich die Feindseligkeiten Anderer den Fürsten nöthigen,
Massregeln zu treffen, um sich gegen ihre Angriffe zu erhalten, oder Gewalt mit Gewalt zu verdrängen. Die Stärke
ihres Armes schützt sie gegen die Habgier ihrer Nachbarn,
und die Tapferkeit ihrer Truppen verbürgt die Ruhe ihrer
Unterthanen. Wie es recht ist, einen Dieb, der in userm
Hause stehlen will, zu verjagen, so ist es ein Akt der
Gerechtigkeit der Grossen und Könige, die Eroberungssüch-
tigen mit den Waffen zu zwingen, ihre Länder zu verlassen.

Kriege, welche Fürsten führen, um gewisse Rechte
und Ansprüche, die man ihnen bestreitet, durchzusetzen,
sind nicht minder gerecht, als die vorher bezeichneten.
Da es keinen Richterstuhl giebt, der höher steht als
der der Könige, und Keiner in der Welt ihre Streitigkeiten entscheiden kann, so müssen Schlachten über ihre
Rechte entscheiden und die Bündigkeit ihrer Gründe aus-
weisen. Die Fürsten führen ihre Sache mit den Waffen in
der Hand und zwingen, wo möglich, die Neidischen, der
Gerechtigkeit ihren freien Lauf zu lassen. Also um die
Gerechtigkeit in der Welt aufrecht zu erhalten, und um
der Knechtschaft zu entgehen, werden diese Kriege geführt.
Auf diese Weise ist der Krieg eine heilige und unerläss-
liche Sache.

Es giebt auch Angriffskriege, welche eben so
gerecht sind, wie die erwähnten, nämlich die Kriege aus
Vorsicht, welche die Fürsten unternehmen, wenn die
übermässige Grösse einer Macht bald aus den Schranken
zu treten scheint, und alles zu verschlingen droht. Man
sieht ein Wetter sich zusammenziehen, das man allein nicht
beschwören kann, und vereinigt sich daher mit denen,
welchen gleiche Gefahr gleiches Interesse giebt. Wenn die
andern Völker sich gegen die römische Macht verbunden
hätten, so wäre diese nie im Stande gewesen, so viele

grosse Reiche umzustürzen. Eine klug angelegte Verbindung und ein kräftig unternommener Krieg hätten jene ehrsüchtigen Pläne zertrümmert, deren Erfüllung die damals bekannte Welt in Ketten legte.

Die Klugheit verlangt, dass man kleine Uebel den grössern vorziehe, und handele, so lange man noch Herr der Situation ist. Es ist daher besser, sich in einen Vertheidigungskrieg einzulassen, so lange man noch zwischen Oelzweig und Lorbeer wählen kann, als bis zu dem verzweifelten Augenblick zu warten, wo eine Kriegserklärung die gänzliche Knechtschaft und den Untergang nur um eine kurze Zeit verzögern kann. So unangenehm auch ein solches Verhältniss für einen Fürsten ist, so kann er doch nichts Besseres thun, als sich seiner Kräfte bedienen, ehe die Anordnungen seiner Feinde ihm die Hände gebunden haben.

Bündnisse können Fürsten nöthigen, an den Kriegen ihrer Bundesgenossen Theil zu nehmen, und denselben die durch Vertrag bestimmte Zahl Hülfstruppen zu senden. Da die Herrscher der Bündnisse nicht entbehren können, weil es wenige oder keine giebt, die sich ganz aus eigener Kraft zu erhalten vermögen, so verpflichten sie sich zu gegenseitiger Hülfeleistung im Falle der Noth, und zu wechselseitigem Beistande durch eine bestimmte Anzahl von Truppen. Dies befördert ihre Sicherheit und Selbsterhaltung. Der Erfolg entscheidet, welcher von den Aliirten die Früchte des Bündnisses geniesst. Diesmal begünstigt ein glücklicher Umstand den einen der contrahirenden Theile, und zu einer andern Zeit den andern Bundesgenossen. Die Klugheit verlangt also, dass die Fürsten ihre Verträge getreulich erfüllen, und denselben pünktlich nachkommen, und dies um so mehr, als sie durch Bündnisse im Stande sind, ihren eignen Völkern wirksamern Schutz zu verleihen.

Alle Kriege also, welche nach reiflicher Ueberlegung unternommen werden, entweder um Angreifer zurück-

zuweisen, oder rechtmässige Ansprüche unverletzt zu erhalten, oder die allgemeine Freiheit zu beschützen, und
sich vor den Unterdrückungen und Gewaltthätigkeiten der
Ehrsüchtigen zu retten, sind der Gerechtigkeit und Billigkeit gemäss. Die Fürsten, welche solche unternehmen, sind
unschuldig an dem vergossenen Blute, weil sie sich gezwungen sahen, so zu handeln; und unter solchen Umständen ist der Krieg ein geringeres Uebel als der Friede.

Dieser Gegenstand führt mich natürlich darauf, von
den Fürsten zu sprechen, die mit dem Blute ihrer Unterthanen einen schändlichen Handel treiben; ihre Truppen
gehören dem Meistbietenden. Es ist eine Art Versteigerung,
bei der Diejenigen, welche die meisten Subsidien bieten,
die Soldaten dieser unwürdigen Fürsten zur Schlachtbank
führen. Solche Fürsten müssten über ihre Niederträchtig-
keit, das Leben von Menschen zu verkaufen, welche sie als
Väter der Völker beschützen sollten, erröthen; diese kleinen
Tyrannen sollten auf die Stimme der Menschheit hören,
welche den schändlichen Missbrauch ihrer Macht verab-
scheuet, und sie für unwerth eines höheren Glückes und
der Kronen, die sie besitzen, erklärt.[1]

Ich habe mich im XXI. Kapitel über R e l i g i o n s -
k r i e g e genügend ausgesprochen [2]); ich setze nur hinzu, dass

[1]) In der ersten Redaction heisst es: „Dieser Gegenstand
bringt mich natürlicher Weise auf einen gewissen Handel, der im
Alterthume unerhört war, den aber jetzt einige Fürsten mit dem Blute
ihrer Unterthanen treiben. Ihr Hof ist gleichsam die Versteigerungs-
bude, worin ihre Truppen Denen, welche die meisten Subsidien bieten,
zugeschlagen werden. Das Heerwesen ward zur Vertheidigung des
Vaterlandes errichtet. Wenn man nun Truppen an Andere vermiethet,
wie man Doggen und Stiere zum Kampfe verkauft, so kehrt man, wie
mich dünkt, die Natur des Handels und des Krieges um. Man sagt,
es sei nicht recht, mit heiligen Dingen Schacher zu treiben. Nun, giebt
es denn wohl etwas Heiligeres, als Menschenblut?"

[2]) Darin sagt der König: „Es ist höchst gefährlich für einen
Fürsten, seinen Unterthanen die Ansicht beizubringen, es sei gerecht,
über religiöse Meinungen Krieg zu führen. Dadurch macht man mittel-
bar die Geistlichkeit zum Schiedsrichter über Krieg und Frieden zwi-

ein Fürst alles aufbieten müsse, um dieselben zu vermeiden,
oder mindestens, dass es klug ist, diesen Gegenstand anders
zu bezeichnen, denn dadurch verringert er das Gift, die
Erbitterung und Grausamkeit, welche mit Parteikampf und
Religionskriegen unzertrennlich verbunden sind. Man kann
ohnedies nicht genug Diejenigen tadeln, welche in straf-
barem Missbrauche bei Allem, was sie thun, Rechtlichkeit
und Billigkeit im Munde führen, und in gotteslästerlicher
Ruchlosigkeit das höchste Wesen zum Schilde ihrer abscheu-
lichen Herrschsucht machen. Man muss sehr verderbt sein,
um die Leute mit so seichten Vorwänden zu täuschen;
die Fürsten sollten mit dem Blute ihres Volkes sparsamer
sein, und nicht das Leben ihrer Soldaten durch ungerechte
Anwendung ihrer Tapferkeit verschwerden.[1])

Der Krieg bringt überhaupt so viel Unglück, sein
Ausgang ist so unsicher, seine Folgen sind für ein Land

---

schen Fürst und Volk. Das abendländische Reich ging wenigstens zum
Theil an den Religionskriegen zu Grunde, und man hat zwischen den
letzten Valois' in Frankreich die schrecklichsten Folgen des Fanatismus und falschen Eifers kennen gelernt."

[1]) In der ersten Redaction heisst es: „Die Religonskriege
möchten, wenn sie zugleich Bürgerkriege sind, wohl fast immer
die Folge von dem Unverstande des Fürsten sein, der zur Unzeit eine
Religionsgenossenschaft auf Kosten der andern begünstigt und die
religiösen Uebungen der einen oder der andern Confession entweder
zu sehr beschränkt, oder ihnen zu viel Uebergewicht gestattet hat.
Diese Zänkereien sind, wenn der Landesherr sich nicht hineinmischt,
nur vorübergehende Funken; sie werden aber, sobald er sie unterstützt,
zu grossen Feuersbrünsten. Die weltliche Regierung mit Kraft behaupten, Jedermann Gewissensfreiheit gestatten, stets König sein und
nie den Priester machen: dies sind die wahren Mittel, den Staat vor
den Stürmen sicher zu erhalten, welche der dogmatisirende Geist der
Theologen beständig zu erregen sucht. Auswärtige Religions-
kriege sind die höchste Ungerechtigkeit und Abgeschmackt-
heit, die man sich nur denken kann. Aus Aachen aufbrechen, um die
Sachsen mit dem Schwert in der Hand zu bekehren, wie Karl der
Grosse; oder eine Flotte ausrüsten, um dem Sultan von Aegypten
den Vorschlag zu thun, das Christenthum anzunehmen, — das sind
doch sehr seltsame Unternehmungen. Die Wuth der Kreuzzüge ist
vorüber; der Himmel gebe nur, dass sie nie wiederkommt."

so verderblich, dass die Fürsten es nicht genug vorher überlegen können, ehe sie ihn unternehmen. Ich spreche nicht einmal von der Ungerechtigkeit und der Gewaltthat, die sie dadurch gegen Nachbarn üben, sondern bloss von den Leiden, die dadurch ihre eigenen Unterthanen treffen. Ich bin fest überzeugt, dass, wenn die Könige und Fürsten sich ein wahres Bild von dem durch ihn entstehenden Volkselend machen könnten, sie nicht davon unerschüttert blieben. Aber sie haben leider keine Vorstellung von all den Uebeln, vor welchen ihr Stand sie schützt. Man müsste einem Fürsten, den das Feuer der Herrschsucht zum Kriege antreibt, alle dessen schrecklichen Folgen für seine Unterthanen klar vorstellen: jene das Volk drückenden Auflagen, jene, die Blüthe des Landes fortraffenden Aushebungen, jene ansteckenden Krankheiten der Heere, wodurch so viele Menschen jämmerlich umkommen, jene mörderischen Belagerungen, jene noch grausameren Schlachten, jene Verwundeten, welche durch den Verlust einiger Gliedmassen der einzigen Werkzeuge ihres Fleisses und ihres Erwerbes beraubt sind, und jene Waisen, welchen der Feind Diejenigen fortgerafft hat, die, allen Gefahren trotzend, im Schweisse ihres Angesichts und auf Kosten ihres Blutes sie ernährten, so viele vor der Zeit hingeraffte dem Staate nützliche Menschen! Welcher Tyrann beging je so schreckliche Grausamkeiten! Dennoch haben die Fürsten, welche ungerechte Kriege beginnen, sich dies alles vorzuwerfen. · Sie opfern ihrer wilden Leidenschaft das Glück, die Gesundheit und das Leben einer unzähligen Menge Menschen, welche sie pflichtmässig beschützen und glücklich machen, nicht aber leichtsinnig Allem, was den Menschen Furchtbares treffen kann, aussetzen sollten. Es ist also ausgemacht, dass die Beherrscher der Welt nicht klug und vorsichtig genug in ihrem Thun sein können, und dass sie mit dem Blut ihrer Unterthanen sehr sparsam sein müssen, die sie nicht als ihre S k l a v e n, sondern

als ihres G l e i c h e n und in gewisser Beziehung als ihre
H e r r e n betrachten müssen.[1])

Uebrigens bitte ich die Regenten, nicht über die Frei-
müthigkeit, mit der ich sie anrede, zu zürnen. Ich hatte
die Absicht, die W a h r h e i t zu sagen, und Niemanden zu
schmeicheln; und ich habe von den jetzt regierenden
Fürsten eine so gute Meinung, dass ich sie für würdig
halte, die Wahrheit zu hören. Einem T i b e r i u s, einem
B o r g i a, einem Ungeheuer, einem Tyrannen darf man sie
freilich nicht sagen! Dem Himmel sei Dank, besitzen wir
unter den europäischen Fürsten keine Ungeheuer mehr;
aber wir wissen doch so gut, wie sie, dass sie ebenfalls
menschlichen Schwächen unterworfen sind; und es ist ihr
schönster Lobspruch, dass man vor ihren Ohren kühn alle
die Laster tadeln darf, welche die königliche Würde ent-
ehren, und die Grundsätze der Menschlichkeit und Gerechtigkeit verletzen.

---

[1]) In seiner e r s t e n R e d a c t i o n sagt der grosse König sehr
schön: „Die F ü r s t e n sind ja nur in der Welt, um die M e n s c h e n
g l ü c k l i c h z u m a c h e n, und sollten daher erst alles wohl überlegen, ehe sie dieselben aus thörichten und nichtigen Gründen dem
Fürchterlichsten, was die Menschheit kennt, aussetzen. D i e H e r r s c h e r,
welche ihre Unterthanen für Sklaven halten, opfern sie ohne Erbarmen
auf, und sehen sie unbekümmert fallen; d i e F ü r s t e n aber, welche die
Menschen als ihre B r ü d e r und das Volk als den Körper betrachten,
dessen Seele sie sind, diese gehen haushälterisch mit dem Blute ihrer
Unterthanen um.“ — Nie hat wohl ein Fürst reiner und höher vom
Wesen des fürstlichen Berufes gedacht als Friedrich der Grosse. Im
VIII. Kapitel des „A n t i m a c h i a v e l“ heisst es: „Die Könige sind nur
Menschen, und a l l e M e n s c h e n s i n d g l e i c h“ Und in seiner herr-
lichen Schrift: „V e r s u c h ü b e r d i e R e g i e r u n g s f o r m e n u n d
R e g e n t e n p f l i c h t e n“: „Die Erhaltung der Gesetze war die einzige
Ursache, welche die Menschen veranlasste, sich Oberherren zu geben; denn
dies ist der wahre Ursprung der Souverainetät. Ein solches Oberhaupt
war der e r s t e D i e n e r d e s S t a a t s,“ und: „Da der Regent eigent-
lich nur das Haupt einer Familie von Bürgern, der V a t e r s e i n e s
V o l k e s ist, so muss er bei jeder Gelegenheit die letzte Zuflucht der
Unglücklichen sein,“ etc.

Aus:

„Lobrede auf General von Goltz“.

„Lobrede auf General von Goltz."[1]

Hauptsächlich im Kriege erkennt man den Werth
der Thätigkeit und Wachsamkeit. Gunst schweigt dort
vor dem Verdienste. Dünkel verschwindet vor den
Talenten, und das Wohl des Staates erfordert es, die Personen, die am meisten gebraucht werden, nach sichern und
strengen Grundsätzen und mit Verstand zu wählen. Denn
wie viele Triebfedern muss man nicht zugleich anspannen,
um den zahlreichen Armeen, die man heut zu Tage auf-
stellt, Lebensmittel zu verschaffen, und sie in Bewegung
zu setzen. Es sind Auswanderungen von Völkern, die beim
Reisen Eroberungen machen, deren Bedürfnisse sich aber
mit jedem Tage erneuern und regelmässig befriedigt sein
wollen. Ganze Nationen ziehen von einem Orte zum andern,
und es ist schwerer, sie vor dem Hunger, als vor ihren
Feinden zu schützen. Die Pläne des Feldherrn stehen
folglich immer mit den Proviantverhältnissen in Verbindung, und seine grössten Projecte werden am Ende
heroische Chimären, wenn er nicht vor allen Dingen darauf bedacht war, sich wegen der Lebensmittel sicher zu
stellen. Dem Manne, dem er dieses Geschäft überträgt,
vertraut er eben dadurch auch sein Geheimniss an, und

---

[1] Freiherr Konrad v. d. Goltz, geb. 1705 zu Persow in Pommern. Als General-Major trug er wesentlich zum Siege des Königs
bei Soor bei. Er starb am 4. August 1747.

setzt ihn mit Allem, was der Krieg nur Grosses und der Staat nur Wichtiges hat, in Verbindung.

Was für Geschicklichkeit ist nicht erforderlich, um auf einem solchen Posten so ungeheuer viele Gegenstände zu umfassen, Zwischenfälle und zufällige Ereignisse zu berücksichtigen und im voraus solche Massregeln zu treffen, dass sie durch keinerlei Zufall in Unordnung gebracht werden können. Welcher Hülfsquellen des Geistes und welcher Aufmerksamkeit bedarf es nicht, um eine so grosse Menge unruhiger, ungeduldiger und unersättlicher Leute zu jeder Zeit und an jedem Orte mit dem Nothwendigen und Ueberflüssigen zu versehen! Alle diese verschiedenen Talente, und alle diese glücklichen Fähigkeiten fanden sich in Herrn von Goltz vereinigt. Der König machte ihn daher zum Intendanten seiner Armee; und, was noch merkwürdiger ist, Jedermann gab dieser Wahl Beifall.

Herr von Goltz war wie Proteus in der Fabel. Im ersten Feldzuge leistete er die Dienste eines General-Adjutanten eines Generals, und sogar die eines Unterhändlers. Er wurde mit einem wichtigen und geheimen Auftrage betraut, von welchem das Publikum niemals vollständig Kenntniss erhielt; was es aber recht gut wusste, das war die Thatsache, dass er stets zu allem Möglichen verwendet wurde, ohne dass man eine Veränderung in seiner Thätigkeit bemerkte, und er sich seiner Obliegenheiten immer gleich gut entledigte.

Im Jahre 1742 folgte er dem Könige nach Böhmen und gab in der Schlacht bei Czaslau Zeichen seiner Fähigkeit, welche Kennern bewiesen, dass sein Genie die Erfahrung zu ersetzen vermochte. Ende des Feldzuges wurde er Oberst und erhielt gleichzeitig den Befehl über die Gendarmen.

Der Friede von Breslau, eine Folge dieses Sieges, führte ihn nach Berlin zurück, wo er bei Erneuerung der königlichen Akademie der Wissenschaften, deren Ehrenmitglied wurde. Er wohnte oft unsern Versammlungen bei und brachte so vielseitige und ausführliche Kenntnisse mit, dass kein in denselben verhandelter Gegenstand ihm fremd oder neu war.

General-Major wurde er im Jahre 1743, und im Jahre darauf, als der Krieg von neuem ausbrach, entführten ihn uns die Pflichten seines Standes. Herr von Goltz nahm an allen Unternehmungen dieses Feldzugs Theil; er war dabei ausserordentlich nützlich, indem er durch seine Intelligenz stets neue Hülfsquellen zum Unterhalte der Truppen fand; selbst da, wo es den Anschein hatte, als zwinge Hungersnoth, die Feindseligkeiten einzustellen.

Wir kommen endlich zum schönsten Abschnitte seines Lebens, ich meine zum Feldzuge des Jahres 1745, in welchem er Gelegenheit fand, seine Fähigkeiten in ihrem ganzen Umfange zu entwickeln. Im Anfange dieses Jahres theilte ihm der König den Plan seines Feldzuges mit, der darin bestand, den Krieg durch eine Schlacht zu einem offensiven zu machen und die Feinde bis in ihre eigenen Provinzen zu verfolgen. Was die Operation des Herrn von Goltz noch erschwerte, das war die Ungewissheit über den Ort, von wo aus der Feind seine Anstrengungen machen würde, was ihn nöthigte doppelte Vorkehrungen zu treffen, sowohl gegen die schlesische, als gegen die böhmische Grenze hin.

Jeder weiss, dass die Feinde durch Böhmen in Schlesien eindrangen, und dass bei dieser Gelegenheit, am 4. Juni, die Schlacht bei Friedeberg [1]) stattfand. Herr von Goltz kämpfte auf dem rechten Flügel an der Spitze seiner Cavallerie-Brigade und that Wunder während der Schlacht und der Verfolgung. Kaum war er vom Pferde gestiegen, so hatte er auch schon die Feder in der Hand und gab hundert verschiedene Befehle, um die Proviant-Züge zu ordnen, welche der Armee folgen sollten.

---

[1]) Hohenfriedberg.

Die Preussen warfen die Truppen der Königin von Ungarn bis über Königgrätz zurück. Der König ging über die Elbe und lagerte sich bei dem Dorfe Chlum, das noch eine Meile weiter liegt. Also waren die Preussen zehn Meilen von ihren Magazinen entfernt; eine Gebirgskette, welche sie davon trennte, lag hinter ihnen; dabei kein schiffbarer Strom für sie, während um das ganze Lager herum die von ihren Bewohnern verlassene Gegend eine wahre Wildniss bildete. Aber Herr von Goltz überwand alle diese Hindernisse, denn, obgleich man alle Lebensmittel aus Schlesien kommen lassen musste, bemerkte doch Niemand die damit verbundenen Mühseligkeiten, und die Armee lebte im Ueberflusse.

Wenn man die ausserordentliche Menge von einzelnen Schwierigkeiten betrachtet, welche mit seiner Aufgabe verbunden waren, so hält man es für kaum möglich, dass ein Mann allein derselben genügen konnte. Aber Herr von Goltz besass das besondere Talent Cäsar's: er dictirte, wie dieser grosse Mann, vier Secretären auf einmal, und behielt dabei immer ein frisches Gedächtniss, trotz der Last der complicirtesten und schwierigsten Arbeiten, die auf ihm ruhte.

Kaum war Herr von Goltz General-Commissar und Amtshauptmann von Cottbus und Paitz geworden, als er seinem Herrn auf die nobelste Weise, deren ein Unterthan seinem Herrscher gegenüber im Stande ist, seine Dankbarkeit bewies, das heisst durch Dienste, die noch wichtiger waren, als die bis heran geleisteten.

Politische und militärische Gründe bewogen den König, sich den schlesischen Grenzen zu nähern. Seine Armee war durch drei starke Detachirungen geschwächt worden; ein Corps davon hatte sich mit dem alten Fürsten von Anhalt im Lager von Magdeburg vereinigt; das zweite unter General Nassau hatte die Festung Cosel wieder genommen; und das dritte unter General Du Moulin bewachte die Bergpässe, die nach Schlesien führen, und durch welche die Proviant-Züge für die Armee ankamen. Die Oesterreicher hielten diese Umstände für günstig; sie erschienen plötzlich in der Nacht und stellten sich dem rechten Flügel der Armee des Königs gegenüber auf, und zwar auf einem Berge, was ihnen neben dem Vortheile der numerischen Uebermacht, die sie besassen, auch noch den des Terrains verschaffte.

Herr von Goltz, welcher auf dem rechten Flügel lagerte, war der Erste, welcher den König von der Ankunft der Feinde benachrichtigte. Auf der Stelle griff die Armee zu den Waffen und machte sich bereit, sie anzugreifen. Zehn Schwadronen, welche die von Herrn von Goltz befehligte erste Brigade bildeten, und zwei Schwadronen der zweiten Brigade, nebst fünf Grenadier-Bataillonen, waren alles, was man in die Schlacht zu führen vermochte, welche Herr von Goltz zu liefern den Befehl hatte.

Er hatte fünfzig Schwadronen der Truppen der Königin vor sich, welche auf dem Kamme eines Berges in drei Treffen aufgestellt waren. Sie angreifen, sie durchbrechen und auseinanderjagen, das war für ihn nur das Werk eines Augenblicks. Die zerstreute, zwischen Hügeln fliehende Cavallerie vermochte sich nicht wieder zu sammeln, und die preussische Infanterie konnte die Haupt-Batterie der Oesterreicher mit der grössten Leichtigkeit nehmen. Man war daran gewöhnt, von Herrn von Goltz doppelt so viel zu beanspruchen, als man von Andern verlangt; und als ob es für einen Tag zu wenig sei, eine Schlacht gewonnen zu haben, wurde er mit seiner Brigade von dem rechten Flügel, wo er nichts mehr zu thun hatte, nach dem linken geschickt, auf dem er zum zweiten Male und mit demselben Erfolge, wie auf dem rechten, kämpfte. Der König spendete dem Generale das Lob, dass ihm der grösste Theil an dem Erfolge dieser Schlacht gebühre, in welcher Tapferkeit die Zahl und die Intelligenz der Officiere die

Dispositionen ersetzten, welche leider die Zeit nicht zu treffen gestattete.

Die Armee bezog endlich ihre Winterquartiere in Schlesien. Aber bald erhob sich ein neues Ungewitter. Die dreimal besiegten Feinde Preussens sannen doch noch fortwährend auf dessen Untergang. Sie führten einen Einfall in's Brandenburgische im Schilde, und zwar durch Sachsen. Dieser entdeckte Plan verlangte neue Vorkehrungen, um sich dagegen zu schützen. Herr von Goltz arbeitete an der Ordnung der Subsistenz-Verhältnisse mit allem Eifer eines guten Patrioten, und übertraf bei dieser Gelegenheit alles, was er früher Nützliches in dieser Art geleistet.

Der Zug durch die Lausitz war ein fortdauernder Marsch von acht Tagen, auf welchem die Armee immer reichlich versehen war. Hierauf regelte er die Contributionen mit Humanität und Uneigennützigkeit und kehrte alsdann, nach dem Frieden von Dresden, nach Berlin zurück, wo er seine Talente in bürgerlichen Tugenden übte, die ihn ebenso achtungswerth machten, wie die militärischen.

Durch seine Sorgfalt verbesserte sich das Magazinwesen, das alle Provinzen der preussischen Monarchie vor Hungersnoth und ihren verderblichen Folgen schützte; seinen trefflichen Verordnungen verdankt die Verwaltung des königlichen Invaliden-Instituts ihre besten Bestimmungen, und seinem Scharfsinne entsprang das Project zu den neuen Munitionswagen, Feldbacköfen und Heeresverpflegungsschiffen.

Aus:

„Prüfung des „Versuchs über die Vorurtheile".“

Aus:

„Prüfung des „Versuchs über die Vorurtheile“.“

Unstreitig sind ungerechte Kriege geführt worden, unstreitig ist Blut vergossen worden, das man hätte sparen sollen und können. Dessen ungeachtet giebt es Fälle in welchen der Krieg nothwendig, unvermeidlich und gerecht ist. Ein Fürst muss seine Bundesgenossen vertheidigen, wenn sie angegriffen werden. Das Gesetz der Sicherheit zwingt ihn, durch die Waffen das Gleichgewicht der Macht unter den europäischen Staaten zu wahren. Es ist seine Pflicht, seine Unterthanen gegen die Einfälle der Feinde zu beschützen. Er ist sehr befugt, seine Rechte, Erbfolgen, die man ihm streitig macht, und dergleichen Dinge zu behaupten, und jedes Unrecht mit Gewalt zurückzuweisen. Welchen Schiedsrichter haben denn die Fürsten? — Wer soll ihr Richter sein? Da sie ihre Sache vor keinen Richterstuhl bringen können, der mächtig genug wäre, ein Urtheil über sie zu fällen und zu vollziehen, so nehmen sie ihr natürliches Recht in Anspruch, und die Kraft muss entscheiden. Wer nun gegen derartige Kriege eifert, und die Fürsten, welche solche führen, schmähet, der verräth mehr Hass gegen die Könige, als Mitleid und Menschlichkeit gegen die Völker, die unmittelbar darunter leiden. Würde unser Philosoph einen Fürsten loben, der aus Kleinmüthigkeit sich seiner Staaten berauben liesse,

die Ehre, den Vortheil und den Ruhm seiner Nation der
Laune seiner Nachbarn aufopferte, und durch unnütze
Anstrengungen zur Bewahrung des Friedens sich und den
Staat und sein Volk zu Grunde richtete? Marcus Aurelius,
Trajan, Julian waren beständig im Kriege; dennoch loben
die Philosophen dieselben. Warum tadeln sie also die
neueren Fürsten, dass sie hierin deren Beispiel folgen?

Nicht damit zufrieden, alle gekrönten Häupter Europa's
zu beleidigen, macht sich unser Philosoph nebenbei das
Vergnügen, die Werke eines Hugo Grotius [1]) zu be-
spötteln. Ich meine, dass man ihm nicht gerade auf's Wort
glauben und das „De jure belli et pacis" länger bei der
Nachwelt bestehen wird, als der „Versuch über die
Vorurtheile". Wisst, Ihr Feinde der Könige, Ihr Brutusse
unserer Zeit, dass die Könige nicht die Einzigen sind,
welche Krieg führen; die Republiken haben zu allen Zeiten
Krieg geführt. Wisst Ihr nicht, dass die griechische unter
beständigen Zwistigkeiten fortwährend eine Beute der
Bürgerkriege war? Ihre Jahrbücher enthalten eine fort-
laufende Reihe von Kämpfen gegen die Macedonier, Perser,
Karthager und Römer, bis zur Zeit, da der ätolische Bund
sie gänzlich stürzte. Wisst Ihr nicht, dass keine Monarchie
kriegerischer war, als die römische Republik? Um Euch
alle Waffenthaten derselben zu wiederholen, müsste ich
deren Geschichte von Anfang bis zu Ende abschreiben.
Gehen wir zu den neueren Republiken über. Venedig hat
gegen Genua, gegen die Türken, gegen den Papst, gegen
die Kaiser, gegen Ludwig XII. gefochten. Die Schweizer
haben Kriege gegen Oesterreich, gegen Karl den Kühnen,
Herzog von Burgund, geführt, und, um mich Eures Aus-
drucks zu bedienen, verkaufen sie nicht, wie Schlächter,
ärger als die Könige, ihre Mitbürger zum Dienste der

---

[1]) Hugo Grotius (1585—1645), holländischer Gelehrter und Staatsmann. Sein Hauptwerk: „De jure belli et pacis" (1625) war lange
Zeit Codex des Völkerrechts.

Fürsten, welche mit einander kämpfen? Von England, einer andern Art Republik, sage ich nichts; Ihr wisst aus Erfahrung, dass diese Macht Krieg führt, und wie sie ihn führt. Die Holländer haben seit Gründung ihrer Republik sich in alle europäischen Händel gemischt. Schweden hat in der kurzen Zeit, dass es Republik war, so viel Kriege geführt, wie als Monarchie. Und was Polen betrifft, so frage ich, was jetzt da vorgeht und in diesem Jahrhundert darin vergegangen ist, und ob Ihr glaubt, dass es eines beständigen Friedens geniesse? Alle Regierungen in Europa und auf der ganzen Erde (mit Ausnahme der Quäker) sind also, Eurer Meinung nach, tyrannische und barbarische Regierungen. Warum klagt Ihr also die Monarchien allein dessen an, was sie mit allen Republiken gemein haben?

Ihr declamirt gegen den Krieg. Er ist an und für sich unheilbringend; aber er ist ein Uebel, wie andere Geisseln des Himmels, die man in der Weltordnung für nothwendig halten muss, weil es periodisch wiederkehrt und kein Jahrhundert bis jetzt sich rühmen kann, davon befreit gewesen zu sein. Wenn man einen beständigen Frieden stiften will, muss man sich in eine ideale Welt begeben, wo Mein und Dein nichts gilt, wo Fürsten, Minister und Unterthanen keine Leidenschaft haben und nur nach Vernunft gehandelt wird, oder man muss den Plänen des verstorbenen Abbé de Saint Pierre [1]) beitreten, oder, wenn einen das anwidert, weil er Priester war, die Sachen gehen lassen, wie sie gehen. Denn in dieser Welt muss man einmal darauf gefasst sein, dass es Krieg giebt, wie es seit Menschengedenken Krieg gegeben hat.

Wir wollen jetzt sehen, ob Ihre übertriebenen Schilderungen von der französischen Regierung einigen Grund haben. Sie beschuldigen Ludwig XV., den Sie bezeichnen, ohne ihn zu nennen, dass er nur ungerechte Kriege unter-

---

[1]) Bernardin de Saint-Pierre.

nommen habe. Denken Sie ja nicht, dass es genug sei. solche Behauptungen so dreist und keck hinzustellen; so etwas muss man beweisen, sonst gilt man, bei aller scheinbaren Philosophie, für einen argen Verleumder. Untersuchen wir die Acten und prüfen wir, ob die Gründe. welche Ludwig XV. zu den von ihm unternommenen Kriegen bestimmt haben, schlecht oder triftig waren. Der erste ist der von 1733. Sein Schwiegervater ist zum Könige von Polen erwählt; Kaiser Karl VI., mit Russland verbündet. widersetzt sich dieser Wahl. Frankreich, das Russland nicht beikommen kann, greift Karl VI. an, um die Rechte seines zweimal auf denselben Thron erhobenen Schwiegervaters zu schützen. und da er in Polen nichts durchsetzen kann, so verschafft er dem Könige Stanislaus Lothringen als Entschädigung. Kann man einen Schwiegersohn verurtheilen, der seinem Schwiegervater beisteht? Einen König, der einer freien Nation in ihrer Wahl Hülfe leistet? Einen Fürsten, welcher andere Mächte hindert, Königreiche zu verschenken? Wenn man nicht von unversöhnlicher Erbitterung und Hass erfüllt ist, kann man unmöglich in diesem Falle das Benehmen dieses Fürsten tadeln. Der zweite Krieg begann 1741. Dieser betraf die Erbfolge im österreichischen Hause. dessen letzter männlicher Spross. Kaiser Karl VI.. gestorben war. Es steht fest, dass jene berühmte Pragmatische Sanction. worauf Karl VI. seine Hoffnung setzte. den Rechten Bayerns und Sachsens auf die Nachfolge keinen Eintrag thun. und eben so wenig den Ansprüchen des brandenburgischen Hauses auf einige Herzogthümer in Schlesien im Wege stehen konnte. Im Anfange dieses Krieges war es sehr wahrscheinlich. dass eine nach Deutschland gesandte französische Armee Ludwig XV. zum Schiedsrichter über die in Streit gerathenen Fürsten machen. und sie nöthigen werde, sich wegen der Erbfolge nach seinem Urtheile freundlich zu vertragen. Gewiss konnte Frankreich. nach der im westphälischen Frieden gespielten Rolle, keine schönere und grössere als diese übernehmen. Weil ungünstige Verhältnisse und allerlei Ereignisse diese Absicht durchkreuzten und einem Theile des Krieges eine böse Wendung gaben, darf man deshalb Ludwig XV. verurtheilen? Darf ein Philosoph über einen Plan nach dem Erfolge urtheilen? Aber es ist weit leichter, auf's Gerathewohl Beleidigungen auszusprechen, als gehörig zu bedenken, was man sagen will. Wie? Ein Mann, der im Anfange seines Werkes sich für einen Wahrheitseiferer ausgiebt, wird nachher nur ein elender Aufschneider, welcher Lüge mit Bosheit vereinigt, um die Fürsten zu schmähen' Ich komme auf den Krieg von 1756. Der Verfasser des „Versuchs über Vorurtheile" muss selbst viele Vorurtheile haben und gegen sein Vaterland sehr eingenommen sein, wenn er nicht zugiebt, dass England damals Frankreich zwang die Waffen zu ergreifen. Soll ich den blutigen und barbarischen Tyrannen, den Sie mit so düstern Farben malen, in dem friedliebenden Ludwig XV. sehen, welcher eine Engelsgeduld und Mässigung zeigte, ehe er sich gegen England erklärte? Was kann man ihm vorwerfen? Verlangt man, dass er sich nicht hätte vertheidigen sollen? Mein Lieber. Du bist entweder unwissend oder nicht bei Sinnen, oder Du bist ein arger Verleumder! Wähle; Philosoph bist Du aber auf keinen Fall.*) So viel in Betreff der Fürsten. Man denke aber nicht, dass der Verfasser die andern Stände schone; jeder ist die Zielscheibe seines Spottes. Mit welcher beleidigenden Verachtung, mit welcher Unziemlichkeit spricht er von den Kriegern! Nach ihm wären sie nur der schlechte Auswurf der Menschheit. Aber vergeblich bemüht sich ein philosophischer Stolz, ihr Verdienst

---

*) Das folgende ist von einem Kriegesmanne, der das Schweigen seiner Brüder bricht, damit die Philosophen dasselbe nicht als eine stillschweigende Anerkennung der Albernheiten, die sie seit einiger Zeit vorzubringen belieben, betrachten mögen.

herabzusetzen: die Nothwendigkeit der Selbstvertheidigung wird deren Werth stets fühlbar machen. Dürfen wir aber dulden, dass ein Verrückter den edelsten Stand der bürgerlichen Gesellschaft, den der Vertheidigung seiner Mitbürger, verhöhne? O Scipio, der Du Rom von Hannibal's Händen befreitest und Karthago bändigtest! Gustav, grosser Gustav, Beschützer der germanischen Freiheit! Turenne, Schild und Schwert Deines Vaterlandes! Marlborough, dessen Arm Europa im Gleichgewicht hielt! Eugen, Stütze, Macht und Ruhm Oesterreichs! Moritz, letzter Held Frankreichs! Entwindet Euch, grosse Schatten, den Fesseln des Todes und den Banden des Grabes! Mit welchem Erstaunen werdet Ihr vernehmen, wie man in dieser paradoxen Zeit Eure Werke schmähet, und jene Thaten, durch welche Ihr Euch mit Recht die Unsterblichkeit erworben habt? Werdet Ihr Eure Nachfolger mit den schönen Namen von besoldeten Henkern, womit die Sophisten sie beehren, wieder erkennen? Was werdet Ihr sagen, wenn Ihr einen Cyniker, der unverschämter ist als Diogenes, aus seiner Tonne gegen Euren glänzenden Namen, dessen Schimmer ihn verdunkelt, bellen hört? Aber was vermag dies ohnmächtige Geschrei gegen Eure von den Strahlen des Ruhms glänzenden Namen und gegen den gerechten Beifall aller Zeiten, dessen Zoll Ihr noch immer empfanget? Ihr, die Ihr auf dem Pfade der wahren Helden wandelt, ahmt ferner deren Tugenden nach und verachtet das eitele Geschrei eines unsinnigen Sophisten, der sich zwar für einen Apostel der Wahrheit ausgiebt, aber nur Lügen, Verleumdungen und Schmähungen verbreitet.

Unwürdiger Schwätzer, braucht man Dir erst zu sagen, dass die Künste im Frieden nur unter dem Schutze der Waffen gepflegt werden können? Hast Du nicht in den Kriegen, die in Deiner Zeit stattgefunden, gesehen, dass, während der unerschrockene Soldat die Grenzen bewacht, der Landmann die Früchte seines Fleisses in reichen Ernten

erwartet? Weisst Du nicht. dass. während der Krieger zu
Lande und zu Wasser dem Tode. den er giebt oder empfängt.
in's Auge schaut, der Kaufmann ruhig bei seinem Geschäfte
bleibt und seinen Handel in Blüthe bringt? Bist Du so
beschränkt. um nicht eingesehen zu haben. dass. während
jene Generale und Officiere. die Deine Feder so unwürdig
behandelt. der rauhen Witterung trotzten und die härtesten
Beschwerden ertrugen. Du ruhig in Deinem Kämmerchen
Deine Rhapsodien. Possen. Ungezogenheiten und Albernheiten. die Du verbreitest. ausgesponnen hast? Wie? Soll
es heissen. dass Du alle Begriffe verwirrst? Und hoffst
Du durch grobe Sophismen die klugen Massregeln. welche
weise und vorsorgliche Regierungen treffen. zweideutig zu
machen? Braucht man in unserer Zeit erst zu beweisen.
dass die Länder ohne tapfere Soldaten. die sie beschützen.
vom ersten besten Eroberer weggenommen werden? Ja.
mein Herr vermeintlicher Philosoph. Frankreich unterhält
grosse Armeen; aber es ist auch nicht mehr der Verwirrung und Unruhe ausgesetzt. in der es durch Bürgerkriege sich zerfleischte. die schrecklicher und schauder-
hafter sind, als auswärtige Kriege. Sie scheinen jene Zeit
zu vermissen. in welcher mächtige. unter einander verbün-
dete Vasallen dem Landesherrn Widerstand leisten konnten.
der nicht Streitkräfte genug ihnen entgegenzustellen hatte.
Nein. Sie sind nicht der Verfasser des „Versuchs über die
Vorurtheile"; dies Buch kann nur von einem wiederauf-
erstandenen Haupte der Ligue geschrieben worden sein.
der, noch vom unruhigen Parteigeiste beseelt, das Volk
gegen die gesetzmässige Macht des Fürsten aufwiegeln will.
Was würden Sie aber wohl gesagt haben, wenn im Laufe
des letzten Krieges die Engländer bis vor die Thore von
Paris gedrungen wären? Mit welcher Heftigkeit hätten Sie
nicht gegen die Regierung losgezogen, welche für die Sicherheit des Landes und der Hauptstadt so wenig Sorge getragen? Und Sie hätten Recht gehabt. Warum bemühest

Du Dich denn, inconsequenter und von Deinen Träumereien eingenommener Mensch, die wahren Säulen des Staates, den achtbaren Kriegerstand, in den Augen des Volkes, das ihm so viel Dank schuldig ist. herabzusetzen und verächtlich zu machen? Wie, Du missgönnst jenen unerschrockenen Vertheidigern, die ihr Leben dem Vaterlande geopfert, die Ehren und Auszeichnungen, worauf sie so gerechten Anspruch haben? Sie haben dieselben mit ihrem Blute bezahlt. und sie nur mit Gefahr ihrer Ruhe. ihrer Gesundheit und ihres Lebens erworben. O unwürdiger Mensch, der das Verdienst erniedrigen, ihm die gebührenden Belohnungen, den dasselbe begleitenden Ruhm rauben, und die Stimme der Erkenntlichkeit, welche das Volk ihm schuldig ist, ersticken will!

Die Armee

Friedrich's des Grossen.

(Anhang.)

———

Die Armee
Friedrich's des Grossen.

„Die Regierung Friedrich's II. bildet eine glänzende Epoche in der
Geschichte der neueren Kriegskunst. Dadurch, dass Friedrich II. das
Militärwesen Preussens und besonders die taktische Einrichtung und
Operationsart der preussischen Truppen in hohem Grade vervollkommnete und in Europa das allgemeine Bestreben ihm nachzu-
ahmen und die Vervollkommnung des Militärwesens und der Kriegskunst angeregt hatte, erwarb er sich den Ruhm eines Haupturhebers
der Erfolge und Vervollkommnung der neueren Kriegskunst."

Fürst N. S. Galitzin.

„Kaum ein Kreis irdischer Interessen prägt so scharf die Besonder-
heit der Zeitbildung aus, als das Heer und die Methode der Kriegführung."

Gustav Freytag.

Die Kriegsmacht, welche der grosse König bei seiner
Thronbesteigung (31. Mai 1740) vorfand, war nur ein
Schatten von dem, was sie unter ihm und seinen Nach-
folgern geworden ist. Ihre Gesammtstärke betrug 80,000
Mann.[1] Die Infanterie bestand aus 30 Regimentern

----

[1] Das Heer, ohne Garde, war 1688 35 Bataillone zu 4 Compagnien von 130 Mann (wobei 1674 einige Scharfschützen gewesen), 32
Schwadronen Reiter, von 120 Pferden, 8 Dragoner-Compagnien, 13 Garnison-Compagnien und 300 Mann Artillerie, etwa 30,000 Mann stark.
Unter Friedrich III. (König Friedrich I.) erhielt die Infanterie die
Regimentseintheilung in 2 Bataillonen zu 5 Compagnien von 145 Mann,
1689 wurden die Piken und alten Musketen abgeschafft, 10—12 Grenadiere in den Compagnien eingeführt, eine Compagnie Jäger in Sold
genommen, 1701 eine Landmiliz errichtet. Leopold von Dessau,
welcher die Truppen im Erbfolgekrieg geführt, wurde unter Friedrich
Wilhelm I der Begründer des Uebergewichts, welches die Infanterie
später bekundete. Die Armee, 1713 etwa 40,000 Mann (19 Infanterie-,

von 2 Bataillonen (ausser einem Regiment zu 3 Bataillonen),
einem Grenadier-Regiment (die Garde zu Fuss) und noch
2 einzelnen Bataillonen; besass also im Ganzen 66 Bataill-
lone, deren jedes 5 Musketier-Compagnien und 1 Grenadier-
Compagnie von 120 Mann hatte.

Es waren dies folgende Regimenter:

Infanterie-Regiment Nr. 1 von Latorf. das aus der
Leibgarde des Kurfürsten Georg Wilhelm errichtet worden
sein soll, und aus dem das heutige Grenadier-Regiment
Kronprinz (1. Ostpreuss.) Nr. 1 hervorgegangen.

Infanterie-Regiment Nr. 2 von Canitz, ebenfalls aus
der genannten Leibgarde gebildet, heute in dem Ostpreuss.
Grenadier-Regiment Nr. 1.

Infanterie-Regiment Nr. 3 von Kahlden.

Infanterie-Regiment Nr. 4 von Kleist, heute im 4.
Ostpreuss. Grenadier-Regiment Nr. 5,

Infanterie-Regiment Nr. 6 — seit 1740 Grenadier-
Garde-Bataillon — heute im 1. Garde-Regiment zu Fuss,

Infanterie-Regiment Nr. 7 Herzog von Braunschweig-
Bevern, heute im Colberg'schen Grenadier-Regiment (2. Pommersches) Nr. 9,

Infanterie-Regiment Nr. 8 von Amstell, heute im Grenadier-Regiment König Friedrich Wilhelm IV. (1. Pommersches) Nr. 2,

Infanterie-Regiment Nr. 9 von Puttkammer.

Infanterie-Regiment Nr. 10 von Pannewitz,

Infanterie-Regiment Nr. 11 von Below, heute im 2.
Ostpreuss. Grenadier-Regiment Nr. 3,

Infanterie-Regiment Nr. 12 von Finck,

Infanterie-Regiment Nr. 13 von Itzenplitz,

---

10 Reiter-, 6 Dragoner-, 2 Husaren-Regimenter, letztere 1721 errichtet,
10 Artillerie-, 18 Garnison-Compagnien) wurde auf 80,000 Mann verstärkt. K. G. von Berneck, Geschichte der Kriegkunst
(Berlin 1867), S. 157.

Infanterie-Regiment Nr. 14 von Lehwaldt, heute im 3. Ostpreuss. Grenadier-Regiment Nr. 4,

Infanterie-Regiment Nr. 15 — das 1740 von Friedrich zur Garde erhoben wurde — heute im 1. Garde-Regiment zu Fuss,

Infanterie-Regiment Nr. 16, heute im 4. Ostpreuss. Grenadier-Regiment Nr. 5,

Infanterie-Regiment Nr. 17 von Manteuffel, heute im 1. Schlesischen Grenadier-Regiment Nr. 10,

Infanterie-Regiment Nr. 18 Prinz August von Preussen, heute im 1. Garde-Regiment zu Fuss,

Infanterie-Regiment Nr. 19 Markgraf Karl von Brandenburg,

Infanterie-Regiment Nr. 20 von Zastrow,

Infanterie-Regiment Nr. 21 von Hülsen,

Infanterie-Regiment Nr. 22 Fürst Moritz von Anhalt-Dessau,

Infanterie-Regiment Nr. 23 von Puttkammer,

Infanterie-Regiment Nr. 24 von Schwerin,

Infanterie-Regiment Nr. 25 von Kalckstein,

Infanterie-Regiment Nr. 26 von Meyerink,

Infanterie-Regiment Nr. 27 von Kleist,

Infanterie-Regiment Nr. 28 von Kreytzen,

Infanterie-Regiment Nr. 29 von Wedell,

Infanterie-Regiment Nr. 30 von Kannacher, heute im Colberg'schen Grenadier-Regiment (2. Pommersches) Nr. 9,

Infanterie-Regiment Nr. 31 von Lestwitz, heute im Schlesischen Grenadier-Regiment Nr 10,

Infanterie-Regiment Nr. 32 von Treskow.[1]

Die Cavallerie zählte 20 Regimenter:

12 Regimenter Cuirassiere von 5 Schwadronen zu 2 Compagnien.

6 Regimenter Dragoner, 3 zu 10, 3 zu 5 Schwadronen.

2 Regimenter Husaren, 1 zu 6, 1 zu 3 Schwadronen.

---

[1] Unterofficier-Zeitung von G. v. Glasenapp, 1876, Nr. 1. Kriegsgeschichtliches.

Die Artillerie bestand aus:

1 Bataillon Feld-Artillerie, von 6 Compagnien, 1 Bataillon Festungs-Artillerie, von 4 Compagnien,

4 Festungs-Garnison-Bataillonen, von 5 Compagnien, und

4 Regimentern Landmiliz, die jährlich zu 14tägigen Uebungen zusammengezogen wurden.

Die Infanterie wurde im Laufe der Regierung Friedrich's des Grossen bedeutend vermehrt, auch im Etat. Es wurden errichtet:

Im Jahre 1740: das Füsilier-Regiment Nr. 33, heute im 2.
        Schlesischen Grenadier-Regiment Nr. 11,
        das Musketier-Regiment Nr. 34,
        das Füsilier-Regiment Nr. 35,
        das Füsilier-Regiment Nr. 36,
        das Füsilier-Regiment Nr. 37,
        das Füsilier-Regiment Nr. 38, heute im 2.
        Schlesischen Grenadier-Regiment Nr. 11,
        das Füsilier-Regiment Nr. 39,
        das Füsilier-Regiment Nr. 40.
Im Jahre 1741: das Füsilier-Regiment Nr. 41,
        das Füsilier-Regiment Nr. 42, heute im 1.
        Schlesischen Grenadier-Regiment Nr. 10,
        das Füsilier-Regiment Nr. 43.
Im Jahre 1742: das Musketier-Regiment Nr. 44.
Im Jahre 1743: das Füsilier-Regiment Nr. 32,
        das Füsilier-Regiment Nr. 45,
        das Füsilier-Regiment Nr. 46, heute im 1.
        Schlesischen Grenadier-Regiment Nr. 10,
        das Füsilier-Regiment Nr. 47, heute im 2.
        Schlesischen Grenadier-Regiment Nr. 11,
        das Füsilier-Regiment Nr. 48.
Im Jahre 1758: das Füsilier-Regiment Nr. 49, heute im 1.
        Schlesischen Grenadier-Regiment Nr. 10.
Im Jahre 1772: das Musketier-Regiment Nr. 50.

Im Jahre 1773 : das Füsilier-Regiment Nr. 51, heute im 1.
Westpreuss. Grenadier-Regiment Nr. 6,
das Füsilier-Regiment Nr. 52, heute im 1.
Westpreuss Grenadier-Regiment Nr. 6,
das Füsilier-Regiment Nr. 53, heute im 1.
Westpreuss Grenadier-Regiment Nr. 6,
das Füsilier-Regiment Nr. 54, heute im
Königs-Grenadier-Regiment (2. West-
preussischen) Nr. 7.
Im Jahre 1774 : das Füsilier-Regiment Nr. 55, heute im
Königs-Grenadier-Regiment (2. West-
preussischen) Nr. 7.[1]

Die Ausrüstung der Infanterie bestand in dem Bajonett-
gewehr, mit einer Ladung von 60 Patronen, und dem Säbel;
die Unterofficiere hatten noch Spiesse, sogenannte Kurz-
gewehre, die Subalternofficiere Espontons, kurze Piken mit
breiter Klinge, der Hellebarde verwandt. Das Gepäck war
60 Pfund schwer, die Uniform knapp. 1741 wurde der
eiserne, 1774 der cylinderische Ladstock allgemein eingeführt, und 1781 die konischen Zündlöcher von den
Hannoveranern angenommen. Die Musketiere und Füsiliere
unterschieden sich äusserlich nur durch die sogenannten
Füsilier-Mützen, die etwas kleiner geformt waren als die
Grenadier-Mützen.

Eine neue Formation waren die Grenadier-Bataillone, welche aus den zusammengezogenen Grenadier-Compagnien gebildet wurden und seit dem Siebenjährigen Kriege
zusammenblieben. Im Laufe seiner Regierung errichtete
der König deren sieben.

Eine leichte Infanterie besass der König, eine 1740
errichtete Jäger-Abtheilung von 60 Mann ausgenommen,
bis zum Siebenjährigen Krieg noch nicht; ein Mangel, der
sich den leichten Truppen der Oesterreicher, den Kroaten

---

[1] Unterofficier-Zeitung von G. v. Glasenapp, 1876, Nr. 2. Kriegsgeschichtliches.

und Panduren gegenüber, schon im Feldzuge des Jahres 1744 empfindlich fühlbar gemacht hatte, weshalb der König 1756 dies Corps, welches sich ausschliesslich aus gelernten Jägern und Forstleuten rekrutirte, auf 150, und 1760 auf 800 Mann verstärkte. Am 10. October 1760 wurde dasselbe aber auf seinem Rückzuge von Berlin nach Spandau von den Russen fast vollständig aufgerieben. Aus den Resten wurde ein neues Jäger-Corps gebildet, das, auf 3 Compagnien gebracht, 1761 zum ersten Mal die Bezeichnung „Bataillon" führte; 1763 wurde es auf 300 Mann in zwei Compagnien vermehrt, 1773 auf 5 Compagnien, 1778 auf 6 Compagnien und 1784 bis auf 10 Compagnien verstärkt, die in 2 Bataillone formirt waren. Der vierte Theil einer jeden Compagnie war mit Büchsen bewaffnet, die Uebrigen führten leichte Bajonettgewehre.

Gleichzeitig mit dem Fussgänger-Corps errichtete der König 1740 auch ein Feldjäger-Corps zu Pferde, das sowohl im Frieden als im Kriege Courierdienste versah; dasselbe führt heute den Namen: „Reitendes Feldjäger-Corps".

In der Cavallerie errichtete der König 15 neue Regimenter. Es waren:

Cuirassier-Regiment Nr. 1 von Krochow, heute im 1. Brandenburgischen Dragoner-Regiment Nr. 2 und im 2. Schlesischen Husaren-Regiment Nr. 6.

Cuirassier-Regiment Nr. 2 Prinz von Preussen, heute im Brandenburgischen Cuirassier-Regiment (Kaiser Nicolaus I. von Russland) Nr. 6.

Cuirassier-Regiment Nr. 3 Leib-Regiment, heute ebenfalls im 6. Cuirassier-Regiment,

Cuirassier-Regiment Nr. 4 von Gessler, heute im Leib-Cuirassier-Regiment (Schlesisches) Nr. 1.

Cuirassier-Regiment Nr. 5 Markgraf Friedrich Wilhelm von Brandenburg-Schwedt, heute im 1. Brandenburgischen Dragoner-Regiment Nr. 2.

Cuirassier-Regiment Nr. 6 von Schönaich, heute im 6. Cuirassier-Regiment.

Cuirassier-Regiment Nr. 7 von Driesen. heute ebenfalls im
6. Cuirassier-Regiment,

Cuirassier-Regiment Nr. 8 von Seydlitz, heute im Leib-
Cuirassier-Regiment (Schlesisches) Nr. 1,

Cuirassier-Regiment Nr. 9 Erbprinz von Carolath-Schönaich,
heute theils im Leib-Cuirassier-Regiment, theils
im 2. Schlesischen Husaren-Regiment Nr. 6;

Regiment Gendarmen Nr. 10, heute im 6. Cuirassier-Regiment,

Cuirassier-Regiment Nr. 11, „Leib-Carabiniers“, heute ebenfalls im 6. Cuirassier-Regiment,

Cuirassier-Regiment Nr. 12 von Kyau, heute theils im Leib-
Cuirassier-Regiment, theils im 2. Schlesischen
Husaren-Regiment Nr. 6,

Cuirassier-Regiment Nr. 13 „Garde du Corps“, heute Regiment der Gardes du Corps.

Dragoner-Regiment Nr. 1 von Normann, heute im 1. Brandenburgischen Dragoner-Regiment Nr. 2,

Dragoner-Regiment Nr. 2 von Krochow, heute theils im
1. Brandenburgischen Dragoner-Regiment Nr. 2,
theils im 2. Schlesischen Husaren-Regiment Nr. 6,

Dragoner-Regiment Nr. 3 von Meinecke, heute im Neumärkischen Dragoner-Regiment Nr. 3,

Dragoner-Regiment Nr. 4 von Katt, heute ebenfalls im
Neumärkischen Dragoner-Regiment Nr. 3,

Dragoner-Regiment Nr. 5 von Bayreuth, heute im Cuirassier-Regiment Königin (Pommersches) Nr. 2,

Dragoner-Regiment Nr. 6 von Schorlemmer, heute im Ostpreuss. Cuirassier-Regiment Nr. 3 Graf Wrangel
und im Westfäl. Cuirassier-Regiment Nr. 1,

Dragoner-Regiment Nr. 7 von Plettenberg, heute Dragoner-
Regiment Prinz Albrecht von Preussen (Li-
thauisches) Nr. 1,

Dragoner-Regiment Nr. 8 von Platen, heute im Westpreussischen Cuirassier-Regiment Nr. 1,

Dragoner-Regiment Nr. 9 von Holstein-Gottorp heute im
Westpreussischen Ulanen-Regiment Nr. 1,

Dragoner-Regiment Nr. 10 von Finkenstein, heute ebenfalls
im Westpreussischen Ulanen-Regiment Nr. 1,

Dragoner-Regiment Nr. 11 von Stechow, 1806 aufgelöst,

Dragoner-Regiment Nr. 12 von Württemberg, heute im
2. Schlesischen Husaren-Regiment Nr. 6.

Husaren-Regiment Nr. 1 von Szekely, heute theils im 1.
Schlesischen Husaren-Regiment Nr. 4, theils im
2. Schlesischen Husaren-Regiment Nr. 6 und im
Schlesischen Ulanen-Regiment Nr. 2,

Husaren-Regiment Nr. 2 „Leib-Husaren" von Zieten, heute
im Brandenburgischen Husaren-Regiment Nr. 3,

Husaren-Regiment Nr. 3 von Warnery, heute im 2. Schlesischen Husaren-Regiment Nr. 6,

Husaren-Regiment Nr. 4 von Puttkammer, heute im 1.
Schlesischen Husaren-Regiment Nr. 4,

Husaren-Regiment Nr. 5 von Ruesch, die schwarzen Husaren,
heute im 1. Leib-Husaren-Regiment Nr. 2,

Husaren-Regiment Nr. 6 von Werner, heute im 1. Schlesischen Husaren-Regiment Nr. 4,

Husaren-Regiment Nr. 7 von Seydlitz, heute im 1. Schle-
sichen Husaren-Regiment Nr. 4,

Husaren-Regiment Nr. 8 von Malakowski, heute theils im
1. Schlesischen Husaren-Regiment Nr. 4, theils im
Pommerschen Husaren-Regiment (Blücher'sche)
Nr. 5,

Husaren-Regiment Nr. 10 von Crostin, heute im 1. Schlesischen Husaren-Regiment Nr. 4.[1]

Hieran schliesst sich noch eine Reitergattung: das mit
Lanzen bewaffnete Bosniaken - Corps, welches, 1745 er-

---

[1] Unterofficier-Zeitung von G. v. Glasenapp 1876, Nr. 3. Kriegsgeschichtliches.

richtet, in der Stärke einer Schwadron dem Husaren-
Regiment Nr. 5 zugetheilt wurde [1]); 1760 wurde es bis auf
10 Schwadronen vermehrt und führte, zu den Husaren-
Regimentern gerechnet, seit 1771 deren Stammnummer 9.
Aus diesem Regiment gingen 1807 das Westpreussische
Ulanen-Regiment Nr. 1 und das Schlesische Ulanen-Regi-
ment Nr. 2 hervor.

Die Cuirassiere wurden ausschliesslich im Kampf verwendet und konnten als Hauptgattung der Reiterei angesehen werden; sie trugen anfangs noch schwarze eiserne
Bruststücke, die aber nach 1763 wegfielen, und Hüte mit
kurzen weissen Federbüschen; die Dragoner erhielten statt
der früheren Bajonettgewehre Karabiner: die Husaren be-
hielten ihre langen Säbel.

Die Feld-Artillerie wurde vom Könige bedeutend
vermehrt. Nach dem Tode Friedrich Wilhelm's bestand
dieselbe aus sechs Compagnien, in einem Bataillon formirt; hierzu trat 1741 ein zweites Bataillon von einer
Bombardier- und fünf Kanonier-Compagnien, die 1744 zusammen die Benennung Feld-Artillerie-Regiment erhielten;
1758 wurde das Regiment um zwei Compagnien verstärkt
und in drei Bataillone getheilt; 1762 wurden zwei Regimenter von drei Bataillonen errichtet, 1763 aber daraus
drei Regimenter von zwei Bataillonen und 1772 ein viertes
Artillerie-Regiment gebildet.

Wenn auch schon früher Geschütze mit berittener
Bedienung vorübergehend in Anwendung gebracht worden
waren, wie z. B. durch den Herzog von Enghien und durch
den Grossen Kurfürsten 1675, bei seinem Zuge gegen die
Schweden, so ist doch Friedrich als der eigentliche Schöpfer
der reitenden Artillerie anzusehen. Im Frühling 1759 errichtete er zuerst eine Batterie von zehn leichten Sechs-
pfündern, die aber leider in der Schlacht bei Kunersdorf,

---

[1]) Nach dem Dresdener Frieden.

am 12. August 1759, verloren ging, und 1760 eine neue, mit noch grösserer Geschützzahl. Nach 1763 aufgelöst, trat sie erst 1773 als reitende Exercier-Batterie wieder zusammen und bildete den Stamm zur Formirung der reitenden Batterie im Kriege. 1778, bei der Mobilmachung der Armee zum Kriege gegen Bayern, bestand dieselbe aus 7 Brigaden, jede aus 8 sechspfündigen Kanonen und 2 siebenpfündigen Haubitzen bestehend. Besondere reitende Compagnien bestanden permanent nicht.

Die Festungs- oder Garnison-Artillerie über- nahm der König in der Stärke von 4 Compagnien, die er im Laufe seiner Regierung bis auf 15 Compagnien ver- stärkte.

Jedes Linien-Bataillon hatte seit 1742 zwei drei- oder vierpfündige „Regiments-Stücke", später auch sechspfün- dige Geschütze und noch eine siebenpfündige Haubitze mit sich. Die Batteriegeschütze waren von sehr verschie- denem Kaliber. Es gab drei Arten Zwölfpfünder und zwei Arten Sechspfünder. Leichte Vierundzwanzigpfünder kamen nach 1745 im Feldkriege nicht mehr vor, dafür mehr Hau- bitzen in schweren Batterien beim Positionsgeschütz. Die Eintheilung war seit 1760 in Brigaden zu zehn Geschützen.[1])

---

[1]) „Als Friedrich II. den Thron bestieg, standen die preussische Infanterie und Reiterei ihrer taktischen Einrichtung nach unvergleich- lich höher als die preussische Artillerie, die ihrer Schwerfälligkeit und Unbeholfenheit wegen die Bewegungen der Infanterie und Reiterei nur verzögerte. Ausserdem war zur Erlangung eines Officiersgrades in den beiden letzteren Truppengattungen der Adelsstand erforderlich, wäh- rend in den gelehrten Corps: Artillerie und Genie, der Officiersgrad Leuten aller Stände ohne Ausnahme zugänglich war, wenn sie nur die erforderlichen Fähigkeiten und Kenntnisse besassen. Die Folge davon war, dass unter den drei Truppengattungen die Artillerie den letzten Rang einnahm und sowohl diese als auch das Geniecorps in der all- gemeinen Meinung sich nicht solcher Achtung und auch nicht solcher Fürsorge und Sorgfalt seitens Friedrich's selbst erfreuten, wie die In- fanterie und Reiterei. Dessenungeachtet erkannte Friedrich II. wohl die ganze Wichtigkeit der Artillerie, und indem er Infanterie und Reiterei unaufhörlich vervollkommnete, war er auch bemüht, die Artillerie, be-

Das Pontonier-, Mineur- und Ingenieur-Corps wurde ebenfalls bedeutend vermehrt.

Eine vorübergehende Erscheinung in der preussischen Armee waren die Freitruppen, von welchen das erste Bataillon auf General Meyer's Vorschlag 1756 gebildet wurde. Nachher entstanden ganze Regimenter (1762 gab es deren acht, und vier Freibataillone), welche in dem kleinen Kriege, besonders gegen die Kroaten und Panduren, vortreffliche Dienste leisteten.[1]

---

sonders in praktischer Hinsicht, zu grösserer Vollendung zu bringen, was ihm auch bis zu einem hohen Grade gelang. Die in den Jahren 1758 und 1759 umgestaltete, vervollkommnete und an Zahl vermehrte preussische Artillerie übertraf die aller übrigen Armeen in der Schnelligkeit ihrer Bewegungen und Operationen, wie nicht minder in der Sicherheit im Schiessen, und Friedrich II. zeigte durch geschickte gemeinsame Verwendung von Infanterie, Reiterei und Artillerie, welchen Nachdruck die letztere den Operationen der beiden ersteren Truppengattungen zu verleihen und welchen Einfluss dieselbe auf Gang und Erfolg des Kampfes auszuüben vermag." Fürst N. S. Galitzin Allgemeine Kriegsgeschichte der Neuzeit III. 35.

[1] In der „Instruction für die Frei-Regimenter oder leichten Infanterie-Regimenter", Potsdam, den 5. December 1783, heisst es: „Die Gattung Leute, die man unter die Freibataillons nimmt, müssen folgendergestalt choisiret sein, als nämlich kein Kerl weder jünger noch älter als zwischen zwanzig bis fünf und vierzig Jahren; denn sind sie jünger, so crepiren sie und halten die Fatiguen nicht aus, sind sie älter, so können sie hingegen nicht mehr so laufen, als wie es doch für den leichten Infanteristen bei mancher Gelegenheit absolut nöthig ist. Die Leute müssen nothwendig gut laden und chargiren können, weil sie sich bei den meisten Gelegenheiten mit dem Feuer defendiren, aber das Geschlossene, was bei der regulären Infanterie so nothwendig ist, das ist bei ihnen nicht von solchem Nutzen. Die Officiere und Unter-Officiere, so dabei sind, müssen gleichfalls nicht viel älter als fünf und vierzig Jahre sein, sonst können sie die Dienste nicht mehr thun, die man von diesen Truppen verlangt.

Die Art, wie sie müssen disciplinirt werden, rühret von dem Gebrauche her, den man von ihnen machen will. Dieser Gebrauch bestehet zum Exempel darin, Vorposten mit ihnen zu besetzen, es mögen nun Wälder, Dörfer oder Feld sein, nicht um diese Posten auf die Länge zu maintheniren, sondern um die Armee zu avertiren und sich so lange zu behaupten, bis die Regimenter complet unter dem Gewehre sein können."

Die Truppen wurden durch Rekrutirung (nach dem Canton-Reglement) und durch freie Werbung aufgebracht. Im Kriege kam noch eine dritte Art der Truppenergänzung hinzu, nämlich die Einstellung von Gefangenen und Ueberläufern in das preussische Heer. Am Ende der Regierung Friedrich's wurden gegen zwei Drittel der Armee durch Rekruten-Aushebung und das übrige Drittel durch freie Werbung aufgebracht.

Die Taktik des grossen Königs war im Ganzen eine sehr einfache [1]); es war die sogenannte Lineartaktik. Erst nach dem Siebenjährigen Kriege kamen künstliche Evolutionen vor. Die Infanterie stellte sich in drei Reihen auf, die Compagnie war in vier Züge getheilt, und die Officiere standen vor der Front und traten zur Chargirung ein. Das Bataillon bildete vier Divisionen von zwei Pelotons, in der Mitte stand der Fahnenzug, zwei im 1., eins im 2., zwei im 3. Gliede, daneben vier Feldwebel und sechs Rotten zur Deckung. Vor der Front stand der Bataillons-Commandeur, dahinter der Major zu Pferd. Lieutenants und Unterofficiere waren meist nach der Grösse vertheilt. Die Linien avancirten mit geschultertem Gewehr, im langsamen Schritt, 76 in der Minute (um dabei feuern zu können), zwei Fahnen marschirten vier Schritt vor. Colonnen dienten nur zum Abmarsch, nie zum Gefecht, sie wurden durch Abschwenken (Zug- und Divisions-Colonne) oder Wendung (Reihen-Colonne) gebildet, das Regiments-Carré auf die beiden mittelsten Divisionen durch Zurückschwenken. Die Entwickelung der Colonne, oder der Aufmarsch, geschah meist durch einen Alignements-Marsch und

---

[1]) „Die taktische Einrichtung und Operationsart der preussischen Truppen, besonders der Infanterie und Reiterei, die von Friedrich II. in hohem Grade vervollkommnet waren, dienten als Gegenstand der Nachahmung und als Muster für die übrigen europäischen Armeen und wurden die ersten in Europa." Fürst N. S. Galitzin, Allgemeine Kriegsgeschichte der Neuzeit III. 21.

Einschwenken, seit 1748 auch wohl durch Deployiren auf-
geschlossener Colonnen, 1757 jedoch nicht mehr im Felde.
Das Gefecht war Feuergefecht in Linie : auf der Stelle,
im Avanciren und Retiriren, grundsätzlich nur Pelotonfeuer (vom rechten und linken Flügel abwechselnd nach
der Mitte laufend, später bei zehn Pelotons ungrade und
grade wechselnd). ausserdem Heckenfeuer.[1]) Die Divisions-
und Bataillonssalven beschränkten sich hauptsächlich auf
den Gebrauch in den Retranchements. Durch die eisernen
Ladestöcke wurde eine raschere Chargirung (fünfmal in
der Minute) erreicht. Die Bajonettangriffe kamen seltener
vor, weil das Feuer erst auf 150 Schritt eröffnet wurde.
und daher gewöhnlich entschied. Nach dem Kriege bildeten
die seit 1768 vermehrten Bataillone fünf Divisionen und
zehn Pelotons.

Die Cavallerie, welche bisher in drei Reihen aufgestellt war, wurde in zwei Reihen gestellt. Die Schwadronen waren in vier Züge getheilt. Im Regiment betrugen
die Zwischenräume zehn Schritt, auf schwierigem Terrain
bis fünfzehn ; zuweilen wurden auch im zweiten Treffen be-
deutendere Zwischenräume gelassen, während das erste
Treffen, wenn es zum Angriffe antrabte, alle Intervalle
zwischen den Schwadronen (en muraille) schloss. Die Co-
lonnenformationen und Aufmärsche geschahen in starker
Gangart. Schwenkungen wurden oft en barrière von zwanzig
Schwadronen zugleich, später aber nacheinander ausgeführt.
Kein feindlicher Angriff durfte stehenden Fusses abgewartet
werden, und alles Feuern zu Pferde war bei der Attake

---

[1]) „Wenn die Armee, gut geschlossen, ungefähr zweihundert Schritt
an den Feind avanciret ist, soll, die Leute zu confundiren und in's
Feuer zu bringen, pelotonweise und ordentlich gefeuert werden.
Das erste Treffen rücket in vollem Avanciren und continuirlichem
Chargiren an und muss wohl darauf gesehen werden, dass kein Regi-
ment vor- und das andere zurückbleibe." „Disposition" aus dem
Lager bei Schweidnitz, den 1. Juni 1745.

verboten.[1]) Wenn beide feindliche Cavallerie-Treffen geworfen waren, so musste das erste Glied des ersten Treffens ausfallen und nachhauen, und ebenso die Husaren von den Flanken, welche mit den Cuirassieren den Feind verfolgten, das zweite Treffen aber die Infanterie attakiren.[2]) Nach glücklichem Erfolge sammelte man sich gewöhnlich vorwärts.

Bei der Artillerie standen die Batterie-Geschütze stets auf dem rechten Flügel. Dieselben durften nicht früher als auf 700 Schritt mit Vollkugeln und 100 Schritt mit Kartätschen schiessen und mussten sich beständig 50 Schritt vor dem Bataillon halten.[3]) Die Bedienung bestand aus

---

[1]) „Es verbietet der König hierdurch allen Officieren von der Cavallerie bei infamer Cassation, sich ihr Tage in keiner Action vom Feinde attaquiren zu lassen, sondern die Preussen sollen allemal den Feind attaquiren.

Wenn der General befiehlt zu attaquiren, so ebranlirt sich die Linie im Schritt, fällt in Trab, und wenn sie zwei hundert Schritt vom Feinde ist, soll sie den Pferden die Zügel völlig abandonniren und hineinjagen. Der Einbruch muss mit ganzer Gewalt und Geschrei geschehen, dabei aber die Ordre de bataille in ihrer Ordnung unveränderlich conserviret werden, dass die drei Treffen jederzeit drei hundert Schritt aus einander bleiben und die Husaren auf den Flanken." „Disposition für die Cavallerie" vom 25. Juli 1744.

[2]) „Wenn die Infanterie des Feindes geschlagen ist und aus einander läuft, so müssen die Dragoner und Husaren, welche sie verfolgen, eben so wie bei der Cavallerie, die Tête von dem flüchtigen Feinde gewinnen und vorerst so viel in ihren Kräften ist niederhauen oder niederschiessen, nachdem aber ihnen zurufen, das Gewehr niederzuwerfen, und alsdann Gefangene machen, inmittelst den Feind immer verfolgen, so viel wie sie nur können, bis die Armee nachkommt." „Disposition für die Cavallerie" vom 25. Juli 1744.

[3]) „Sobald die Kanonen bis auf sechs hundert bis sieben hundert Schritt auf den Feind avancirt sind, alsdann müssen sie ein unaufhörliches Feuer machen, und damit so lange continuiren, als sie dem Feinde ganz nahe sind; denn ein Schuss mit einer Passkugel in einer so nahen Distance schlägt nicht nur durch alle Treffen durch, sondern das Geräusch der Kugel selbst setzt schon die feindlichen Truppen in Furcht und das Gewinsel von ihrer Wirkung verursacht weit mehr Schrecken als ein Kartätschenschuss in einer zu weiten Entfernung. Selten wird ein Feind ein dergleichen wohl dirigirtes Feuer bis auf hundert oder achtzig Schritt aushalten, und wenn er dennoch Stand

Infanteristen, und das Geschütz wurde in der Schlacht von denselben gezogen.

Die Gefechtsordnung war auf die reine Lineartaktik basirt. Die Infanterie stand in der Mitte, die Cavallerie auf beiden Flügeln; es wurden so zwei parallele Treffen gebildet, wovon jedes in einen rechten und in einen linken Flügel abgetheilt war. Zuweilen war noch ein drittes Treffen formirt, das gewöhnlich aus Husaren und einigen Freibataillons bestand, aber nur zur Verlängerung der Front, zur Ausfüllung der Lücken und zu Flankangriffen verwendet wurde. Der Abmarsch geschah treffen- und flügelweise. Im ersteren Falle wurde in beiden Treffen mit Pelotons nach der Flanke abgeschwenkt: die Armee bildete also zwei Colonnen mit Cavallerie an der Tête und Queue; im andern Falle, beim flügelweisen Abmarsch, gingen die ersten Pelotons jedes Flügels gradaus; es bildeten sich vier Colonnen, wobei die äussere von der Cavallerie, Artillerie und Gepäck als eigne Colonne in der Mitte blieb oder vertheilt war. Es wurde stets in Pelotons marschirt; der

halten sollte, dann muss ohne Anhören mit Kartätschen geschossen werden, und wenige Minuten werden die Sache entscheiden. Dies aber müsst Ihr Euren Officieren hauptsächlich einschärfen, dass sie nie weiter als auf hundert Schritt mit Kartätschen schiessen, weil sich sonst die Kugeln zu sehr ausbreiten, sehr viele, ehe sie den Feind erreichen, auf der Erde liegen bleiben, viele über ihn wegfliegen, aber nur wenige ihm Schaden thun. Wenn die feindliche Infanterie attaquirt und in die Flanken oder sonst wohl in die Linie einbrechen will, so muss mit den Kanonen nicht eher als höchstens acht bis neun hundert Schritt mit Kugeln auf sie gefeuert werden; aber alsdann muss es doch auch mit aller nur möglichen Accuratesse und Geschwindigkeit geschehen. Gemeinlich schreiet der Officier und Bursche von der Infanterie der Artillerie zu, sobald sie eine Cavallerie gewahr werden, mit Kartätschen zu schiessen, und die Artillerie thut es aus Gefälligkeit; aber Eure Officiere müssen sich dadurch nicht irre machen lassen, sondern sie mit Passkugeln so lange beschiessen, bis sie glauben, dass sie noch so viele Zeit haben mit Kartätschen zu schiessen und ihr die erste Lage damit auf fünfzig bis sechzig Schritt geben zu können." „Instruction für meine Artillerie, wie sie bei Gelegenheit ihr Feuer einrichten soll", vom 10. Mai 1782.

Aufmarsch geschah aus dem treffenweisen Abmarsch durch Einschwenken, und zwar durch flügelweises Eventailliren nach der Tête.

Zu den Manövern im Gefecht gehörte vor Allem das staffelförmige, meist bataillonsweise Vorgehen, mit fünfzig Schritt Vorsprung von einem Flügel, wodurch sich die berühmte schräge oder schiefe Schlachtordnung bildete.[1]

Die Mobilmachung der preussischen Armee war so vortrefflich organisirt, dass dieselbe in der für damals ausserordentlich kurzen Zeit von vier Wochen vollendet sein konnte. Die Concentrirung der Truppen geschah sehr rasch; die Märsche wurden mit getheilten Truppen auf mehreren Colonnenwegen, doch nicht über $\frac{1}{2}$ Meile von einander, ausgeführt, wobei eine kleine Avantgarde, bei welcher sich die Quartiermeister befanden, eine kurze Strecke voraus marschirte, um das Terrain zu untersuchen und die Wege zu recognosciren; die Lagerung, welche Flügelanlehnung und eine gedeckte Front haben musste, wurde nach taktischen Rücksichten angeordnet, und wenn man ein Lager auf längere Zeit vor einem überlegenen Feinde bezog, wurde es verschanzt.[2]

---

[1] Diese schräge Schlachtordnung, welcher Friedrich mehr als einen wichtigen Erfolg verdankte, war schon im Alterthume den Griechen bekannt. Epaminondas soll durch dieselbe den Sieg bei Leuktra erfochten haben. Grösste Schnelligkeit und Präcision der Bewegungen ist die erste Bedingung für das Gelingen dieses Manövers, weshalb im vorigen Jahrhundert auch nur die Preussen, vermöge ihrer überlegenen Ausbildung, im Stande waren, sich derselben mit Vortheil zu bedienen. Die Schlacht bei Leuthen (5. December 1757) wurde durch dieselbe entschieden.

[2] Wie z. B. bei Bunzelwitz (1761), das als ein Meisterstück der Terrainbenutzung gilt. Das Schweidnitzer, Striegauer und Freiburger Wasser, Wald, Teiche und Bruchholz deckten die verschiedenen Fronten des von Hügeln umgebenen Platzes, ohne denselben übrigens unangreifbar zu machen; allein bevor die Feinde schlüssig geworden waren, was sie dieser Aufstellung gegenüber unternehmen sollten, war der König mit Anspannung aller Kräfte bemüht gewesen, sein Lager in eine förmliche Festung zu verwandeln. Ueberall wurden Batterien

Die Schlachten des Königs, sagt Berneck, zeigen
in ihren Dispositionen immer das wahre Kriegsprincip:
Vernichtung der feindlichen Streitmacht, daher das Ver-
sagen eines Flügels, um mit demselben, der die Reserve
ersetzte, die Entscheidung zu geben, die Richtung auf
einen feindlichen Flügel (umfassender statt des Parallel-
Angriffs), um mit der vollen Stärke nur einen Theil zu
bekämpfen, und ihn so einzeln zu schlagen, und das Ab-
drängen von den Communicationen.¹) Friedrich suchte,
wie Turenne, immer dem Feinde nach Möglichkeit nahe
zu sein, ihn selbst mit schwächeren Kräften zuerst anzugreifen, und nicht von ihm überfallen zu werden. Alle
seine Schlachten hatten entweder einen offensiven oder
doch wenigstens einen offensiv-defensiven Charakter.

Dem Officier-Corps widmete der König seine ganze
Sorgfalt. Er hielt darauf, dass die Regimentscommandeure
ihre Untergebenen zu kriegswissenschaftlichen Arbeiten
anhielten. In einer seiner Instructionen heisst es: „Seine
Königliche Majestät werden zu Revue-Zeiten sich genau
nach den Officieren erkundigen, die sich am meisten sowohl hierauf, als auch auf Erlernung der einem Officiere
unentbehrlichen Wissenschaften befleissiget haben. Die-

---

angelegt, welche jeden zu dem Lager führenden Weg durch ein Kreuzfeuer abschneiden konnten. Starke Befestigungen schützten die Dörfer
Jauernigk, Bunzelwitz, Zeschen und Peterwitz. Vier Hügel innerhalb
des Lagers bildeten Bastionen. Gruben wurden mit Pulver, Kugeln
und Granaten gefüllt, welche in jedem Augenblick gesprengt werden
konnten. 460 Geschütze waren an den verschiedenen Stellen vertheilt.
Der ganze Umkreis des Lagers starrte von Palissaden und spanischen
Reitern. Da dasselbe an einem hoch über der Ebene sich ausdehnen-
den Platze angelegt war, so hatte man von den feindlichen Geschütze
wenig zu fürchten, auch die Cavalerie konnte zu einem Angriff nicht
verwendet werden. Tag und Nacht mussten sich die Truppen bei der
Arbeit ablösen.

¹) K. G. v. Berneck, Geschichte der Kriegskunst (Berlin,
1867.) S. 189. Und ebendaselbst für das Vorhergehende vergl. S. 179
bis 182.

jenigen deren Application gut ist, die die wahre Ambition besitzen, noch General zu werden, haben sich
alsdann Gnadenbezeigungen und Avancement zu versprechen."[1] Ueberhaupt strebte der König dahin, die
geistige Bildung der Officiere auf jede Weise zu heben.
1765 errichtete er eine Militärakademie, und 1775 eine
Ingenieurschule. Auch wurden jeder Inspection einige
Ingenieurofficiere beigegeben, um die jüngeren Kame-
raden im Planzeichnen und in allen Zweigen der Be-
festigungs- und Belagerungskunst zu unterrichten.[2] Die
Cadettenhäuser neu zu organisiren wurde dem General
Buddenbrock übertragen; neue dergleichen Anstalten
wurden zu Stolpe (1769) und Culm (1776) errichtet.[3]

---

[1] „Instruction für die Commandeurs der Cavallerie-
Regimenter" vom 11. Mai 1763. Darin heisst es ferner u. A.:
„Alle junge Edelleute und Officiere, so nicht Ehre und Ambition zum
Grunde legen, sondern durch beständige Strafen zu ihrem Devoir sich
anhalten lassen, aus solchen ist es schwer, tüchtige und capable Generale zu formiren; da sich aber findet, dass nicht alle Leute egale
Talente haben, so müssen diejenigen, welche die wenigste Einsicht und
nicht die genugsamen Talente und Ambition besitzen, zum kleinen
Dienste, als Visitirung der Quartiere und Lazarethe, zur Exercirung
der Recruten angehalten werden, damit selbige bei den Regimentern
doch einigermassen zu gebrauchen sind; diejenigen aber, so am meisten
Verstand und Ambition besitzen, die sie dringet, sich von ihrem Métier
besser als andere zu acquittiren, deren Conduite gut und vernünftig ist,
die keine Faulheit und Schläfrigkeit spüren lassen, sondern sich mit
Lust zu allen Stücken ihres Métiers appliciren, solche müssen nicht
allein das Visitiren der Quartiere und Lazarethe, Exerciren der Recruten und was alles zum kleinen Dienste gehöret, so gut wie die
andern thun, sondern sich auch noch mehr auf die Fortification, Geographie, Sprachen, Kenntniss der Länder und deren Beschaffenheit und
anderer einem General nöthigen Wissenschaften befleissigen."
[2] Oeuvres VI., 95.
[3] In der „Instruction für den Oberst-Lieutenant vom
Corps Cadets den von Oelsnitz", Charlottenburg, 30. Juni 1740,
heisst es:

1.

„Die erste und vornehmste Sache, worauf der Oberst-Lieutenant von
Oelsnitz und die bei dem Corps bestellten Capitains arbeiten müssen,
soll sein, den Cadets eine vernünftige Ambition beizubringen; demnächst

Das Officiercorps war meist von Adel, den der König
aber ihnen, gleichsam von der ersten Jugend an, eine gewisse Liebe
und Hochachtung für den preussischen Dienst einzuprägen, dergestalt,
dass die Idee, als ob kein besserer Dienst in der Welt sei wie der
preussische, gleichsam mit ihnen aufwachse und ihnen fest imprimirt
werde.

2.

Das Fuchteln der Cadets und die bisherigen Arten von Strafen sollen
hinfüro gänzlich unterbleiben; hergegen diejenigen, so sich negligiren
oder etwas Unrechtes begehen, mit Arrest bei Wasser und Brod bestrafet werden. Wenn zum Exempel ein Cadet eine Stunde versäumet,
so soll derselbe auf einen Tag oder was bei Wasser und Brod in das
Stockhaus gesetzet, aber nicht mehr geschlossen werden. Fängt ein
Cadet ungebührliche Händel an, oder passiren Kinderstreiche, dass
etwa ein Cadet dem andern in die Haare fället, so muss ein solcher
Cadet zweimal vier und zwanzig Stunden bei Wasser und Brod sitzen;
jedoch muss zugleich auf das Alter und die Constitution des Cadets
gesehen und die Strafe danach proportionirt werden. Was Bagatellen
sind, die sollen nicht anders als mit Reprimanden gestrafet werden.

3.

Der Dienst muss den Cadets gelehret werden wie es Soldaten gehöret
und gebühret; der Oberst-Lieutenant von Oelsnitz aber muss dabei nie
aus dem Sinne lassen, dass die Cadets keine Musketiere von Profession
sind, sondern, dass solche Officiere werden sollen, und ob sie schon
den Dienst mit aller Exactitude erlernen und das Exerciren noch besser
wie die andern Regimenter thun müssen, so sollen sie doch dabei nicht
stehen bleiben, sondern solches so erlernen, wie Leute, welche dereinsten
commandiren sollen.

6.

Soll der Oberst-Lieutenant von Oelsnitz auf die Küche mit Acht haben,
dergestalt, dass er sorge, damit die Cadets jedesmal gut, reinlich und
propre gespeiset werden müssen, zu welchem Ende auch ein ordent-
licher Küchenzettel gemachet und darin benannt werden soll, was für
Essen an jedem Tage in der Woche den Cadets gegeben werden müssen.

7.

Wenn die Cadets essen, soll allemal während der Mahlzeit in jedem
Zimmer wo gespeiset wird, ein oder auch zwei Cadets nach einander ein Stück oder Capitel, entweder aus der brandenburgischen
Historie, oder auch aus des Fouquières Kriegskunst, in das Deutsche
übersetzet, laut und deutlich herlesen, währenden welchen Lesens die
andern Cadets alle stille sein und zuhören müssen. Der Cadet, der
lieset, bekommt nachher zu essen.

8.

Müssen die Cadets vor allen Dingen bei jeder Compagnie in gewisse

förmlich wie eine Anstalt zur Erzeugung von Officieren

Classen eingetheilt werden, und zwar nach ihren Jahren und Begriffen, so dass die Kinder und Anfänger, welche erst lesen und schreiben lernen, apart seien; diejenigen, so schon weiter sind, müssen eine andere Classe machen und die Geographie, Historie, das Französische, die Geometrie, das Tanzen, Fechten, Voltigiren u. s. w. lernen, und so ferner.

Seine Königliche Majestät sind gewillet, dem Corps Cadets noch vier Leute zu halten, welche den Cadets die Logique lehren sollen, und welche ihnen, sobald sie lesen und schreiben können, gelehret werden soll, damit sie von Jugend auf zum vernünftigen und ordentlichen Denken und Beurtheilen angewöhnet werden.

9.

Insbesondere muss der Oberst-Lieutenaut von Oelsnitz auf die Genies der Cadets wohl Acht geben, wozu sie etwa Lust haben und was für besonders gute Köpfe unter ihnen sind, oder die zu dieser oder jener Science besondern Talents haben, anmerken, auch solche Seiner Königlichen Majestät anzeigen. Er muss sich aber dabei wohl in Acht nehmen, dass hierunter keine Uebereilung oder Passion vorgehe, denn Seine Königliche Majestät selbst genau examiniren werden, ob die angezeigten Cadets auch von dem angegebenen Genie sind, oder aber, ob hergegen gute Köpfe und profonde Talents vergessen und zurückgelassen worden, auf welchen letztern Fall der Oberst-Lieutenant von Oelsnitz sich sehr schlecht recommandiren würde."

Am 30. Juni 1740, also an dem Tage, von welchem diese „Instruction" datirt ist, musterte Friedrich das Cadetten-Corps in Charlottenburg. Von seinem Besuche im Jahre 1764 sagt die Haude'sche Zeitung (Nr. 100): „Am Sonntage, den 19. August, Vormittags begaben sich Seine Majestät der König zu Pferde nach dem hiesigen Cadetten-Hof und hatten die Gnade, die in demselben befindlichen jungen Edelleute im Voltigiren, Zeichnen, Reiten und andern Kriegswissenschaften Allerhöchst zu prüfen, selbige Dero Königlichen Huld und Vorsorge zu versichern."

Ein grosser Schatz von (ungedruckten) Cabinets-Ordres zeigt, dass Friedrich bis an seinen Tod in ununterbrochener Verbindung mit dem Cadetten-Corps geblieben, und dass er immer die Seele desselben war (Preuss, Oeuvres XXX. 8).

In seinen „Denkwürdigkeiten zur Geschichte des Hauses Brandenburg" sagt der König: „In demselben Jahre vergrösserte er das Cadetten-Corps (nämlich 1722 Friedrich Wilhelm), wo 300 junge Edelleute zum Kriegsdienste ausgebildet werden. Einige alte Officiere überwachen ihre Erziehung; sie haben Lehrer für den Unterricht in den Wissenschaften und für alle Uebungen, welche Standespersonen zukommen. Nichts ist der Aufmerksamkeit eines Gesetzgebers würdiger,

ansah.[1]) Nur bei der Artillerie und den Husaren machte er Bürgerliche zu Officieren.[2])

Die oberste Leitung des Heerwesens behielt der König in der Hand. Er hatte keinen Kriegsminister. Die Befehle an die einzelnen Regimenter erliess er aus seinem Cabinet, oft eigenhändig, und empfing die Berichte der Obersten zurück. Die Eintheilung der Armee in Inspectionen, an deren Spitze General-Inspectoren standen, fand erst seit dem 9. Februar 1763 statt.[3]) Die Intendanturgeschäfte

als die Sorge für die Erziehung der Jugend. In noch zartem Alter sind diese jungen Pflanzen für alle Arten von Eindrücken empfänglich. Wenn man ihnen Liebe zum Vaterlande und zur Tugend einflösst, werden sie gute Bürger, und gute Bürger sind das beste Bollwerk der Reiche. Wenn die Fürsten durch gerechte Regierung ihrer Völker unser Lob verdienen, so erwerben sie durch Ausdehnung ihrer Sorgfalt auf die Nachwelt unsere Liebe."

[1]) Er hat dies auch wiederholt deutlich ausgesprochen, u. A. in einer Unterredung mit seinen Ministern, welche der Etats-Minister von Derschau aufgezeichnet hat. Stein's Charakerzüge XIII. 87.

[2]) Es mag richtig sein, dass diese Bevorzugung des Adels wesentlich zu der scharfen Sonderung beigetragen hat, welche in Preussen lange Zeit, und gewiss nicht zum Vortheile des Ganzen, zwischen jener Klasse und dem Bürgerstande bestanden. Doch man muss, um gerecht zu urtheilen, auch bedenken, welcher grosse Unterschied zwischen dem damaligen Bürgerstande und dem heutigen besteht. Als der König zur Regierung gelangte, fand er wirklich fast nur beim Adel jene Gewandtheit, Bildung und Tüchtigkeit vor, welche zum höheren Kriegsdienste befähigte. Von einer allgemeinen Volksbildung, wie unsere heutige, war damals noch nicht die Rede. Nur Wenige konnten lesen und schreiben, und wer eine gründliche Schulbildung genossen, widmete sich auch lieber jedem andern Berufe. Uebrigens heisst es schon im „Reglement" von 1743: „Ein Nichtedelmann von offenem Kopf, grossen Meriten und gutem Exterieur kann nach zwölfjähriger Dienstzeit zum Officier vorgeschlagen werden."

[3]) „Die Regimenter, Infanterie sowohl als Cavallerie, wurden in verschiedene Inspectionen eingetheilt, um Ordnung, Pünktlichkeit und Mannszucht einzuführen und eine vollkommene Gleichheit in der Armee herzustellen, so dass die Officiere und Soldaten des einen Regiments dieselbe Ausbildung erhielten, wie die des andern. Die Rhein- und Weserregimenter erhielten als Inspector den General Diringshofen; die im Magdeburgischen den General Saldern: die in der Kurmark waren vertheilt unter die Herren von Rumin, Steinkeller und Oberst

besorgte das Militär-Detachement des General-Directoriums, die Justizsachen standen unter einem General-Auditoriat. Die geheime Kriegskanzlei begleitete den König auf allen seinen Reisen.

So erscheint uns denn Friedrich in jeder Beziehung als ein Meister der Kriegskunst, dessen Thaten ihn schon bei Lebzeiten unter die Zahl der grössten Feldherren aller Zeiten und Völker stellten, und das gerechte Urtheil der Nachwelt bestätigte, wie Fürst Galitzin in seinem vortrefflichen Werke [1] sagt, die allgemeine Stimme der Zeitgenossen, welche Friedrich den Grossen als Feldherrn in eine Reihe mit Alexander dem Grossen, Hannibal, Julius Caesar und Gustav Adolph stellte, und seine Kriege und Kriegsoperationen als eine der besten Ueberlieferungen der Kriegsgeschichte der Neuzeit und der Geschichte der Kriegführungskunst, würdig des sorgfältigsten Studiums, anerkannte.

M.

Buttlar; die in Pommern wurden dem General Möllendorf, die in Preussen dem General Stutterheim und die in Schlesien dem Infanterie-General Tauentzien zu Theil. Der General Bülow erhielt die Inspection über die Cavallerie in Preussen, General Seydlitz über die in Schlesien, General Lölhöffel über die in Pommern und der Neumark, und die kurmärkische und magdeburgische Cavallerie ward unter die Leitung des Generals Krusemarck gestellt." Siehe Ausgew. Werke Friedrich's des Grossen III. 740. Oeuvres VI. 93.

[1] Allgemeine Kriegsgeschichte aller Völker und Zeiten (Cassel 1875): Abtheilung III., Bd. 3, S. 278.

Druck von G. Pätz in Naumburg a/s.